绿色智力资本对企业绿色创新的影响机制研究

——基于绿色供应链整合的视角

Study on the Impact Mechanism of Green Intellectual Capital on Enterprise Green Innovation

——Based on the Integration of Green Supply Chain

刘丹萍　著

中国财经出版传媒集团
中国财政经济出版社

图书在版编目（CIP）数据

绿色智力资本对企业绿色创新的影响机制研究：基于绿色供应链整合的视角／刘丹萍著．--北京：中国财政经济出版社，2020.10

ISBN 978-7-5223-0116-7

Ⅰ.①绿…　Ⅱ.①刘…　Ⅲ.①智力资本－影响－企业创新－研究－中国　Ⅳ.①F279.23

中国版本图书馆CIP数据核字（2020）第197496号

责任编辑：陆宗祥　高文欣　　　　责任印制：史大鹏
封面设计：卜建辰　　　　　　　　责任校对：张　凡

中国财政经济出版社 出版

URL：http：//www.cfeph.cn

E-mail：cfeph@cfeph.cn

社址：北京市海淀区阜成路甲28号　邮政编码：100142

营销中心电话：010-88191522

天猫网店：中国财政经济出版社旗舰店

网址：https：//zgczjjcbs.tmall.com

北京财经印刷厂印装　各地新华书店经销

成品尺寸：147mm×210mm　32开　8.75印张　216 000字

2020年12月第1版　2020年12月北京第1次印刷

定价：58.00元

ISBN 978-7-5223-0116-7

（图书出现印装问题，本社负责调换，电话：010-88190548）

本社质量投诉电话：010-88190744

打击盗版举报热线：010-88191661　QQ：2242791300

前言

ZI XU

改革开放以来，中国经济经历了飞速的发展，创造了很多让世界惊叹的“第一”，人民生活水平也得到显著提高。然而，经济的高速发展也引发了很多环境问题。随着人们生活水平的改善，观念的转变，再加上环境问题越来越突出，开始引起了社会各界的关注。

一方面企业是中国经济发展的支撑，另一方面企业排污也是造成目前中国严峻环境问题的“罪魁祸首”。“经济新常态”下企业原有的粗放式发展模式受到来自各方的压力，政府对企业的环境规制不断加强、媒体监督进一步强化、公众也要求企业承担社会责任、还有环保公益组织，更是通过调研、与企业对话、要求公布环境报告、参与环境诉讼等专业方式迫使大批企业实现环保转型。企业面对众多利益相关者的呼吁和压力，再加上越来越严重的环境污染，特别是复合型污染的特征更加明显，环境质量状况非常复杂，光靠反应型环境战略已经不足以改善环境，企业必须转变发展方式，必须要采取前瞻型环境战略，积极、主动、自愿地应对环境问题，从源头上改进而不是仅仅进行末端治理，“绿色发展”成为中国企业发展的出路。党的十九大报告也再次重申“创新、协调、绿色、开放、共享”的五大发展理念。绿色发展，根本要靠创新驱动。

对作为社会经济发展微观主体的企业而言，坚持创新发展、绿色发展的理念，就是要实施创新驱动战略，大力发展绿色经济。而实施的关键在于如何促使企业有效地进行绿色创新。“绿色”是企业进行持续创新和创造财富的催化剂。绿色创新是将生态保护和可持续发展的思想引入新产品、新技术以及研究开发过程中的一种新的创新生产模式，是在经济战略中引入生态思想，在可持续发展理念下以绿色为驱动，在产品、服务和流程上的创新，可以被看作顺应自然发展规律的创新。绿色创新与其他满足最低环境标准的行为不同，绿色创新强调从源头进行环境保护，防止污染的发生，并且以实现经济和环境效益共同增长为目标。因此，绿色创新是企业面对越来越严峻环境问题的必然选择，也是企业实现可持续发展的机会。很多学者研究了绿色创新的驱动因素，然而研究中往往忽视了与环境管理有关的绿色资源与能力的探索，忽视了企业绿色创新的重要来源——绿色智力资本。在知识经济时代，企业获得竞争优势的关键因素已经从传统的生产三要素（劳动力、资本、土地）逐渐转向第四生产要素——智力资本。而在绿色经济时代中，企业要想赢得竞争优势、创造价值、实现经济和环境绩效一同增长，唯有将传统智力资本转换为绿色智力资本。企业绿色智力资本的有效积累可以帮助企业将环境压力转变为环境动力，促进企业绿色创新。因此，本书以探索绿色智力资本与绿色创新的深层次关系为切入点。

另外，随着全球经济的快速发展，IT 技术不断更新、市场竞争加剧、消费者偏好多元化和市场环境的不确定性加剧等，导致当前企业进行绿色创新面临着各种挑战，绿色创新往往需要企业花费巨大的资源与精力，单靠一家企业很难独立完成创新，而环境污染又不仅是单个企业的问题，常常是与整个供应链上下游相关的。因此，企业要实现绿色创新，必须要以整个供应链为着眼点，供应链整合是企业可以尝试的途径之一。通过供应链整合，供应链成员之间可以进行信息共享、优势互补，这样企业能够借助供应链成员的力量实现绿色创新。另外，企业内外部能力也是创新得以实现的重要因素，因此需要深入挖掘绿色供应链整合对企业绿色创新影响的边界条件，研究企业内外部能力通过不同的路径对绿色创新的重要影响。

为此，本书基于自然资源基础观、知识管理理论、供应链整合理论以及创新理论，构建了“绿色智力资本——绿色供应链整合——绿色创新”的中介模型，并且以关系学习能力和绿色吸收能力为调节变量。本书以对自然环境有影响，且近两年实施了环境保护相关活动的 328 家企业为研究对象，对其相关负责高管进行了调查，并对提出的理论模型进行了验证。首先，对相关变量进行概念界定、提炼各个变量的测量题项，并结合专家访谈和小规模访谈的结果来设计和修改调查问卷。其次，进行了问卷的预测试，运用 SPSS20.0 软件对各个变量的量表进行数据分析、信度检验和效度检验（探索性因子分析），从而提高量表的可靠性和准确性。再次，以 328 名企业高管为样本进行了正式调研。运用 SPSS20.0 软件和 AMOS17.0 软件对各变量进行了信度检验和效度检验（验证性因子分析），从而保证量表具有较好的信度和效度。为降低同源偏误，本书采用 Harman 单因子法，运用 SPSS20.0 软件对共同方法偏差进行检验。最后，采用层次回归分析方法检验了主效应，并采用结构方程模型对绿色供应链内外部整合的中介作用进行了验证，通过对交叉项进行层次回归检验了学习吸收能力和绿色吸收能力的调节作用，用 SPSS Process 宏程序的 bootstrapping 分析程序检验了有调节的中介。本书把定性分析与定量分析有机结合，探讨了在绿色供应链背景下，绿色智力资本对企业绿色创新的内在作用机制，并发现了一些重要的研究结论：

第一，关于绿色智力资本、绿色供应链整合对企业绿色创新的影响。在研究中将绿色智力资本分为绿色人力资本、绿色结构资本和绿色关系资本三个维度；将绿色供应链整合分为绿色供应链内部整合以及绿色供应链外部整合，以研究它们与企业绿色创新之间的关系。实证研究表明，企业绿色人力资本、绿色结构资本和绿色关系资本分别对企业绿色创新存在显著的正向关系；而绿色供应链内部整合以及绿色供应链外部整合也对企业绿色创新存在显著的正向关系。

第二，关于绿色智力资本对企业绿色供应链内部整合和外部整合的影响。实证研究表明，当一个企业拥有较高绿色人力资本时，更有利于企业进行绿色供应链内部整合以及外部整合；当一个企业拥有较高绿色结构资本时，更有利于企业进行绿色供应链内部整合以及外部整合；当一个企业拥有较高绿色关系资本时，更有利于企业进行绿色供应链内部整合以及外部整合。

第三，关于绿色供应链整合的中介作用。实证研究发现，绿色供应链内部整合以及外部整合在绿色智力资本与企业绿色创新之间起中介作用。具体而言，企业绿色智力资本是企业最为关键的资源，也是供应链上的特殊资源，如何将这些资源体现在绿色创新的成果上，就需要实施供应链整合活动。企业的上游供应商和下游客户都是供应链上价值创造的推动者，企业通过自身的绿色智力资本不仅在内部进行整合，也与供应商和客户一同开展外部供应链整合活动，实现企业绿色创新。

第四，关于关系学习能力和绿色吸收能力的调节作用。实证研究发现：关系学习能力在绿色供应链外部整合与企业绿色创新之间起调节作用。当关系学习能力越强，绿色供应链外部整合和绿色创新之间的正向关系越得到加强。而绿色吸收能力在绿色供应链内部整合与企业绿色创新之间起调节作用。当绿色吸收能力越强，绿色供应链内部整合和绿色创新之间的正向关系越得到加强。

本书的创新点主要表现在以下几方面：

第一，拓展了绿色创新的研究视角。目前学术界对绿色创新的研究忽视了与环境管理有关的绿色资源与能力的探索，特别是企业绿色创新的重要来源——绿色智力资本，没有深入探索绿色智力资本与绿色创新的深层次关系。无论在国外，还是在国内，绿色智力资本都是一个新兴的概念，其已成为企业实现可持续发展战略所不可或缺的核心资本。本书立足于知识管理理论与创新理论，结合当前的时代特征深入挖掘了绿色智力资本的内涵，深化了智力资本与创新的研究。在以往的研究中通常将绿色智力资本都作为一个整体变量进行研究，并未进行分维度的对比，无法为企业提供具体可操作的合理化建议，而本书通过实证分别检验了绿色智力资本三维度与绿色创新的关系。

第二，丰富了绿色创新的研究情境。现有关于绿色创新的研究多以欧美发达国家为主体，中国的经济还正在转型过程中，生态环境的问题在近几年才突显出来，在学术方面受到的关注不足。国内关于绿色创新方面的研究还处于起步阶段，多以理论研究为主，实证研究较少，有待进一步丰富和完善。因此，本书在国外研究基础上，结合中国企业的实际情况，以 328 家近两年主动实施环境战略或进行有关环境保护活动的企业为研究对象进行实证研究，验证假设，得出结论，促进了绿色创新研究在我国的进一步发展，为处于经济转型时期的企业进行“绿色化”提供了借鉴。

第三，识别了绿色供应链整合的中介作用。探索绿色供应链内外部整合在绿色智力资本与企业绿色创新关系间的传导机制，打开绿色智力资本与绿色创新之间的“黑箱”，为管理者提供实现绿色创新的新思路。企业单凭自身的内部资源进行绿色创新并不容易，并且环境污染常常涉及整个供应链。因此，企业进行绿色创新一定要依靠供应链整合的力量。本书通过对绿色供应链内外部整合作用进行对比，寻找到了企业实现绿色创新的最优路径。分别验证和比较了绿色供应链内部整合和绿色供应链外部整合在绿色智力资本与企业绿色创新之间的中介作用，深入分析了其对企业进行绿色创新的长远影响。

第四，引入了企业内外部能力作为调节变量。深入挖掘了绿色供应链整合对企业绿色创新影响的边界条件，探究了企业内外部能力对绿色供应链整合与企业绿色创新之间关系的调节作用。进行绿色供应链整合的企业实现绿色创新的情况也不一样，所以本书特别引入企业内外部能力——关系学习能力与绿色吸收能力作为调节变量来深入分析。虽然创新受到企业内部能力和外部能力这两类因素的影响，但是以往多数研究仅关注于其中一类因素对创新的作用，往往忽略了另一类因素对创新的影响。并且之前的研究往往将这两种能力作为前因变量，而本书将这两种内外部能力作为调节变量，在深入探讨绿色供应链整合及企业绿色创新关系的基础上，进一步分析了企业内外部能力不同的情景下，企业实现绿色创新的差异，丰富了绿色创新的情景条件，拓展了以往的单一影响路径，为企业环境管理实践提供了新的思路。

最后，要特别感谢国家自然科学基金面上项目（71472155）、西华大学国际经济与管理研究院创新基金和西华大学校内人才引进项目（w202236）的资助。正是由于这三项基金的支持，本书才得以尽快和读者见面。

受笔者水平和写作时间所限，疏漏之处在所难免，诚望广大专家和相关领域学者批评指正。

目录

MU LU

1 绪　论

1.1 研究背景

1.1.1 现实背景

工业革命带来了技术经济社会的进步，提高了人类的生活水平，但同时也破坏了自然生态环境以及人类的居住环境。在经济发展过程中，过度使用煤炭、矿产等不可再生资源，大量排放废气、废水、废物，导致全球生态环境出现了严重危机，原始森林锐减、气候变暖、石油危机、水污染、城市雾霾、沙尘暴等环境问题越来越严重，整个地球都陷入生态环境危机中，严重威胁着人类的身体健康和生活水平。我国也不例外，改革开放以来，中国经济经历了飞速的发展，创造了很多让世界惊叹的“第一”，人民生活水平也得到显著提高。然而，这也引发了很多环境问题。以前经济的发展掩盖了环境的问题，但是随着人们生活水平的改善，观念的转变，再加上环境问题越来越突出，开始引起了各方的关注。

政府是环境治理的主导力量。我国政府近几年来已经将环境问题列为重中之重，从 2013 年 11 月中共十八届三中全会第一次将生态文明建设与经济建设、政治建设、文化建设和社会建设提升至同等战略地位开始，就陆续出台各种关于环境保护的法律法规，如2014年3月制定的《大气污染防治行动计划》；2015年1月正式实施的《中华人民共和国环境保护法》，同年4月发布的《关于加快推进生态文明建设的意见》，同年9月制定的《生态文明体制改革总体方案》；2016年1月1日起正式实施的《中华人民共和国大气污染防治法》等。2017年3月的第十二届全国人民代表大会第五次会议更是强调要加大生态环境保护治理力度，建立资源环境监测预警机制，严格环境执法和督查问责。在政府的大力监管之下，虽然近年来中国生态环境质量已经得到一些改善，但是整体形势仍然不容乐观。2017年（第五届）中国生态年会发布的《中国生态环境报告》从战略层面分析研究了我国生态环境整体状况，指出中国生态文明建设虽然取得一定的进展，体现在绿色发展理念显著增强、生态文明制度体系加快形成、能源资源消耗强度大幅下降和生态环境治理明显加强等方面，但生态发展却严重不平衡不充分，生态环境远不能满足人民群众的期待，生态环境保护任重而道远，补齐生态环境短板仍然是当前的核心任务。

不仅是政府加大了监管力度，中国公众和社会各界对环境问题也日益关注。美国皮尤研究中心近期在40多个国家开展一项“关于全球五大威胁”的调查，有3000多名参与该次调查的中国人都将“环境和污染”列为五大威胁之首。这在40多个被调查国家中所占比例最高。这足以看到国人对环境的关注，以及国人环保意识的不断提高。中国也陆续出现一些关注环境的公益机构，特别是公众环境研究中心（IPE）。自从2006年成立以来，IPE秉承以信息公开推动中国环境治理的理念，将公众的力量注入环境监督和环境保护中，他们通过蔚蓝地图数据库、网站和APP进行环境资源数据整合，来推动环境信息公开和公众参与，促进环境治理机制的完善。

改善环境，实现绿色发展需要多方共同努力。企业是国民经济发展的主要载体。一方面企业是中国经济发展的支撑，另一方面企业也是造成目前中国严峻环境问题的“罪魁祸首”。2017年《中国生态环境报告》中提到，这几年环境污染物的排放总量处于历史最高水平，而且呈现复合型污染的特征，环境质量不稳定，环境状况复杂。据《人民日报》报道，从2017年初到3月底，就发现将近6000个部门和企业存在2000多个环境污染问题。而最新数据也显示，全国规模以上中小工业企业2017年末就达到38.0万户，还在不断增长。污染企业周边1公里范围并不适合居住，但是中国环境科学研究院研究发现，全国却有大约1.1亿人口居住在其附近。一旦企业经营稍有“闪失”，就会造成局部甚至更大范围的环境污染事件。2017年，中国出现的六大环境事件都与企业有关（见表1-1）。由此可见，企业在生产过程中对自然环境造成了很大影响，尤其是中小企业由于技术、设备等因素导致其对环境的破坏更大。

表1-1　2017年中国发生的六大环境群体事件

时间	事　件
2017年1月	中国30个省（区、市）出现4次雾霾；
2017年3月	上海黄浦江松江段水域漂浮上万头死猪；
2017年3月	河南新乡一家造纸厂违规将部分未经处理的废水直接用于灌溉麦田，造成环境污染；
2017年5月	河北钢铁公司大气污染；
2017年6月	中石油长庆油田号5-15-27AH苏气井污水直接排入额日克淖尔湖，导致当地数百头牲畜暴死；
2017年11月	青岛中石化输油储运公司潍坊分公司输油管道爆炸，原油泄漏。

一方面政府通过一系列法律法规的制定，加强了对企业违规行为的监管；媒体也加大对企业在环保方面行为的报道；公众也

不再忍气吞声，更多的公众透过手机App对企业进行监督，还有环保公益组织，更是通过调研、与企业对话、公布研究报告、参与环境诉讼等方式迫使大批企业实现环保转型。面对各方力量的压力和监管，企业到底应该怎么办?!

目前中国提出“经济新常态”的概念，专家学者都认为中国经济要从高速增长转化为中高速增长，要向效率型和质量型转变，并且改变以往的成本驱动，向要素驱动、投资驱动和创新驱动转变，经济结构要进行优化升级，以实现经济绿色转型发展(俞海等，2015)①。而这也是生态文明建设的新契机，以缓和经济发展超过环境承载力的矛盾。党的十九大报告将“创新、协调、绿色、开放、共享”作为新时代坚持和发展中国特色社会主义的基本方略，“生态文明建设”以及“绿色发展”被多次强调，也重新定义了企业社会责任发展的方向。而创新也是党的十九大报告中使用频率最高的词语之一，绿色发展，根本要靠创新驱动。企业要对社会经济发展做出贡献，就必须坚持创新发展、绿色发展的理念，落实创新驱动战略。而实施创新驱动战略和发展绿色经济的关键在于如何促使企业有效地进行绿色创新。“绿色”是企业进行持续创新和创造财富的催化剂。绿色创新是一种新的生产模式，要在新产品、新技术的研究开发过程中引入生态保护和可持续发展的思想（Boersema和Bertels，2000)②，将生态思想贯彻在经济战略中，在可持续发展理念下以绿色为驱动，在产品、服务和流程上进行创新。在知识经济时代，知识和智力资本已经取代传统的劳动、土地和资金等生产要素成为企业获得

① 俞海、任子平、张永亮、高国伟：“新常态下中国绿色增长：概念、行动与路径”，《环境与可持续发展》，2015年第1期。

② Boersema J, Bertels J. Sustainable development in the developed countries: Will theory and practice meet? [J]. Global Sustainable Development in the 21st Century, 2000: 31 -96.

竞争优势的关键资源（Chen，2008a）[①]。智力资本可以促进知识创新、技术创新。但是企业进行绿色智力资本的积累对于企业绿色创新的实现到底有何影响？这一影响是如何实现的？这些问题还没有得到解决。另外，绿色创新需要投入众多资源与精力，单靠一家企业很难独立完成创新，而环境污染又常常是与整个供应链上下游相关的，最近 IPE 关于共享单车、宝洁公司的污染调研，都是与整个供应链有关。这意味着整个供应链上下游的配合对于企业绿色创新的实现有着至关重要的作用，因此从供应链的角度来研究绿色创新是很有必要的。

1.1.2 理论背景

Hart（1995）[②] 提出的自然资源基础理论（NRBV）强调自然环境资源的重要性，构建了企业的资源能力与环境管理的可持续发展模型。近年来，环境污染越来越严重，特别是复合型污染的特征更加明显，环境质量状况非常复杂，光靠反应型环境战略已经不足以改善环境、实现绿色发展。企业必须要采取前瞻型环境战略，积极、主动、自愿的应对环境问题，从源头上而不是仅仅从末端进行治理（Sharma，2000[③]；Garcés - Ayerbe 等，2016[④]）。“经济新常态”要求突出创新驱动和全面发

---

① Chen Y S. The positive effect of green intellectual capital on competitive advantages of firms [J]. Journal of business ethics, 2008a, 77 (3): 271 - 286.

② Hart S L. A natural - resource - based view of the firm [J]. Academy of Management Review, 1995, 20 (4): 986 - 1014.

③ Sharma S. Managerial interpretations and organizational context as predictors of corporate choice of environmental strategy [J]. Academy of Management Journal, 2000, 43 (4): 681 - 697.

④ Garcésayerbe C, Scarpellini S, Valerogil J. Proactive environmental strategy development: from laggard to eco - innovative firms [J]. Journal of Organizational Change Management, 2016, 29 (7): 1118 - 1134.

展创新，绿色创新是企业面对越来越严峻的环境问题的必然选择，也是企业实现可持续发展的机会。绿色创新不是满足最低环境标准的行为，而是要从源头保护环境，预防环境污染和破坏。绿色创新不同于传统创新，因为后者不是专门针对环境挑战而制定的，而绿色创新是为了满足监管机构的绿色要求或目标客户的绿色期待。传统创新对所有类型的变革都是中立的，而绿色创新则是“把重点放在可持续发展目标上”的创新。目前绿色创新的范围正在扩大，通过引入全新的产品，突破传统的创新领域，通过取代“非绿色”替代品的市场，或完全淘汰对环境不友好的产品和工艺，从而打破传统框架（Song 等，2006）[①]。

创新是与知识密不可分。Chen（2008a）提出，在被视为环境创新的先导因素或潜在能力中，必须强调与知识、无形资产或智力资本有关的因素或能力。知识管理理论的学者也认为，在企业知识基础观（KBV）的背景下，应将企业视为知识池，知识需要管理才能获得最大的回报。智力资本（IC）被认为是一种可以用于激励创新、提升创造力、维持竞争优势、创造价值和提升企业绩效的所有知识、能力等无形资产的总和（Capó - Vicedo 等，2011）[②]，其重要性不言而喻。智力资本是企业价值创造的主要动力，而在当下绿色经济时代中，一般的智力资本能为企业创造的价值越来越有限，企业要想赢得竞争优势、创造价值、实现经济环境绩效一同增长，只有将其转化为绿色智力资本。因此，企业绿色创新需要绿色智力资本的积累。KBV 认为，知识

① Song M, Dyer B, Thieme R J. Conflict management and innovation performance: An integrated contingency perspective [J]. Journal of the Academy of Marketing Science, 2006, 34 (3): 341.

② Mula J, Capó - Vicedo J, Capó J. A social network - based organizational model for improving knowledge management in supply chains [J]. Supply Chain Management An International Journal, 2011, 16 (4): 284 - 293.

的积累最终会转化为企业价值，企业从积累绿色智力资本到实现绿色创新也是价值创造的过程。

由于当今动荡和动态的商业环境，仅仅依靠企业自身的资源和能力来提高竞争力已不再可能。特别是企业想要单独实现绿色创新，往往需要花费巨大的资源与精力，而最终也不一定能够成功。而且环境污染不仅仅是单个企业的事情，常常涉及整个供应链。

因为市场、技术、环境的不确定性，企业进行绿色创新面临着各种挑战，正如 Tukamuhabwa（2011）[①] 所言，整个供应链中的企业与另一个供应链实体之间的竞争更为重要。因此，通过供应链整合拉动绿色创新可能比单个企业进行绿色创新更为有效。整个供应链系统中的企业开展合作、协调和整合，以期在供应链关系上的投资努力为整个供应链参与者提供高价值的回报。

在中国绿色转型背景下，绿色智力资本对企业绿色创新的影响机制还有很多问题有待探讨。比如，企业如何定义绿色创新？企业中应该利用哪些绿色资源以保证其更好地进行绿色创新？绿色智力资本的三个维度分别对企业的绿色创新会产生何种影响？绿色智力资本影响企业绿色创新的内在作用机制是什么？此外，当企业内外部能力不同时，这种关系呈现怎样的变化趋势以及通过怎样的路径来影响企业绿色创新效果？本书尝试基于自然资源基础观、知识管理理论、供应链整合理论以及创新理论，厘清绿色智力资本影响企业绿色创新的作用机制，为处于绿色转型期的中国政府和企业提供建议和启示。

① Tukamuhabwa B R. A conceptual model for explaining supply chain performance in Uganda's SMEs [J]. Information Management & Business Review, 2011, 3 (6): 336 - 344.

1.2 研究意义

1.2.1 理论意义

（1）深化智力资本与创新领域的研究，结合中国企业的实际情况，明晰了绿色智力资本与绿色创新的深层次关系。

虽然目前学术界对绿色创新的研究已经相对成熟（Rennings等，2006①；Wagner，2009②），但是通过对现有研究的回顾发现，绿色智力资本与绿色创新之间关系的研究非常有限。实际上，从智力资本的积累到企业创新是价值创造的过程，智力资本的积累有利于企业创新（Kesidou 和 Demirel，2012）③。同时，以往关于"绿色智力资本"的研究都是将其作为一个整体变量来测量，很少有研究将其分维度分别进行探索（Chen，2008a）。本书基于自然资源基础观，扩展了战略管理的经典研究范式，根据智力资本已有的 H－S－R 结构，通过实证研究分别验证和比较了绿色人力资本、绿色结构资本和绿色关系资本与绿色创新的关系，丰富了知识管理理论与创新理论。通过对比不同路径的影响作用，为企业选择和构建最有效的可持续竞争优势路径提供理论参考。

（2）构建了绿色供应链整合的中介模型，深入探索了绿色供应链内外部整合在绿色智力资本与企业绿色创新关系之间的传导机制。

---

① Rennings K. Redefining innovation eco－innovation research and the contribution from ecological economics［J］. Ecological economics，2000，32（2）：319－332.

② Wagner M. Innovation and competitive advantages from the integration of strategic aspects with social and environmental management in European firms［J］. Business Strategy & the Environment，2009，18（5）：291－306.

③ Kesidou E，Demirel P. On the drivers of eco－innovations：Empirical evidence from the UK［J］. Research Policy，2012，41（5）：862－870.

本书通过对绿色供应链内外部整合的作用进行对比，寻找到了企业实现绿色创新的最优路径。同时，分别验证和比较了绿色供应链内部整合和绿色供应链外部整合在绿色智力资本与企业绿色创新之间的中介作用，深入分析了其对企业进行绿色创新的长远影响。

（3）深入挖掘绿色供应链整合对企业绿色创新影响的边界条件，分别探究了企业内外部能力——关系学习能力与绿色吸收能力在绿色供应链内外部整合与企业绿色创新之间的调节效应。

本书试图剖析绿色供应链整合的企业在进行绿色创新时存在差异的原因，从更全面的视角科学地整合了中介与调节作用，提出了有调节的中介模型，发现关系学习能力会在绿色智力资本以供应链外部整合为中介对企业绿色创新作用的间接关系中产生调节效应，而绿色吸收能力也会在绿色智力资本以供应链内部整合为中介对企业绿色创新作用的间接关系中产生调节效应。这一发现拓展了以往的单一影响路径，有机融合了企业内部能力与外部能力的共同作用，从更深层次揭示了绿色智力资本对企业绿色创新的影响机制。

1.2.2 现实意义

（1）鼓励企业正确面对和顺应环境趋势。

面对政府严格的监管、公众普遍提升的环保意识、媒体以及环保公益机构的监督，企业不应惊慌或反应过度，因为这些环境趋势可以转化为推动企业进行绿色智力资本管理，促进绿色创新，从而创造竞争优势的动力。这些环境趋势常常被企业视为其未来发展的障碍，因此许多企业对这些环境趋势推卸责任或与之作抗争。本书希望寻找对这些环境趋势的正确评价和定位，并采用新兴概念——绿色智力资本，鼓励企业顺应这些环境趋势，带来创新，最终获得竞争优势。

（2）引导企业重视对绿色智力资本的积累和管理。

本书认为绿色智力资本是企业实现绿色创新的关键，因此，企业要从绿色人力资本、绿色结构资本和绿色关系资本三个方面进行有效管理以提升绿色智力资本的整体利用效率。企业要在招聘、培训、考核上进行绿色人才的选拔和培养。定期开展关于环境保护的培训，组织员工进行绿色知识的交流与分享以及环保技能的训练，加强员工环境保护理念和绿色创新思维以及绿色知识技术的培养。要将可持续发展的理念融入企业的内部运作流程、薪酬系统、信息技术系统、知识管理系统、财务等各个系统中。企业要与供应商、顾客、竞争者、社区、高校、研究机构等建立稳固的合作互惠关系，彼此交换与环境问题有关的重要信息，一起探讨绿色创新的新想法，合作研发绿色技术。绿色人力资本、绿色结构资本和绿色关系资本之间不是相互独立的，帮助企业管理者重视绿色智力资本各维度在企业价值平台中的相互作用和协同效应，充分利用绿色智力资本为企业创造更大的价值并支持企业维持可持续竞争优势。

（3）帮助企业清醒地意识到绿色创新不仅仅是企业自己的事情，更应该从整个供应链的角度去看待。

因为企业没有足够的知识和能力单独处理产品生命周期中所产生的所有环境问题，因此，企业必须与供应链中的利益相关者进行合作。而通过供应链上的资源整合，企业与供应商和客户建立共同环境目标、彼此信任、强度联结，进行信息共享、资源互补、风险共担，不仅有助于增加整个绿色供应链的运营效率，而且还能加强企业实现绿色创新、创造价值的能力。包括交换有关绿色技术和如何管理绿色材料以及与供应链合作伙伴如何合作的知识，以进一步实现符合环境标准的生态设计。另外，也帮助企业重视内部整合，进行跨部门的环境保护合作，并促进企业采用环境管理系统，提高企业对绿色供应链管理的高管承诺和支持。

（4）提醒企业一方面要重视并加强与其上下游企业之间的外部关系学习，另一方面也要增强内部吸收能力。

与其上下游企业建立联合互动小组，协同合作，共享市场、技术等信息；同时，企业要培养和维持与其供应商和客户所建立的牢固、广泛的联系网络，发展信任机制，形成协作文化，创造出比单个企业更大的价值；还要不断评估、调整和更新双方对最终用户的需求、相关技术发展趋势、关系网络等信息。同时，企业在进行招聘时要重视员工的知识和经验，重视研发和培训，建立学习型组织，培养绿色和创新文化，增强企业的内部吸收能力。

1.3 研究方案

1.3.1 研究方法

本书采用理论与实证相结合的方式，综合运用定性与定量分析，系统梳理了主要变量的相关国内外文献，结合中国企业绿色创新实际情况，提出了研究模型和假设，并进行了验证。具体研究方法包括：

(1) 文献研究法。

环境战略和创新都是目前中国政府和企业所关注的，“绿色创新”刚好将两者结合起来，是近年来国内外研究的热点。因此本书选择“绿色创新”作为研究的立足点和出发点，并在供应链视角下结合绿色智力资本进行探索。为了准确地探讨绿色智力资本、绿色创新、绿色供应链整合及关系学习能力和绿色吸收能力之间的关系，本书主要以中国知网、超星期刊、人大报刊复印资料、万方数据库、Wiley 电子期刊、Web of Science、EBSCO、Springer Link Science Direct、Emerald 以及 Pro - Quest 基本检索平台等数据库为资料来源，在相关研究主题下使用关键词进行检索，持续收集、整理、阅读和分析了 500 余篇国内外期刊和论文。

为了了解国内外关于绿色创新的发展历程和最新前沿动态，本书采用广泛与重点阅读相结合的形式，对主要变量的相关文献进行了系统总结，厘清了绿色创新的内涵与前因后果，发现了现有研究的参考价值，也看到了其不足，针对现有研究的缺陷及矛盾观点进行了分析。最后基于自然资源基础观、知识管理理论、供应链整合理论以及创新理论，将研究问题界定为绿色智力资本在供应链背景下影响绿色创新的内在机制，并以企业内外部能力为调节变量，探索了绿色供应链内外部整合对绿色创新影响的边界条件。

（2）深度访谈法。

本书选择了四川地区对环境有影响的不同行业的 5 家企业，与这些企业的 CEO、企业法人，研发部、市场部、营销部、生产部或环境部门的负责人进行了深入访谈，在分析企业所在行业绿色创新的实施现状与问题后，确定了本书的研究主题，还深化了本书核心构念的内涵与外延，考察了变量之间的逻辑关系，微调了研究框架。另外，通过深入访谈，也测试问卷内容是否符合企业实践，修正完善了测量题项，使表达更加准确和严谨。

（3）问卷调查法。

本书使用问卷调查法收集数据。在国内外成熟量表基础上结合中国企业实际情况设计好初始问卷以后，请环境战略研究方向的教授和博士进行评估修订，先进行小样本预调研，经过对问卷再次修正后才形成最终问卷正式进行调研。本书的研究对象是近两年主动实施环境战略或进行有关环境保护活动的企业。问卷调查对象是了解企业的市场、运营和环境管理问题并对其有影响力的企业高层管理人员，或研发部、市场部、营销部、生产部、环境部门的负责人。本书小样本主要是采用老师、朋友介绍相关企业高管以及使用问卷星样本服务相结合的方式进行收集。大样本则完全是通过问卷星的样本服务进行数据的收集，剔除了无效问卷，并抽样核实了数据的真实性。

（4）实证分析法。

回收到问卷后，使用 SPSS 20.0 软件和 AMOS 17.0 软件对各变量进行了描述性统计、信度分析、探索性因子分析、相关性分析和验证性因子分析。采用层次回归分析方法检验了主效应，并采用结构方程模型对绿色供应链内外部整合的中介作用进行了验证，通过对交叉项进行层次回归检验了关系学习能力和绿色吸收能力的调节作用。最后用 SPSS Process 宏程序的 bootstrapping 分析程序检验有调节的中介。

1.3.2 技术路线

基于本书的研究设计，拟采用的技术路线如图 1.1 所示。

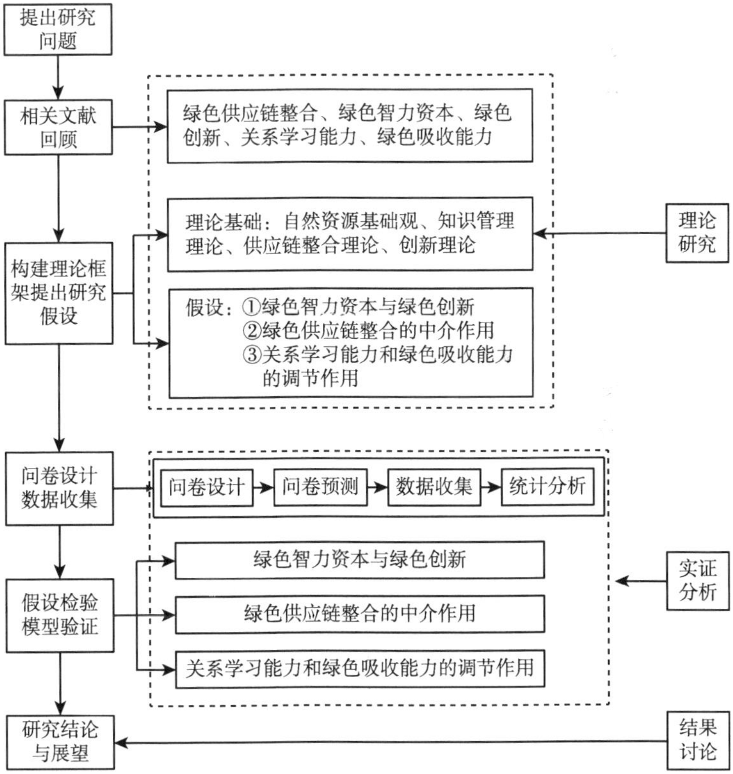

图 1.1 研究技术路线

1.4 研究创新与结构安排

1.4.1 研究创新

第一，拓展了绿色创新的研究视角。虽然目前不同的学术流派分别站在经济学、产业组织学以及战略管理学等不同视角对绿色创新进行了多项研究，但其实证研究仍然缺乏一致且精确的量化和比较。本书通过整理发现，绿色创新的驱动因素主要有六大类：市场因素、利益相关者压力、技术因素、协作和网络因素、组织层面的因素以及社会、文化和道德因素。然而研究中常常忽视了对与环境管理有关的绿色资源与能力的探索，忽略了企业绿色创新的重要来源——绿色智力资本，并且很少有研究对两者之间的关系进行深入探索。而“绿色智力资本”是近年来绿色经济时代下，学术界所产生的一个关于企业无形资产的新兴概念。虽然现有文献对智力资本的研究较为丰富，但却对在绿色背景下的智力资本关注不够。目前关于“绿色智力资本”尚处于研究初期，研究方式大多为理论研究，以现象观察为主，而实证检验较少，研究的深度与广度都有很大的提升空间。Chen（2008a）提出，以往关于“绿色智力资本”的研究都是将其作为一个整体变量来测量，很少有研究将其分维度分别进行探索，也就很难为企业提供具体可操作的建议。随着“知识经济”和“环境管理”的兴起，绿色智力资本已经成为企业创造价值以及维持可持续竞争优势的关键无形资产，因此，本书结合绿色经济的时代特征，基于知识管理理论与创新理论，深入挖掘绿色智力资本的内涵，从企业内部资源与能力的视角补充了仅从外部动力与压力的视角对绿色创新进行研究的不足。

第二，丰富了绿色创新的研究情境。在“经济新常态”下，政府、公众、机构等都很重视生态文明建设，但是中国的环境问题仍然很严重，特别是复合型污染的特征十分明显，环境质量状况更加复杂，光靠企业实行反应型环境战略已经不足以改善环境、实现绿色发展。企业必须要采取前瞻型环境战略，积极、主动、自愿的应对环境问题，从源头上而不是仅仅进行末端治理。绿色创新是企业面对越来越严峻的环境问题的必然选择，也是企业实现可持续发展的机会。绿色创新理论产生于西方社会背景之下，相关研究也多以欧美发达国家为主体，而中国的经济还正在转型过程中，生态环境问题近几年才引起各方重视，以往在学术方面受到的关注不足。因此，国内关于绿色创新方面的研究还处于起步阶段，多以理论研究为主，实证研究较少，有待进一步丰富和完善。而本书在国外研究基础上，结合中国企业的实际情况，以 328 家近两年主动实施环境战略或进行有关环境保护活动的企业为研究对象进行实证研究，验证假设，得出结论，促进了绿色创新研究在我国的进一步发展，为处于经济转型时期的企业进行“绿色化”提供了借鉴。

第三，识别了绿色供应链整合的中介作用。探索绿色供应链内外部整合在绿色智力资本与企业绿色创新之间关系的传导机制，打开了绿色智力资本与绿色创新之间的“黑箱”，为管理者提供实现绿色创新的新思路。在绿色经济时代中，绿色智力资本是促进企业经济和环境绩效平衡发展的关键资源，也是绿色创新的源泉和驱动力。但企业也清楚的意识到仅凭其内部资源进行绿色创新并不容易，因为企业没有足够的知识和能力单独处理产品生命周期中所产生的所有环境问题。企业单独实现绿色创新，往往需要花费巨大的资源与精力，而最终也不一定能够成功。并且环境污染不仅仅是单个企业的事情，常常涉及整个供应链。此外，因为市场、技术、环境的不确定性，企业进行绿色创新面临着各种挑战，因此，通过供应链整合拉动绿色创新可能比单个企业进行绿色创新更为有效。本书通过对绿色供应链内外部整合作用进行对比，寻找到了企业实现绿色创新的最优路径。分别验证和比较了绿色供应链内部整合和绿色供应链外部整合在绿色智力资本与企业绿色创新之间的中介作用，深入分析了其对企业进行绿色创新的长远影响。

第四，深入挖掘了绿色供应链整合对企业绿色创新影响的边界条件。进行绿色供应链整合的企业实现绿色创新的情况也不一样，所以本书引入企业内外部能力——关系学习能力与绿色吸收能力，分别探究了其在绿色供应链内外部整合与企业绿色创新之间的调节效应。目前对于企业内部能力——吸收能力的研究较多，企业通过发展吸收能力来积极获取、吸收、转化和利用知识，最终实现创新。除此之外，企业还需要依靠外部网络，利用其外部能力（如关系学习）来实现创新。但目前研究往往忽略了企业与其供应链上下游企业之间的沟通、合作和创新之间的关系，更是缺乏关于两者关系的实证研究。企业内外部能力会共同影响企业创新，以往研究仅关注于其中一类因素对创新的作用，往往忽略了两者对创新的共同影响。并且之前的研究往往将这两种能力作为前因变量，而本书将这两种内外部能力作为调节变量，在深入探讨绿色供应链整合及企业绿色创新关系的基础上，进一步分析了在企业内外部能力的不同情景下，企业实现绿色创新的差异，丰富了绿色创新的情景条件，拓展了以往的单一影响路径，为企业环境管理实践提供了新的思路。

1.4.2 研究结构安排

根据本书的逻辑结构和技术路线，共分为六个部分：

第 1 章：绪论。本章首先从现实和理论两个方面阐述了本书的研究背景和研究意义，接着介绍了研究方法、技术路线和结构安排图，最后特别提出了研究的主要创新点。

第 2 章：文献综述。第一，归纳总结了绿色智力资本的定义、内涵、分类，以及国内外相关的研究；第二，本章梳理了绿色创新的国内外文献，对绿色创新的定义和内涵、分类以及相关的研究进行了归纳总结；第三，梳理了绿色供应链整合的国内外文献，归纳总结了绿色供应链管理的起源、概念以及绿色供应链整合的定义、分类、以及与创新的相关研究；第四，对关系学习能力和绿色吸收能力的定义、维度划分和相关研究也进行了整理；第五，对现有文献的情况进行了分析和总结，在此基础上找到了本书研究的机会点。

第 3 章：理论框架与研究假设。本书研究模型建立在自然资源基础观、知识管理理论、供应链整合理论以及创新理论的基础上，以绿色智力资本为自变量，绿色创新为因变量，以绿色供应链内外部整合为中介变量，以关系学习能力和吸收能力为调节变量，建立了“绿色智力资本——绿色供应链整合——绿色创新”的中介模型，并以企业内外部能力作为模型后半段的调节。主要研究了绿色智力资本三个维度分别与绿色创新的关系，绿色供应链内外部整合在绿色智力资本和企业绿色创新之间的中介效应，以及关系学习能力作为企业外部能力在绿色供应链外部整合和企业绿色创新之间的调节作用，和绿色吸收能力作为企业内部能力在绿色供应链内部整合和企业绿色创新之间的调节作用。

第 4 章：问卷设计与预测试。本章介绍了问卷设计方法，另外，变量的测量主要根据国内外成熟量表再结合中国企业实际情况进行修改确定，形成初始问卷；随后进行小样本预调研，并进行了信度和效度分析，最终形成正式问卷，便于进行大规模调研。

第 5 章：实证分析。首先，利用 SPSS 20.0 和 AMOS 17.0 统计软件分别进行了描述性统计分析、量表的信度和效度检验、相关性分析，对数据进行了共同方法偏差检验，使用验证性因子分析进行效度检验。其次，采用层次回归分析方法检验了主效应，并采用结构方程模型对绿色供应链内外部整合的中介作用进行了验证，通过对交叉项进行层次回归检验了关系学习能力和绿色吸收能力的调节作用，用 SPSS Process 宏程序的 bootstrapping 分析程序检验了有调节的中介。最后，对实证结果进行了分析讨论。

第 6 章：研究结论与展望。对实证结果和研究结论进行了整理和总结，在此基础上得出了本书的理论贡献，提出了我国企业绿色创新的实践启示和管理建议，指出了本书的研究局限和未来的研究方向。

2　文献综述

2.1　绿色智力资本

2.1.1　绿色智力资本的起源和内涵

从20世纪90年代开始，随着人类社会正式迈进知识经济时代，知识已经成为最重要也是最关键的战略资源和经济资源之一，并占据着主导地位，甚至成为唯一的可持续竞争优势来源（Ramezan，2011）[①]。企业已经认识到，它们应当利用三种资本（有形资本、金融资本和智力资本）来获得超越竞争对手的优势（Wall，2005）[②]。而从传统企业转变为知识型企业的第一步就是了解企业的知识，也就是所谓的智力资本——Intellectual Capital（IC）。智力资本（IC）是当今商业中一项重要的无形资产，尤其是在当今高度依赖技术的知识密集型经济中，智力资本被公认为是一种宝贵的无形资产，它是用于激励创新、提升创造力、维持竞争优势、创造价值和提升企业绩效的所有知识、能力等无形

① Ramezan M. Intellectual capital and organizational organic structure in knowledge society: How are these concepts related? [J]. International Journal of Information Management, 2011, 31 (1): 88 -95.

② Anthony Wall. The measurement and management of intellectual capital in the public sector [J]. Public Management Review, 2005, 7 (2): 289 -303.

资产的总和（Capó - Vicedo 等，2011）。智力资本对于维持竞争优势、组织成功、创新、卓越的组织绩效、新产品的开发、提高股东价值等起着关键性作用（Beskese 和 Bozbura，2007[①]；Hsu 和 Fang，2009[②]；Ramezan，2011）。

智力资本的概念是复杂及多面的。关于 IC，它的组成因素、结构以及其在组织中的作用，不同的学者有不同的见解。IC 是由两个重要的词组成："intellect" 来自拉丁语的 "intellectus"——理智、头脑、智力、智慧、思维能力、理解能力；"capital" 来自拉丁语的 "capitalis"——资本优势、基本、首要的（Manzari 等，2012）[③]。

"IC" 首次出现在一封 1969 年 John Kenneth Galbraith 写给首席经济学家编辑 Michael Kalecki 的信中。后来 Stewart（1991）[④] 研究了这个概念并提出了第一个定义。他把 IC 定义为"可以用来创造财富的知识、信息、知识产权及经验"。在 20 世纪 90 年代，许多学者积极地研究了在组织活动中 IC 的性质、结构和作用。不同的学者试图通过不同的方式给 IC 下定义——通过包含一些表征概念的元素，通过使用 IC 的结构以及通过扩大知识的概念等。Edvinsson 和 Malone（1997）[⑤] 定义 IC 为可以转化成价

---

① Beskese A, Bozbura F T. Prioritization of relational capital measurement indicators using fuzzy AHP. [J]. Expert Systems with Applications, 2007, 32 (4): 1100 - 1112.

② Hsu Y H, Fang W. Intellectual capital and new product development performance: The mediating role of organizational learning capability [J]. Technological Forecasting & Social Change, 2009, 76 (5): 664 - 677.

③ Manzari M, Kazemi M, Nazemi S, Pooya A. Intellectual capital: Concepts, components and indicators: A literature review [J]. Management Science Letters, 2012, 2 (7).

④ Stewart T A, Kirsch S L. BRAINPOWER Intellectual capital is becoming corporate America's most valuable asset and can be its sharpest competitive weapon. The challenge is to find what you have - and use it [J]. Fortune, 1991.

⑤ Edvinsson, L., Malone, M. S. Intellectual capital: The proven way to establish your company's real value by measuring its hidden values [J]. Piatkus, London. 1997.

值的知识。而 Ditillo（1998）相信 IC 是组织中可持续竞争优势最重要的来源。与许多研究人员不同，Bontis 等（2000）[1] 认为 IC 是一个将组织所有的无形资源相互联系的概念。Andriessen（2006）在研究 IC 的性质时，他提出 IC 有两个重要的组成部分，就是“作为资源的知识”和“作为资本的知识”。在德国关于“智力资本声明（ICS）”的报告中，“IC”一词被定义为“对成功至关重要的组织的现有知识”（Federal Ministry of Economics and Labour，2004）。

由于社会经济环境飞速变化，导致对管理的看法也在发生改变，因此，对 IC 的观点也发生了显著的变化——从静态到动态。在静态观点中，IC 被看作知识或一系列知识（Bontis，2000）。而在动态的观点中，是从价值创造的角度来定义 IC 的（Gogan 等，2014）[2]。然而，在这两种情况下，学者们虽然将 IC 和知识的概念相连，但并没有指出这两个概念之间的区别。因此，他们并没有明确回答：组织 IC 的实质是什么？以及它和组织的知识资源有什么区别？

在探索 IC 概念的历史演变过程中，一些学者认为它和与资源相关的两个概念有关。一种观点是资源基础观（RBV），其强调了企业资源和能力是企业竞争优势的来源。第二种观点是知识基础观（KBV），其强调了知识是企业竞争优势的来源（Wiklund 和 Shepherd，2010）[3]。资源是这两个观点的中心，但

---

① Bontis N，Keow W C C，Richardson S. Intellectual capital and business performance in Malaysian industries ［J］. Journal of Intellectual Capital，2000，1（1）：85 - 100.

② Gogan L M，Rennung F，Fistis G，Draghici A. A proposed tool for managing intellectual capital in small and medium size enterprises ［J］. Procedia Technology，2014，16：728 - 736.

③ Johan Wiklund，Dean Shepherd. Knowledge - Based resources，entrepreneurial orientation，and the performance of small and medium - sized businesses ［J］. Strategic Management Journal，2010，24（13）：1307 - 1314.

在所考虑资源的种类以及企业竞争优势的方式上却有所不同。然而，这两个观点都认为，企业竞争优势的来源不在外部而是在企业的内部。

根据企业资源基础观（RBV），为了保持较好的盈利能力而建立可持续的竞争优势，这需要企业建立和保持战略资源。根据 Amit 和 Schoemaker（1993）①，这些战略资源的具体类型、大小和性质将决定一个企业的盈利能力。Barney（1991）②认为，一个企业要想拥有可持续竞争优势，其资源必须是有价值的、稀少的、难以模仿和不可替代的。

而知识经济时代的到来让资源基础观有了新的进展。知识被认为是一个企业的主要资源，企业是一个知识处理系统，知识在企业中是以个体或组织为载体来为企业创造价值的，并且通过获取、整合、应用和重建的方式来进行。这与 Barney 的观点完全一致。这种观点导致了企业知识基础观（KBV）的延伸，该观点认为企业会创造、转移和利用其知识影响绩效，并使得其在行业内具有竞争能力。

当知识被视为一个企业的主要资源时，知识的创造就是企业绩效与竞争优势的关键，为此：第一，一个企业可以投入大量的资源进行研究和开发以创造能够被整合进企业流程的知识（De-Carolis 和 Deeds，2015）③。正如 Cohenand Levinthal（1990）④ 所

---

① Amit R，Schoemaker P J H. Strategic assets and organizational rent [J]. Strategic Management Journal，1993，14 (1)：33 -46.

② Barney，J. B. Firm resources and sustained competitive advantage [J]. Journal of Management，1991，17 (1)：99 -120.

③ Decarolis D M，Deeds D L. The impact of stocks and flows of organizational knowledge on firm performance：An empirical investigation of the biotechnology industry [J]. Strategic Management Journal，2015，20 (10)：953 -968.

④ Cohen，W. M.，Levinthal，D. A. Absorptive capacity - a new perspective on learning and innovation [J]. Administrative Science Quarterly，1990，35 (1)：128 - 152.

显示的，这种投入会影响一个企业吸收新的外部知识的能力，包括联盟伙伴。第二，人才涌入可以增加一个企业的知识。Leslie 和 Holloway（2006）[①] 认为作为知识资源的员工的专业知识和声誉，有助于一个企业的成功。第三，企业必须了解客户如何获得和使用产品。为了创造新产品或新的生产过程，销售过程与研发过程也类似，企业必须要遵循学习曲线。在销售过程中学习不仅影响企业的生产也影响市场营销和销售策略。类似的，Vargo 和 Lusch（2004）[②] 表明，企业必须改变他们的客户关系，才能从有形要素（如产品）向无形要素（如技能、信息和知识）转换，因此互动性、连接性和持续的关系很重要。

在企业知识基础观（KBV）的背景下，智力资本 Intellectual Capital（IC）被认为是一种可以用于激励创新、提升创造力、维持竞争优势、创造价值和提升企业绩效的所有知识、能力等无形资产的总和（Capó - Vicedo 等，2011）。在知识经济时代，企业要想维持高于平均水平的盈利能力，就必须建立可持续的竞争优势，而关键是要创造和维护企业的关键战略资源——智力资本。

IC 是许多企业的市场价值和账面价值之间价值差异的贡献者（Beattie 和 Thomson，2007[③]；Yang 和 Lin，2009[④]）。Yang 和 Lin（2009）提出，一个企业的市场价值比其账面价值高出 3 ~ 4

---

① Leslie M, Holloway C A. The sales learning curve [J]. Harvard Business Review, 2006, 84 (7 - 8): 114.

② Vargo S L, Lusch R F. Evolving to a new dominant logic for marketing [J]. Journal of Marketing, 2004, 68 (1): 1 - 17.

③ Beattie, V., Thomson, S. J. Lifting the lid on the use of content analysis to investigate intellectual capital disclosures [J]. Accounting Forum, 2004, 31: 129 - 163.

④ Chien - Chang Yang, Carol Yeh - Yun Lin. Does intellectual capital mediate the relationship between HRM and organizational performance? Perspective of a healthcare industry in Taiwan [J]. International Journal of Human Resource Management, 2009, 20 (9): 1965 - 1984.

倍。Edvinsson 和 Malone（1997）认为，企业知识资产显然超过了有形资产的价值，世界银行（2015）也报告说，无形资产占全球财富总额达到77%。了解所有资产的真实价值可以更准确地反映企业的价值，这有助于实现企业对股东、潜在投资者和市场分析师的透明度目标（Ramezan，2011；Subramaniam 和 Youndt，2005①）。

最初对智力资本的研究主要是基于个体。Senio（1938）认为 IC 是个体所拥有的知识和能力的总和。Ulrich（1998）开始从个体和组织的角度来解读智力资本。认为 IC 不仅存在于员工本身，同时也嵌入于组织系统之中，而且还涉及整个被有效利用的过程。尽管这一定义认为 IC 与人力资本是不同的，已经超越了对智力资本的狭义理解，但是仍然不够准确和完整。接着，国内外学者都相继试图揭示对 IC 的准确定义，以及它如何被管理和测量。因此，IC 领域被各种学科概念化，包括会计、信息技术、社会学、心理学、人力资源管理、培训和发展等（Bontis 等，2000）。然而智力资本的概念仍然不是很清晰，目前还没有统一的定义（Beattie 和 Thomson，2004）。Joia（2007）② 指出，这是因为智力资本是从不同的角度来定义的，关键是要清楚到底是从分析层面（个人或组织）、时间价值的感知（当前价值或未来价值）还是客观对象（投入或产出）来看。

本书整理了国内外学者关于 IC 有代表意义的定义。如表 2－1 所示：

---

① Subramaniam M，Youndt M A. The influence of intellectual capital on the types of innovative capabilities［J］. Academy of Management Journal，2005，48（3）：450－463.

② Joia，L. A. Strategies for information technology and intellectual capital：Challenges and opportunities［J］. Information science reference，2007，7（3）：26－39.

表 2－1　　国内外学者关于 IC 的定义对比

来　源	定　　义
Stewart，1991	智力资本是“能够将原材料进行转换使其更具有价值的知识和能力，其是为企业创造价值的集体知识、信息、技术、知识产权、经验、组织学习和能力，团队沟通系统、客户关系，以及品牌的总存量”；
Brooking，1996	智力资本是以一种动态的方式呈现出来的，它形成了非物质资产，由于知识的流动，知识资本可以产生创造商品的潜力；
Wall，2005	智力资本是“一个组织的无形资产，虽然没有记录在财务报表上，但可能构成组织市场价值的 80%”；
Chu 等，2006①	智力资本是“归属于组织价值创造的一系列知识资产”；
Beskese 和 Bozbura，2007	智力资本是“与员工的知识和专长、客户对企业及其产品的信心、品牌、特许经营、信息系统、行政程序、专利、商标和企业业务流程的效率相关的资产”；
Peng 等，2007②	智力资本是“企业为促进生产活动和创造经济租金而使用的一系列关键资源”；
Bartholomew，2008③	智力资本是“追求有效利用知识的成品，而不是信息的原材料”；
Lytras 和 Pablos，2009④	智力资本是“知识要素的总和（如资源、能力），其为组织创造价值和保持长期、持续竞争优势的关键”；
Wiklund 和 Shepherd，2010	智力资本是指“用以创造企业价值的无形的、独特的和有价值的资源”；

① Chu P Y, Lin Y L, Hsiung H H. Intellectual capital: An empirical study of ITRI [J]. Technological Forecasting & Social Change, 2006, 73 (7): 886 – 902.

② Peng T A, Pike S, Roos G. Intellectual capital and performance indicators: Taiwanese healthcare sector [J]. Journal of Intellectual Capital, 2007, 8 (3): 538 – 556.

③ Bartholomew D. Building on knowledge: developing expertise, creativity and intellectual capital in the construction professions [M]. 2009.

④ Lytras M D, Patricia O D P. Knowledge ecology in global business: Managing intellectual capital [J]. express shipping, 2009, 11 (2): 33 – 40.

续表

来 源	定 义
Lu 等，2010①	智力资本是“来源于知识、经验和可变通能力的员工资源，从组织的能力、基础设施、并从利益相关者和合作伙伴之间的关系到管理变革”；
李冬琴，2004②	智力资本是能够为企业带来可持续竞争优势的有价值的知识资源及其相关的管理活动；
刘玉平，2013③	智力资本包括有助于企业建立可持续竞争优势的基于知识的资源，或者简单地说是可以转化为利润的知识，是企业的战略资产；
Gogan 等，(2014)	智力资本是组织通过其货币、非货币、物质和非物质资源进行价值创造的途径，这些资源必须被识别（知道）、使用（开发）、测量（评估、控制）并得到妥善管理。

随着经济的发展，全球开始相继出现资源和能源危机，同时生态环境也遭到严重破坏，许多企业开始意识到环境保护的重要性。企业经营管理的目标不再只是单纯强调经济利润最大化，转而也对环境绩效和社会绩效进行考虑，开始建立可持续发展的绿色营运模式。因为环保的普及，绿色管理已成为企业管理的重要议程之一。企业资源基础观（RBV）认为，企业竞争优势来源于关键资源和能力（Barney，1991），而 Hart（1995）和 Ramezan（2011）也认为环境社会责任可以成为一个实现可持续竞争优势的关键能力。并且早在 1995 年，Hart 就提出了自然资源基础观（NRBV），这是基于企业与自然环境之间关系的竞争优势理论。由此开始，绿色管理成为企业战略的一个重要因素，从 RBV 的视角它应该被视为企业的独特能力。在知识经济时代，企业实现

① Lu W M, Wang W K, Tung W T, Lin F. Capability and efficiency of intellectual capital: The case of fabless companies in Taiwan [J]. Expert Systems with Applications, 2010, 37 (1): 546 - 555.

② 李冬琴：“智力资本与企业绩效的关系研究”，浙江大学，2004 年。

③ 刘玉平：“智力资本驱动企业价值创造的有效性研究——基于智力资本综合评价视角”，《中央财经大学学报》，2013 年第 1 期。

可持续竞争优势的主要动力是传统智力资本，而在绿色经济时代中，企业要想赢得竞争优势、创造价值、实现经济环境绩效一同增长，唯有将传统智力资本转换为绿色智力资本——Green Intellectual Capital（GIC）。特别是“经济新常态下”，政府、企业、公众等都关注于“企业如何实现绿色发展”。企业应该将可持续发展理念引入内部管理流程，通过教育和人力资源管理培训来提高员工的环保知识和技术，将环境指标纳入财务考核评价体系，为员工创造绿色的工作环境，营造绿色创新的文化氛围。同时，以环境标准来选择供应商和客户，与其在环保方面进行沟通交流，鼓励消费者对绿色产品的需求。由此可见，企业的“绿色化”促进了现代企业经营管理模式的变革，也为绿色智力资本的出现提供了契机。绿色智力资本专注于法规、技术、最佳实践方面的知识，以实现由企业承担的可持续发展目标。

虽然已经有很多关于 IC 的研究，但直到最近才有一些学者尝试将 IC 纳入环境背景中。因此，目前关于“绿色智力资本”的定义在管理学文献中仍然很少。Dzinkowski[①] 在 2000 年提出绿色智力资本是帮助企业提升市场竞争优势，且存在于企业内部的关于环境保护与创新的知识、关系与能力总和的无形资产。Chen（2008a）正式提出“绿色智力资本”的定义，他认为绿色智力资本是作为各种无形资产（包括知识，能力和人际关系等）的总和，这些无形资产是关于在一个企业内个人和组织层面的环境保护或绿色创新。并且其能够使企业严格遵守国际环境法规，以满足消费者日益增长的环保意识，同时为企业创造价值。而 Chang 和 Chen（2012）[②] 又在其基础上，进一步提出绿色智力资

① Dzinkowski R. The value of green intellectual capital [J] Journal of Business Strategy, 2000, 21 (4): 3-4.

② Chang C, Chen Y. The determinants of green intellectual capital [J]. Management Decision, 2012, 50 (1): 74-94.

本是在企业个人和组织层面关于环境保护的各种无形资产、知识、能力和关系等的总存量。López - Gamero 等（2011）① 对绿色智力资本的定义是，企业的所有知识能够在进行环境管理以获取竞争优势的过程中起杠杆作用，并且这些知识存在于企业的不同层次中。除此之外，Huang 和 Kung（2011）② 认为绿色智力资本是关于企业在环境保护领域的经验、知识、技巧、智慧和能力的无形资产。国内学者刘佳鑫等（2016a）③ 认为绿色智力资本理论是智力资本理论的绿色化和升级，其认为绿色智力资本是指能够实现盈利，并且能够承担环境保护和社会责任的存在于企业内部的包括绿色知识、技术、智慧、能力、操作流程、管理制度以及绿色互动关系等在内的无形资产，从而有助于经济、环境、社会共同发展。潘楚林和田虹（2016a）④ 认为绿色智力资本是能够给企业带来竞争优势的关于环境保护和管理的智力资本。

而本书在其基础上，将“绿色智力资本”定义为，关于企业环境保护或绿色管理的包括知识、信息、技术以及能力等各种无形资产的总和，其可以为企业创造价值和可持续竞争优势。

2.1.2 绿色智力资本的维度划分

对绿色智力资本的分类是在对智力资本的经典分类基础上发

---

① López - Gamero M D, Zaragoza - Sáez P, Claver - Cortés E, et al. Sustainable development and intangibles: Building sustainable intellectual capital [J]. Business Strategy & the Environment, 2011, 20 (1): 18 - 37.

② Huang C, Kung F. Environmental consciousness and intellectual capital management: Evidence from Taiwan's manufacturing industry [J]. Management Decision, 2011, 49 (9): 1405 - 1425.

③ 刘佳鑫、刘兵、齐敏：“绿色智力资本、社会责任与企业绩效的关系”，《商业研究》，2016 年第 8 期。

④ 潘楚林、田虹：“经济新常态下绿色智力资本怎样成为企业的竞争优势”，《上海财经大学学报》，2016 年第 2 期。

展而来的。学术界已经有很多对智力资本的不同分类（Ramezan，2011），Brooking（1996）将 IC 分为四类，包括：市场资本、人力资本、基础结构资本以及知识产权资本。Ditillo（1998）认为 IC 可以分为三大类：企业内部结构资本、外部结构资本以及员工能力资本。Stewart（1998）[①] 认为 IC 可以分为个人维度的人力资本，包括技能、软件、程序等的结构资本以及以关系为主的顾客资本。Tai 和 Chen（2009）[②] 将 IC 分为过程资本、创新资本、研究资本和发展资本。Rudez 和 Mihalič（2007）[③] 将 IC 分为最终客户关系资本和非最终客户关系资本。另外，还有一些新的维度，如经营资本、社会资本以及战略资本等（Ramezan，2011）。我国学者徐笑君（2004）[④] 从组织的角度将 IC 分为知识型、关系型以及市场型资本。刘玉平（2013）将 IC 分为四类，包括人力资本、结构资本、顾客资本以及创新资本。

尽管目前对 IC 的定义和维度划分标准还没有完全统一，但许多学者已经认可了将 IC 划分为三类，即：人力资本、结构资本（或组织资本）以及关系资本（或顾客资本），这也是关于 IC 的 H－S－R 经典划分方式（Beattie 和 Thomson，2007；Rudez 和 Mihalič，2007；Tai 和 Chen，2009）。我国学者蒋天颖和王俊江（2009）[⑤] 也提出将 IC 划分为人力资本、组织资本和关系资本最

---

① Stewart T A. Intellectual capital: The new wealth of organizations [J]. Performance Improvement, 1998, 37 (7): 56－59.

② Tai W S, Chen C T. A new evaluation model for intellectual capital based on computing with linguistic variable [J]. Expert Systems with Applications, 2009, 36 (2): 3483－3488.

③ Rudez, H. N, Mihalič, T. Intellectual capital in the hotel industry: A case study from Slovenia. [J]. International Journal of Hospitality Management, 2007, 26 (1): 188－199.

④ 徐笑君：《智力资本管理》，华夏出版社 2004 年版。

⑤ 蒋天颖、王俊江："智力资本、组织学习与企业创新绩效的关系分析"，《科研管理》，2009 年第 4 期。

能够体现 IC 的本质。

本书对绿色智力资本的分类主要参考了 Stewart（1998）、Chu 等（2006）与 Beattie 和 Thomson（2007）采用 H－S－R 模型对 IC 的维度划分标准，又在 Dzinkowski（2000）和 Chen（2008a）的基础上，最终将 GIC 分为绿色人力资本、绿色结构资本和绿色关系资本。见图 2.1。

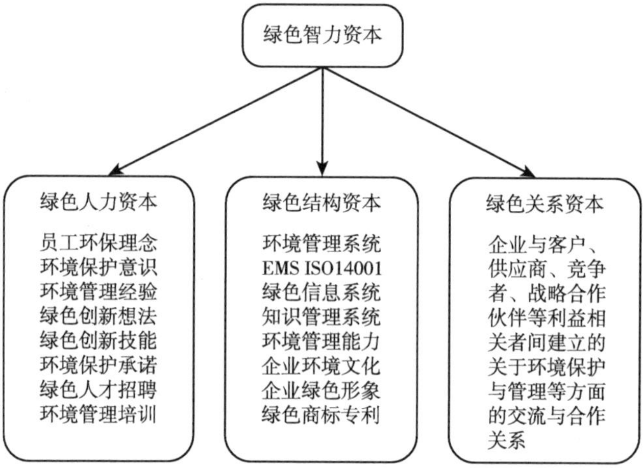

图 2.1　绿色智力资本的内容

（1）绿色人力资本（Green Human Capital）。

人力资本是由人的知识、经验、技巧、专业、能力、创意、诚信度、团队协作能力、培训教育、解决问题的能力、态度和动机所组成的（Hormiga 等，2011）①。因此，人力资本包括所有嵌入在企业里的隐性知识。由于人力资源是企业发展和维持竞争优势的关键因素，绿色人力资本在实现可持续发展目

① Hormiga E，Batista－Canino R M，Sánchez－Medina A. The role of intellectual capital in the success of new ventures［J］. International Entrepreneurship & Management Journal，2011，7（1）：71－92.

标方面也发挥着关键作用。Dzinkowski（2000）提出，人力资本是能够帮助员工实现目标的所有相关知识、能力和技巧。人力资本是嵌入在员工中的，而不是在企业中，它可以随着员工的离职而被带走（Miller 和 Wurzburg，1995）①。因为员工所拥有的环境知识对企业为了应对外部环境压力而发展绿色创新和绿色管理很重要，Chen（2008a）首先提出“绿色人力资本”的概念，并将其定义为“关于企业环境保护或绿色管理方面的员工所拥有的知识、经验、技巧、能力、创新、动机、智慧、创造力和承诺的总和”。绿色人力资本可以分为两个方面：环境能力以及对相关活动的承诺。这意味着企业所有员工，包括管理人员，都必须具备处理环境问题所需的知识、技巧、创意、经验、态度、智慧和沟通能力。可持续性显然会涉及人力资源管理（HRM），如领导力的发展、员工参与程度和组织学习（唐贵瑶等，2015）②。员工的环境能力可以通过领导、培训、人才管理和员工参与的发展来获得。Chen（2008a）建议，教育和促进绿色人力资本可以自上而下地进行，以便于实施。关于企业在追求环境目标方面所面临的挑战，绿色人力资源管理有助于指导员工的注意力和行为，以实现企业的可持续发展目标（Ramus 和 Steger，2000）③。

（2）绿色结构资本（Green Structural Capital）。

与人力资本不同，结构性资本嵌入于组织中，不受员工离职

① Miller R，Wurzburg G. Investing in human capital [J]. The OECD observer. Organisation for Economic Co - operation and Development，1995，193（193）：16.

② 唐贵瑶、孙玮、贾进、陈扬：“绿色人力资源管理研究述评与展望”，《外国经济与管理》，2015 年第 10 期。

③ Ramus C A，Steger U. The roles of supervisory support behaviors and environmental policy in employee “ecoinitiatives” at leading - edge European companies [J]. Academy of Management Journal，2000，43（4）：605 - 626.

的影响。因此，结构资本是独立的个体（Chen 等，2006[①]；Hormiga 等，2011；Longo 等，2009[②]）。如果把这个定义和 Amit 和 Schoemaker（1993）创造的知识概念相比，结构性资本来自当隐性知识达到企业水平时产生的知识螺旋。根据 Edvinsson（1997）[③]，结构资本是由包含和存留的知识所构成，最终会变成企业的财产。结构资本作为一个整体属于企业，并且可以被报告和共享（Longo 等，2009）。其被定义为一个组织内的专利、商标、硬件、软件、数据库、组织文化和组织能力的总和，它包括创新资本和流程资本（Edvinsson 和 Malone，1997），包括组织能力、承诺、知识管理系统、激励机制、IT 系统、数据库管理系统、操作流程、管理理念、组织文化、企业形象、专利、版权和商标（Stewart，1998）。在全球环境保护主义的到来中，嵌入于企业中的环境知识和文化，对企业制定和实施环境战略以寻求新的机会或获得新的竞争优势起着关键作用。所以，Chen（2008a）倡导"绿色结构资本"的新概念，并将其定义为一个企业环境保护和绿色管理的组织能力、组织承诺、知识管理系统、管理哲学、企业文化、企业形象、专利、版权、商标等的总和。绿色结构资本指的是与环境保护或可持续发展战略有关的规范、授权和基础设施（Huang 和 Kung，2011）。这是由无形资产所组成的，有助于有效建构和发展企业的环境管理（文化、结构、组织学习和过程）（López - Gamero 等，2011）。一个精心设

---

① Yu - Shan Chen, Ming - Ji James Lin, Ching - Hsun Chang. The influence of intellectual capital on new product development performance - The manufacturing companies of Taiwan as an example [J]. Total Quality Management & Business Excellence, 2006, 17 (10): 1323 - 1339.

② Longo M, Mariani M M, Mura M. The effect of intellectual capital attributes on organizational performance. The case of the Bologna opera house [J]. Knowledge Management Research & Practice, 2009, 7 (4): 365 - 376.

③ Edvinsson L. Developing intellectual capital at Skandia [J]. Long Range Planning, 1997, 30 (3): 366 - 373.

计和运行良好的环境管理系统可以减少不必要的能源和材料的消耗，并有助于提高生产率。此外，环保产品允许企业为其产品和服务溢价，并树立积极的企业形象。

(3) 绿色关系资本 (Green Relationship Capital)。

关系资本是一个企业和与它开展业务的人及企业的关系所产生的价值 (Cabrita 和 Bontis，2008[①]；Hormiga 等，2011；Longo 等，2009)。关系资本包括与外部利益相关者、供应商网络、分销商、公众组织、合作伙伴、客户关系 (形象的塑造、忠诚度、网络合作伙伴和投资者) 以及品牌 (态度、偏好、信誉、品牌识别) 等相关的一切关系 (Marr 等，2004)[②]。关系资本可以获取市场渠道、客户和供应商关系以及政府或行业网络的知识 (Edvinsson 和 Malone，1997；Stewart，1998)。企业需要从外部机构和关键利益相关者那里获得支持和资源，来维持生存和成长。然而，企业的外部机构和利益相关者常常比企业自身更加重视环保问题。如果企业希望在这势不可挡的绿色趋势下与外部机构和利益相关者保持更加密切的关系，那么他们必须投入更多的资源来发展对于双方环境利益有关的关系。在这样的背景之下，Chen (2008a) 提出了“绿色关系资本”的定义，即一个企业关于环境保护和绿色管理的与客户、供应商、网络成员以及合作伙伴们的互动关系。所以，绿色关系资本与社会关系密切相关。更具体地说，它与来自员工的非正式个人关系的知识有关。它不是由企业预先决定的，而是与环境承诺和合作有关 (Nahapiet 和

① Cabrita M D R. Intellectual capital and business performance in the Portuguese banking industry [J]. International Journal of Technology Management, 2008, 43 (43): 1 - 3212.

② Marr B, Schiuma G, Neely A. The dynamics of value creation: Mapping your intellectual performance drivers [J]. Journal of Intellectual Capital, 2004, 5 (2): 312 - 325.

Ghoshal，2000[①]；Ehnert，2009[②]）。在顾客方面，企业必须通过增加绿色产品或服务的投入来提高顾客的忠诚度和满意度，以促进销售。企业还必须确保其供应商提供的绿色产品和服务的质量，并与供应商保持健康的互动，以增加供应商联盟的数量和价值。

2.1.3 绿色智力资本的相关研究

绿色智力资本是学术界为回应近年来越来越严重的环境污染现状以及社会各界所倡导的绿色发展要求而关注的无形资产。绿色智力资本是智力资本的绿色化和升级，更加关注于经济绩效、环境绩效和社会绩效的整体提升。

从 20 世纪 90 年代开始，特别是整个社会步入知识经济时代以后，智力资本就成为学术界研究的热点，并且一直处于管理领域研究的前沿。智力资本理论是在多种理论的基础上形成的，包括涉及知识管理理论、人力资源管理理论以及竞争优势理论。进入 21 世纪后，随着环境污染的严重，政府、公众等也要求企业承担起社会责任，要求企业进行“绿色化”改革，走可持续发展之路，这也为传统智力资本转化为绿色智力资本提供了条件，而可持续发展理论、循环经济理论、自然资源基础理论以及 CSR 理论又为其提供了丰富的理论基础。

目前关于绿色创新或环境管理的智力资本的研究并不多。Chen（2008a）填补了绿色智力资本与企业竞争优势之间关系的研究空白，其以中国台湾电子信息企业为样本，研究结果表明，

---

① Nahapiet J，Ghoshal S. Social capital，Intellectual capital，and the organizational advantage [J]. Knowledge & Social Capital，2000，23（2）：119－157.

② Ehnert I. Sustainable human resource management：A conceptual and exploratory analysis from a paradox perspective [J]. 2009，11（3）：11－20.

三种类型的绿色智力资本与企业竞争优势积极正相关。还特别地发现，中国台湾电子信息产业中小企业的三种绿色智力资本都显著低于大企业。朱长丰（2010）① 以浙江省电子信息企业为样本，同样验证了企业三种类型的绿色智力资本与竞争优势积极正相关。Huang 和 Kung（2011）以中国台湾 227 家制造企业为研究对象，深入探讨了环保意识和绿色智力资本对企业竞争优势的影响。研究结果表明，环境意识是通过对绿色智力资本的投资而间接影响竞争优势的，绿色智力资本是环境意识与竞争优势关系的中介者。Chang 和 Chen（2012）以中国台湾 400 家制造企业为研究对象，运用结构方程模型，将企业社会责任理论与绿色管理理论相结合，建立了绿色智力资本的整体概念模型，通过将环境意识作为部分中介，来探讨企业社会责任（CSR）对绿色智力资本的积极影响。研究结果表明，企业社会责任和环境意识对三种类型的绿色智力资本都有积极的影响。还证实了环境意识在企业社会责任与三种类型的绿色智力资本之间起部分中介作用。此外，研究结果还发现，高伦理企业拥有的绿色智力资本最多，中等伦理企业的绿色智力资本次之，低伦理企业的绿色智力资本最少。Delgado 等（2014）② 的研究结果表明，绿色组织资本是通过绿色社会资本来影响环保产品创新的。Chuang 和 Huang（2015）③ 引入和界定了绿色 IT 资本的新概念，通过对中国台湾 148 家“千强”企业的抽样调查结果表明，企业绿色化程度对企业在绿色 IT 人力资本、绿色 IT 结构资本、绿色 IT 关系资本上的

① 朱长丰：“绿色智力资本和企业竞争优势关系实例研究”，《商业时代》，2010 年第 12 期。

② Delgado - Verde M, Amores - Salvadó J, Castro M D. Green intellectual capital and environmental product innovation: The mediating role of green social capital [J]. Knowledge Management Research & Practice, 2014, 12 (3): 261 - 275.

③ Chuang S P, Huang S J. Effects of business greening and green IT capital on business competitiveness [J]. Journal of Business Ethics, 2015, 128 (1): 221 - 231.

商业投资以及企业竞争力有显著的正向影响。此外还发现，绿色IT资本的三个维度与企业竞争力正相关以及绿色IT关系资本部分承担了企业绿化程度与企业竞争力之间的中介联系。Chaudhry等（2016）[①] 以巴基斯坦地区480家制造企业为研究对象，运用结构方程模型分析了企业的环保意识和绿色智力资本对企业竞争优势和财务绩效的影响。研究结果表明企业环保意识对竞争优势没有积极影响，但环保意识对绿色智力资本和财务绩效都存在正相关关系，绿色智力资本对竞争优势和财务绩效也存在正相关关系。刘佳鑫等（2016a）以306家国内知识密集型企业为研究样本，使用多层次问卷调查法验证了绿色智力资本、社会责任都与企业绩效存在积极正相关关系，同时还发现企业社会责任与绿色智力资本也是积极正相关。刘佳鑫等（2016b）[②] 还从平衡计分卡的视角分析并归纳了绿色智力资本的价值创造机理，同时解释了绿色智力资本各维度的价值创造作用，以及各维度之间的交互作用。田虹和潘楚林（2015）[③] 以241家制造企业为研究样本，基于NRBV，研究了企业环境伦理、绿色智力资本以及绿色创新绩效三者之间的关系。研究结果表明，企业绿色人力资本、绿色结构资本与绿色关系资本在环境伦理与绿色创新绩效之间起中介作用。但是三种类型绿色智力资本的中介作用程度并不相同，绿色结构资本与绿色关系资本的中介作用显著，而绿色人力资本的中介作用并不显著。另外，潘楚林和田虹（2016a）以254家制

① NI Chaudhry, A Bilal, MU Sarwar, A Bashir. The role of environmental consciousness, green intellectual capital management and competitive advantage on financial performance of the firms: An evidence from manufacturing Sector of Pakistan [J]. Journal of Quality and Technology Management, 2016, 7 (2): 51 – 70.

② 刘佳鑫、刘兵、李媛："绿色智力资本价值创造机理探究"，《中国人力资源开发》，2016年第17期。

③ 田虹、潘楚林："企业环境伦理对绿色创新绩效的影响研究"，《西安交通大学学报（社会科学版）》，2015年第3期。

造企业为样本基于 NRBV 和知识管理理论，研究了绿色智力资本与企业竞争优势的关系。研究发现，绿色创新在绿色智力资本与企业竞争优势之间起中介作用，而吸收能力与知识共享在绿色智力资本与绿色创新之间起正向调节作用，同时进一步强化了绿色创新的中介效应。

2.2 绿色创新

2.2.1 绿色创新的概念和内涵

为了应对环境问题的挑战，许多企业极大地改变了其经营方式（Pujari 等，2003）①，环境问题在工业和商业活动中得到了极大的重视。各企业为绿色行动（Chen，2008b）②，特别是绿色创新活动付出了很多努力（Wong，2012）③。因此，大量的文献对“绿色创新”进行相关研究，尝试解答关于影响企业进行绿色创新的因素，以及绿色创新对企业绩效的影响等问题。

近年来“绿色创新（Green Innovation）”已经成为研究热点，同时还出现了“可持续创新（Sustainable Innovation）”“环境创新（Environmental Innovation）”和“生态创新（Eco – innovation）”等与环保相关的创新概念。

---

① Pujari D, Wright G, Peattie K. Green and competitive: Influences on environmental new product development performance [J]. Journal of Business Research, 2003, 56 (8): 657 – 671.

② Chen Y S. The driver of green innovation and green image – green core competence [J]. Journal of business ethics, 2008b, 81 (3): 531 – 543.

③ Wong S K. The influence of green product competitiveness on the success of green product innovation: Empirical evidence from the Chinese electrical and electronics industry [J]. European Journal of Innovation Management, 2012, 15 (4): 468 – 490.

世界环境和发展委员会发表报告（1987）定义“可持续创新”为，将保护与发展结合起来，确保对地球的活动能够保护所有人类的生存和福祉。Dixon 和 Fallon（1989）① 认为“可持续创新”的概念意味着限制，虽然不是绝对的限制，但也是目前技术和社会组织对环境资源的限制，也是对大自然吸收人类活动影响的能力所施加的限制。Pujari 等（2003）定义“生态创新”为，提供给顾客和企业有价值但可以显著减少环境影响的新产品和新流程。Reid 和 Miedzinski（2008）② 认为“生态创新”是所创造的新的、有价格竞争力的商品、过程、系统、服务和程序，它们能够满足人类的需要，并为所有人类带来生活质量保证，使每单位产出的自然资源在整个生命周期内实现最低消耗，并尽可能减少有毒物质的释放。Oltra 和 Jean（2009）③ 定义“环境创新”为，是由对环境有利的新的或经过改进的产品、工艺、服务、程序和系统所组成的创新，从而有助于环境的可持续性。Chen 等（2006）④ 认为“绿色创新”是指与绿色产品或过程相关的硬件或软件创新，包括涉及节能、防止污染、废物回收、绿色产品设计或企业环境管理的技术创新。

虽然可持续创新、生态创新、环境创新和绿色创新在描述细节上略有差异，但所关注的内容都属于同一个方面，都关注于经济、社会和环境，都涵盖了绿色目标、创新对象和内容、创新行为等因素。总的来看，这四个不同的定义一共包涵了六

---

① Dixon J, Fallon L. The concept of sustainability: Origins, extensions, and usefulness for policy [J]. Society & Natural Resources, 1989, 2 (1): 73 - 84.

② A Reid, M Miedzinski. Eco - Innovation. Final report for sectoral innovation watch [J]. International Journal of Technology Management, 2008, 43 (43): 1 - 3212.

③ Oltra V, Jean M S. Sectoral systems of environmental innovation: An application to the French automotive industry [J]. Technological Forecasting & Social Change, 2009, 76 (4): 567 - 583.

④ Chen Y S, Lai S B, Wen C T. The influence of green innovation performance on corporate advantage in Taiwan [J]. Journal of business ethics, 2006, 67 (4): 331 - 339.

个重要方面：①这四个定义都以产品、过程、服务以及方法为创新对象；②都强调要以市场为导向，满足市场需求，建立市场竞争优势；③其目标都是要将对环境的负面影响降到最低（即较低的负外部性），最佳即为零影响；④都考虑整个产品生命周期阶段，并对所有输入和输出因素进行彻底分析，目的是减少资源消耗（尽可能减少物流）；⑤动力：减排的意图可能是经济的，也可能是生态的；⑥要不断更新，为企业制定新的创新或环境管理标准。这四个概念常常被学者作为同义词互换使用。但值得注意的是，通过在“the Google Scholar Database”的检索发现，以2000年为分界点，之前学者们更常使用“环境创新”的定义，之后，“可持续创新”开始成为研究关键词。而“绿色创新”和“生态创新”则是在2004年后才开始被更多使用。但就目前而言，“绿色创新”是这四个概念中使用频率最高的。特别是随着社会各界对环境问题越来越重视，企业开始更深入的对环境管理进行研究，不仅关注于表面现象，更是在企业进行战略决策时也考虑到环境问题。本书也将采用“绿色创新”这一概念，因为“绿色”是企业进行持续创新和创造价值的动力（Schiederig等，2012）①，其在表明企业对降低环境的负面影响方面有着更为深刻的内涵。

在给绿色创新下定义之前，首先必须界定创新的含义。创新可以理解为将创新思想付诸实践的一种可能涉及开发新产品、引入新服务或使用新流程或建立新企业的活动（Wong，2012）。创新必须创造价值，而价值创造的过程可能意味着引进一个新产品或新工艺，从而产生更高的价值，如提高利润率、增加收入、提高利益相关者价值、更大的市场份额、更好的企业形象或改善

---

① Schiederig T，Tietze F，Herstatt C. Green innovation in technology and innovation management - an exploratory literature review [J]. R & D Management，2012，42 (2)：180 - 192.

“绿色”方面的业绩（Baker 和 Sinkula，2005）①。绿色创新不同于传统的创新，因为后者不是专门针对环境挑战而制定的，前者是为了满足监管机构的绿色要求或目标客户的绿色期待。传统的创新是中立的，对所有类型的变革都是中立的，而绿色创新则是“把重点放在可持续发展目标”上的创新。绿色创新的范围正在扩大，通过引入全新的产品，突破传统的创新领域，通过取代“非绿色”替代品的市场，或完全淘汰对环境不友好的产品和工艺，从而打破传统框架（Song 等，2006）。然而，由于实现绿色创新所涉及的过程复杂且充满多重困难和不确定性，扩展速度缓慢。一个绿色新产品开发团队的任务不仅是确保要开发的产品是“新的”，足以区别于市场上的竞争替代品，而且还要“绿色”到产品的设计、制造和包装足以满足当地环境法规；“绿色”到足以解决产品价值链上利益相关者的环境期待；“绿色”到足以成为“绿色标准之战中一股有影响力的力量，或者更好的主导力量”（Unruh 和 Ettenson，2010）② 以及“绿色”到足以实现使产品的原材料从提取到使用再到最终处置达到不产生或尽量降低的负面环境影响（Gehin 等，2008）③。对许多传统产品创新者来说，推出新产品是承诺的考验和克服不确定性的项目。毫无疑问，伴随着在提高绿色意识、收紧环境法规、增加市场竞争和降低利润率等额外和更繁重的任务中，绿色产品创新者更是面临着同样甚至更大的挑战。

① Baker W E, Sinkula J M. Environmental marketing strategy and firm performance: Effects on new product performance and market share [J]. Journal of the Academy of Marketing Science, 2005, 33 (4): 461 - 475.

② Unruh G, Ettenson R. Winning in the green frenzy [J]. Harvard Business Review, 2010, 88 (11).

③ Gehin A, Zwolinski P, Brissaud D. A tool to implement sustainable end - of - life strategies in the product development phase [J]. Journal of Cleaner Production, 2008, 16 (5): 566 - 576.

绿色创新是以“绿色（Greenness）”和“新颖性（Newness）”来定义和衡量的。创新的“新颖性”是从新的行业、新的客户和新的企业三个维度来评价的。前两种创新是基于企业的外部因素，而最后一种是内生的，即关于企业已经拥有的流程、实践或产品的创新（Verworn 等，2008）[①]。

然而，无论从哪一个角度来判断这种“新”，“新”的创新如何仍然是一个主观的问题。比如，今天的新产品可能明天就会变老，而旧的产品可能会通过添加一些新的颜色选择而重新流行起来，新的技术和工艺流程也是在不断变化。而创新的“绿色”也是一个相对的概念（Zhu 等，2009）[②]，它不断地被制造和提供产品的企业、产品/过程的最终用户、市场上的竞争者和监管机构或其他个人或声称是“绿色”价值链中利益相关者的组织所界定和重新定义。与创新的“新”和“绿色”类似，关于如何在创新中衡量“成功”也有很多争论。不同的学者使用的指标也不同，包括财务绩效如盈利率、销售收入、投资报酬率、所用资产的收益、产品绩效如质量、市场占有率、新产品开发周期、销售增长、市场份额增长等。

绿色是持续创新、发现新的市场机会和财富创造的催化剂。绿色创新是把环境保护和可持续发展的理念引入新产品、环境管理过程、新技术以及新工艺研发的一种新的创新模式（Boersema 和 Bertels，2000），是将生态理念与经济战略结合起来，在可持续发展理念下以绿色为指导思想，在产品、技术和工艺、服务等方面进行创新。绿色创新可以在产品的设计和包装中体现环境保护的概念，以增加产品的差异化优势（Chen 等，2006；Hart，

① Verworn B，Herstatt C，Nagahira A. The fuzzy front end of Japanese new product development projects：Impact on success and differences between incremental and radical projects [J]. R & D Management，2008，38（1）：1－19.

② Zhu，Chen R，Wu Y. A mini－review on greenness of ionic liquids [J]. Chemical & Biochemical Engineering Quarterly，2009，23（2）：207－211.

1995）。在环境管理上投入资源，不仅可以避免环境保护抗议或处罚的麻烦，而且还可以提高生产效率，开拓新的环境市场，从而提高企业的绿色创新能力（Chen，2008a）。Rennings（2000）和 Rennings 和 Rammer（2009）[①] 认为，绿色创新包括新的或经过改进的过程、技术、做法、制度和产品，以避免或减少环境损害。绿色创新的发展可能有减少环境破坏的明确目标，也可能出于通常的商业目标，例如降低成本或提高产品质量。许多绿色创新将环境效益与建立或使用环境的利益结合起来。OECD（2005）[②] 以及 Reid 和 Miedzinski（2008）将其归结为一种新的绿色环境理念、方法、产品、服务或过程，关注降低负面环境影响，并在竞争者中创造出差异化产品。绿色创新是为了适应环境法规制度的要求，以提高环境管理的绩效。Carrillo 等（2010）[③] 认为绿色创新可以有效地减少环境污染及其对资源和能源利用过程的负面影响，从而创造可持续发展。Chen 等（2008b；2011）[④] 对绿色创新的定义具有较高的认可度，认为绿色创新是指与绿色产品或过程有关的技术的硬件或软件创新，包括节能、废物回收、绿色产品设计、污染防治或企业环境管理等有关的创新。而国内学者李海萍等（2005）[⑤] 提出绿色创新是企业为了实现创新经济效

---

① Rennings K, Rammer C. Increasing energy and resource efficiency through innovation - An explorative analysis using innovation survey data [J]. Zew Discussion Papers, 2009, 59 (5): 442 - 459.

② OECD, Sustainable manufacturing and eco - innovation [R], Paris: OECD, 2009.

③ Carrillo - Hermosilla J, del Río P, Könnölä T. Diversity of eco - innovations: Reflections from selected case studies [J]. Journal of Cleaner Production, 2010, 18 (10): 1073 - 1083.

④ Chen Y S. Green organizational identity: Sources and consequence [J]. Management Decision, 2011, 49 (3): 384 - 404.

⑤ 李海萍等："中国制造业绿色创新的环境效益向企业经济绩效转换的制度条件初探"，《科研管理》，2005 年第 2 期。

益，持续不断地进行节约能源、污染防治、降低消耗、生态设计、环境管理等活动。本书在此基础上认为，绿色创新是将“绿色”理念纳入企业经营管理之中，在产品服务、组织结构、工艺流程、技术等各个方面利用新想法和新实践有效降低整个生命周期对环境的负面影响，并且实现经济效益和环境效益的共同增长。

2.2.2 绿色创新的维度划分

Chen 等（2012）① 将绿色创新分为反应式和主动式。反应式可能是对环境要求或者是对消费者和社会环保主义（Chen，2011）兴起的回应。然而，主动积极的方式可能是由更高的盈利能力、成本效益（Rennings 和 Rammer，2009）或推动绿色发展和绿色技术的目标驱动的，因为开发环保产品毕竟是所有创新活动的共同目标和优先事项。Chen 等（2006）将绿色创新分为四类：绿色产品创新、绿色流程创新、绿色组织创新和绿色服务创新。而张小军（2012）② 在 Chen 等（2006）基础上，去掉了绿色服务创新，认为绿色创新只有剩下的三种类型。Rexhauser（2014）③ 将企业的环境创新分为规制驱动创新以及自愿创新两类，并且研究其与企业利润的关系。Oltra 和 Jean（2009）等学者按照绿色创新的内容，将其分为绿色技术创新、绿色产品创新和绿色过程创新。王建明等（2010）④ 认为企业的绿色创新活动除了在产品、过程和技术方

---

① Chen Y S，Chang C H，Wu F S. Origins of green innovations：The differences between proactive and reactive green innovations［J］. Management Decision，2012，50（3）：368－398.

② 张小军：“企业绿色创新战略的驱动因素及绩效影响研究”，浙江大学，2012 年论文。

③ Rexhauser S，Rammer C. Green innovations and firm profitability：Unmasking the porter hypothesis［J］. Environ Resource Econ，2014，57（1）：145－167.

④ 王建明、陈红喜、袁瑜：“企业绿色创新活动的中介效应实证”，《中国人口·资源与环境》，2010 年第 6 期。

面创新外，还应该以市场为导向，所以加入了绿色营销创新。焦俊和李垣（2011）[①] 将绿色创新分为绿色产品创新、流程创新、营销创新、绿色技术创新和绿色管理创新。

而本书根据研究需要，按照绿色创新对象将其划分为绿色产品创新和绿色过程创新，它们涉及技术、组织、社会或制度变革，有助于减轻产品以及生产过程带来的环境负担（Chen 等，2006；Rennings 和 Rammer，2009；Dangelico 和 Pontrandolfo，2010[②]）。

绿色产品创新被描述为，将“绿色”元素加入产品设计、制造和营销过程的创新，强调在整个产品周期内超越传统或竞争对手的产品，将对人类和环境的负面影响减到最低，并更有价值（Soylu 和 Dumville，2011[③]；Wagner，2009）。产品的“绿色”是一个相对的概念，可能随着时间的推移，受背景和期望的影响而变化。多年来，许多国内外部门和机构都试图通过条约、法规标准、惯例和准则来建立产品的“绿色”标准。虽然标准可能有所不同，但他们通常关心的是生态、人类健康以及产品的社会、文化和经济影响。如果产品对于环境（如能源和原材料的需求、空气排放、废水、固体废物以及其他发生在整个产品生命周期内的环境释放物）的负担较小，那么该产品被认为在“绿色”方面优于传统或竞争产品。绿色创新产品的特征是其整个生命周期都考虑循环使用和处理的问题；可回收材料的使用，其污染小、甚至无污染、无毒；在生命周期每一阶段都考虑能源的使用、对人体是否有毒性、生态影响和可持续性的问题；在产品开

---

① 焦俊、李垣：“基于联盟的企业绿色战略导向与绿色创新”，《研究与发展管理》，2011 年第 1 期。

② Dangelico R M，Pontrandolfo P. From green product definitions and classifications to the green option matrix [J]. Journal of Cleaner Production，2010，18 (16 - 17)：1608 - 1628.

③ Soylu K，Dumville J C. Design for environment：The greening of product and supply chain [J]. Maritime Economics & Logistics，2011，13 (1)：29 - 43.

发周期设立持续影响评价和改进机制（Chiou 等，2011）①。

同样地，绿色过程创新被定义为通过创新思想的应用而导致生产过程和/或管理实践的采用，其对生态、人类健康、社会、文化和经济会产生更少或没有负面的影响（Chen，2011）。绿色过程创新是一个过程或活动，它符合行业制定的环境标准和企业经营以及那些由市场和客户制定的社会背景；充分考虑能源和资源的利用，在过程/活动的设计和实施中的生态影响和可持续发展问题；以及在过程/活动中设立持续影响评价和改进机制（Chiou 等，2011）。

绿色产品创新和绿色过程创新有许多共同的特点。实际上，许多学者认为，在产品创新或过程创新中并没有“纯”的创新，因为每一种产品创新都有一定程度的过程创新，反之亦然（Chiou 等，2011；Nielsen，2006②）。虽然创新的产品理念可能引发管理和/或生产过程的彻底改变，但业务或生产过程的微小变化也可能导致新产品或一系列新产品的演变（Nielsen，2006）。在任何新的绿色产品/过程的发展中，“绿色”和“新奇”这两个特点具有可操作性，且在其整个生命周期作为连续变量。这两个特征是由顾客/用户预期评估的价值，如果产品/过程其中一个或两个特点都优于另一种产品/过程，那么竞争优势就得以形成（Driessen 和 Hillebrand，2002）③。

2.2.3 绿色创新的相关研究

学术界对绿色创新的研究较早，也较丰富，不同的学术流派

---

① Chiou T Y，Chan H K，Lettice F，Chung SH. The influence of greening the suppliers and green innovation on environmental performance and competitive advantage in Taiwan [J]. Transportation Research Part E，2011，47（6）：822 - 836.

② Nielsen J F. Models of change，organizational redesign，and the adoption of web technologies [M] Organization Design. Springer US，2006：243 - 266.

③ Driessen P H，Hillebrand B. Adoption and diffusion of green innovations [M]. Marketing for Sustainability：Towards Transactional Policy - Making. 2002：343 - 355.

主要基于产业组织学、经济学以及战略管理的视角将创新引入绿色与可持续发展问题中，共同探讨了绿色创新的问题。而本书则从战略管理领域的资源与能力经典研究框架出发，根据文献整理了绿色创新的主要前因、后果以及中介和调节变量（见图 2.2），来探索绿色创新的相关研究。

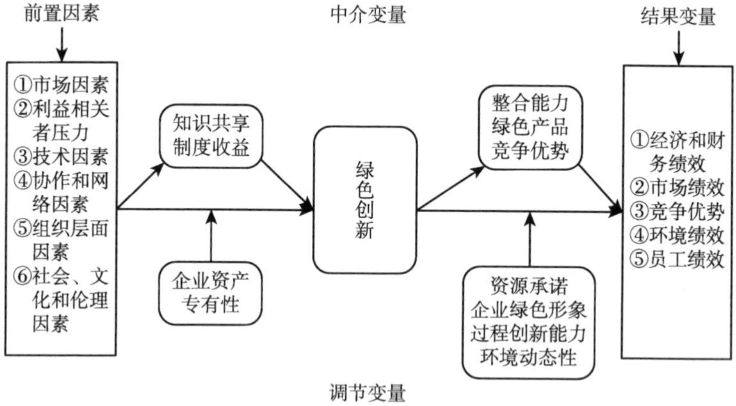

图 2.2　绿色创新的相关研究

（1）绿色创新的前置因素研究。

近年来，学者们越来越多地研究绿色产品和过程创新的驱动因素。研究人员从不同的角度看待驱动因素，例如技术推动（即技术能力和发展）、市场拉动（即来自不同利益相关者的压力）、企业内部因素（如企业的组织结构）与外部因素（如绿色需求、法规和法律及来自竞争对手的压力）（Cai 和 Zhou，2014）[①]。本书根据文献整理得出，绿色创新的主要驱动因素可以归纳为六大类。

---

① Cai W G，Zhou X L．On the drivers of eco – innovation：Empirical evidence from China［J］．Journal of Cleaner Production，2014，79（5）：239 – 248.

①市场因素。Hurley 等（2011）[①] 提出市场需求是企业提高效率、减少能源和有害物质在生产中使用的关键因素。市场需求往往是企业实施绿色创新的一个关键激励因素。特别是顾客所意识到的市场需求会影响企业参与绿色创新的决定（Lin 等，2013）[②]，同时，环境友好型顾客会愿意为相关绿色产品付出额外价格。除了市场需求外，企业的绿色形象也是绿色创新的主要驱动力。开发绿色品牌形象有助于企业获得竞争优势，使产品差异化。对市场需求的预期增长取决于绿色品牌形象，其也激励企业进一步加大对绿色创新的投资力度。其他研究也支持，市场需求对企业走向“绿色化”决策有积极影响（Zailani 等，2015）[③]。

②利益相关者压力。利益相关者压力也是促使企业进行绿色创新的关键驱动因素。将利益相关者分为政治利益相关者和个人、制度利益相关者。现有的和预期的政府环境规制以及基于企业环境影响的税收和补贴都会影响企业绿色创新决策的制定（Demirel 和 Kesidou，2011）[④]。一些研究认为，绿色创新决策是政府为承担环境责任而采取的干预措施的直接后果。此外，政府的监管和激励措施都会刺激企业进入绿色市场（Rennings 和

---

① Hurley J, Buckley N J, Cuff K. Determinants of eco – innovations by type of environmental impact: The role of regulatory push/pull, technology push and market pull [J]. Zew Discussion Papers, 2011, 78 (32): 112 – 122.

② Lin R J, Tan K H, Geng Y. Market demand, green product innovation, and firm performance: evidence from Vietnam motorcycle industry [J]. Journal of Cleaner Production, 2013, 40 (3): 101 – 107.

③ Zailani S, Govindan K, Iranmanesh M. Green innovation adoption in automotive supply chain: the Malaysian case [J]. Journal of Cleaner Production, 2015, 108 (3): 1115 – 1122.

④ Demirel P, Kesidou E. Stimulating different types of eco – innovation in the UK: Government policies and firm motivations [J]. Ecological Economics, 2011, 70 (8): 1546 – 1557.

Rammer，2011；Yabar 等，2013[①]）。

另外，不同的利益相关者，包括供应商、客户、竞争者、员工、股东和行业协会都会影响企业进行绿色创新的决策。Berrone 等（2013）[②] 认为，制度压力可以促进绿色创新，尤其是在那些环保方面还做得不够的企业中。竞争者作为外部压力也促进企业实施绿色创新。Lin 等（2013）强调了供应商在绿色创新投资中的关键作用。Lamond 等（2010）[③] 则强调了内部利益相关者的重要性，即促进企业绿色创新的管理者、领导者和监督者。Chen 和 Chang（2013）[④] 也提出，高层管理者的承诺对绿色创新的影响很重要。

③技术因素。技术能力是使企业采用创新行动获得竞争优势的动力。它包括先进技术的使用、专利和版权、研发和专业知识人才。具有较高技术能力的企业在实施绿色创新方面会超越其竞争对手。然而 Triguero 等（2016）[⑤] 提出，现有文献对技术能力的关注并不够，尽管它在许多情况下可能在激励企业绿色创新上起到关键作用。强大的技术能力促进企业进行绿色创新，使其提高生产效率、降低生产成本和提高竞争力。企业需要技术能力来建立绿色产品和过程创新所需的能力和资源（Amore 和 Benneds-

---

① Yabar H，Uwasu M，Hara K. Tracking environmental innovations and policy regulations in Japan：case studies on dioxin emissions and electric home appliances recycling [J]. Journal of Cleaner Production，2013，44（44）：152 – 158.

② Berrone P，Fosfuri A，Gelabert L，Gomez – Mejia LR. Necessity as the mother of 'green' inventions：Institutional pressures and environmental innovations [J]. Strategic Management Journal，2013，34（8）：891 – 909.

③ Lamond D，Huang Y，Wu Y J. The effects of organizational factors on green new product success [J]. Management Decision，2010，48（10）：1539 – 1567.

④ Chen Y S，Chang C H. The determinants of green product development performance：Green dynamic capabilities，green transformational leadership，and green creativity [J]. Journal of Business Ethics，2013，116（1）：107 – 119.

⑤ Triguero A，Moreno – Mondéjar L，Davia M A. Leaders and laggards in environmental innovation：An empirical analysis of SMEs in Europe [J]. Business Strategy & the Environment，2016，25（1）：28 – 39.

en，2016）[①]。

④协作和网络因素。通过合作以及与外部合作伙伴进行交流学习、交换信息的网络而实现资源共享和知识转移对于绿色创新至关重要。协作和联网对企业实施绿色产品和过程创新的决策有积极影响（Quist 和 Tukker，2013）[②]。

与外部伙伴协作而获取信息会增加企业之间的知识流动，从而带来绿色创新。社会纽带和协调能力是绿色创新的重要驱动力（Cai 和 Zhou，2014），拥有更加有效外部网络的企业倾向于更加追求绿色创新。企业需要外部合作伙伴帮助其解决技术问题（Triguero 等，2016）。另外，与环境组织、客户、供应商、学术机构和商业伙伴的合作也会促进企业绿色创新。

⑤组织层面的因素。组织因素，如能力、规模、环境管理系统（EMS）和人力资源质量都对企业绿色创新产生直接影响。高层次的组织能力会对企业进行绿色创新存在的内在不确定性做出回应。组织的 EMS 有助于建立企业的组织结构能力，以及成为绿色创新的重要驱动力（Wagner，2009）。Lin 和 Ho（2011）[③]发现组织支持和人力资源与绿色创新有直接关系。Demirel 和 Kesidou（2011）发现企业规模是影响绿色创新实施概率的指标。

⑥社会、文化和伦理因素。有研究表明，企业的文化、政治和伦理特征对绿色创新具有重要影响。例如，Chang（2011）[④]

---

① Amore M D，Bennedsen M. Corporate governance and green innovation [J]. Journal of Environmental Economics & Management，2016，75（4）：54－72.

② Quist J，Tukker A. Knowledge collaboration and learning for sustainable innovation and consumption：Introduction to the ERSCP portion of this special volume [J]. Journal of Cleaner Production，2013，48（48）：167－175.

③ Lin C Y，Ho Y H. Determinants of green practice adoption for logistics companies in China [J]. Journal of Business Ethics，2011，98（1）：67－83.

④ Chang C H. The influence of corporate environmental ethics on competitive advantage：The mediation role of green innovation [J]. Journal of Business Ethics，2011，104（3）：361－370.

发现较强的企业环境伦理对绿色创新有积极影响。同样，Wagner（2009）研究发现企业社会参与是绿色创新的重要驱动力。更具有道德性以及经常参与社会行动的企业更倾向于积极主动的采取绿色行动。

Yabar 等（2013）发现民族文化特质调节了 EMS 实践与绿色创新之间的关系。社会价值观和规范是促进顾客采用绿色产品的重要驱动因素，这反过来也鼓励企业生产绿色产品。Chiarvesio 等（2015）① 表明文化、社会和地理因素对促进绿色创新起着重要作用。Huang 和 Li（2015）② 发现社会互惠是绿色产品和过程创新的重要驱动力。

（2）绿色创新的结果变量研究。

本书通过整理相关文献发现，绿色创新的结果变量可以分为五大类。

①经济和财务绩效。很多文献表明与绿色创新最直接相关的结果绩效是企业的财务绩效。但是关于绿色创新对财务绩效影响的研究却不一致。以前的研究产生了各种各样的结果，包括积极影响、没有任何影响到有负面影响。支持绿色创新对企业财务绩效有积极影响的观点认为，绿色创新可以增加销售额和降低成本。采用绿色创新的企业可以通过增值活动降低成本，如回收利用污染材料（Cai 和 Zhou，2014）等。此外，绿色创新可以改善企业在消费者认知中的企业形象，从而促进销售。所有这些观点都支持绿色创新对企业的财务绩效产生积极影响。

然而，另一方面，一些研究却认为绿色创新对企业财务绩效有负面影响。支持这一论点的学者认为，参与绿色行动的企业会

---

① Chiarvesio M, Marchi V D, Maria E D. Environmental innovations and internationalization: Theory and practices [J]. Business Strategy & the Environment, 2015, 24 (8): 509 – 510.

② Huang J W, Li Y H. Green innovation and performance: The view of organizational capability and social reciprocity [J]. Journal of Business Ethics, 2017: 1 – 16.

产生比其他非绿色企业更多的成本，会增大其经济劣势。他们认为，将环境的可持续性和绿色概念整合进入新产品和新工艺设计并不会在短期内导致财务绩效的改善（Dangelico 和 Pontrandolfo，2010），这些附加的努力无论在金钱和时间上都会产生高成本。但研究同时表明，进行绿色创新企业的财务业绩，无论是积极或消极，都是根据不同的产业，同时也根据企业的能力、资源和资产（Ngniatedema 等，2014）[①]，来确定是否降低与污染减排有关的额外费用的变化。

②市场绩效。绿色创新有助于改善企业的整体形象，因此，可以带来更好的市场表现。Cheng 等（2014）[②] 表明，与绿色创新相关的正面声誉会增加企业的市场价值。更好的环境绩效有助于新的市场机会，提高整体形象或声望，增加顾客忠诚和支持销售工作。企业进行绿色创新有赖于减少对环境的负面影响和实现市场的成功。

③竞争优势。一些研究已经证明了绿色创新会促进企业竞争优势的形成（Chuang 和 Huang，2015），这可以归因于不同的产品、品牌形象以及成本的降低。此外，绿色产品与竞争产品相比更具有独特的优势（Chen，2008b）。生产绿色产品的企业通过在环境敏感的市场上将其定位为环境友好型企业，可以让其区别于竞争者（Dong 等，2014）[③]。因此，一个企业可以采用绿色创新作为其差异化的手段，获得竞争优势的来源，而不是增加额外

---

① Ngniatedema T, Li S, Illia A. Understanding the impact of green operations on organizational financial performance: An industry perspective [J]. Environmental Quality Management, 2014, 24 (1): 45 – 59.

② Cheng C C J, Yang C L, Sheu C. The link between eco – innovation and business performance: A Taiwanese industry context [J]. Journal of Cleaner Production, 2014, 64 (2): 81 – 90.

③ Dong Y, Wang X, Jin J. Effects of eco – innovation typology on its performance: Empirical evidence from Chinese enterprises [J]. Journal of Engineering & Technology Management, 2014, 34 (2): 78 – 98.

成本的来源。

④环境绩效。环境绩效可以从微观上看也可以从宏观上看。从微观来看，它被认为是遵守一系列法律法规（Dong 等，2014），如水的质量标准、空气污染、废物生产和噪音水平。从宏观角度看，环境绩效通过企业努力控制污染、保护自然资源和恢复生态平衡的有效性被测量。

在环境管理方面一项著名的研究描述了企业可以将有害物质和其他危险材料对自然环境的影响减少到最低（Hurley，2011）。绿色创新随着污染物的减少可以确保原材料的有效利用，结果会提高环境绩效。然而另一些研究发现绿色创新与环境绩效并没有直接关联，引入绿色创新到企业中，环境绩效并不一定会得到改善（Quist 和 Tukker，2013）。出现这样的结果可能是由于企业的整体产品组合，该企业既可以向市场提供非绿色产品，也可以提供绿色产品，因此对环境影响不大。

⑤员工绩效。很多文献研究都支持绿色创新对就业（Chiarvesio，2015）、劳动生产率、工作质量的提高（Woo 等，2014）[①] 以及与企业高管较高的薪酬有显著正向影响。采用绿色工艺的企业由于盈利能力和竞争力的提高可能会雇用更多的员工，劳动生产率也可能会随着对工作条件满意度的增加而提高。因此，在不同的环境和背景下，了解绿色能力对员工动机的影响，对进一步理论发展和管理的影响将更有价值。

（3）绿色创新的中介和调节效应研究。

很多学者已经分析了不同的因素通过中介和调节变量对绿色创新采用和成功实施的影响。学者们认为，绿色创新与其前置因素和结果变量之间的关系并不简单，而且这种关系最可能由其他

---

① Woo C, Chung Y, Chun D, et al. Impact of Green Innovation on Labor Productivity and its Determinants: an Analysis of the Korean Manufacturing Industry [J]. Business Strategy & the Environment, 2014, 23 (8): 567 – 576.

变量来进行中介或调节（Li，2014）[①]。

①中介变量。研究人员使用一些中介变量来解释影响绿色创新采用和成功实施的机制。Wong 等（2013）[②] 认为，通过在产品和过程中提供新的解决方案，绿色创新影响企业的竞争力，因此，竞争力会提高企业新产品成功的机会。他们发现绿色产品的竞争优势部分地解释了绿色创新和新产品成功之间的关系。Cai 和 Zhou（2014）研究了整合能力如何在驱动因素与绿色创新绩效之间起中介作用，研究表明，企业的整合能力部分解释了内外部驱动力和绿色创新绩效之间的关系。

Wong（2013）认为，知识共享能产生维持和提高绿色创新绩效的能力。他发现知识共享提供了环境法规与绿色产品与过程创新之间的桥梁关系。Shu 等（2014）[③] 提出，制度收益如政府支持更有效地解释了绿色管理措施对产品突破性创新比渐进创新更有影响。另外，非正式制度利益对绿色管理与渐进产品创新的影响比它对激进产品创新的影响更强。

②调节变量。一些研究也强调了绿色创新的驱动因素和结果之间调节变量的重要性。Berrone 等（2013）认为，当企业拥有更高水平的独特资源时（即资产专有性），其更可能以创新的方式来回应制度环境的压力。因此，资源的可用性和类型调节了制度环境压力对绿色创新的影响。他们也发现，资产专用性越强，越会加强制度环境压力与绿色创新的关系。在这方面，Li

① Li Y. Environmental innovation practices and performance: Moderating effect of resource commitment [J]. Journal of Cleaner Production, 2014, 66: 450-458.

② Wong S K S. Environmental requirements, rnowledge sharing and green innovation: Empirical evidence from the electronics industry in China [J]. Business Strategy & the Environment, 2013, 22 (5): 321-338.

③ Shu C, Zhou K Z, Xiao Y. How green management influences product innovation in China: The role of institutional benefits [J]. Journal of Business Ethics, 2016, 133 (3): 471-485.

（2014）认为将足够的资源分配到绿色创新中，对于提高财务绩效至关重要，因为企业资源的差异与绩效上的差异是联系在一起的。他们的结论是，绿色创新与企业绩效的关系受资源承诺水平的调节。Lamond 等（2010）认为，过程创新能力使企业比没有这些能力的企业更快地降低了绿色技术的学习曲线。他们认为过程创新能力是最佳绿色实践的组成部分，并发现这些能力会加强绿色战略与成本优势之间的联系。Chuang 和 Huang（2015）认为，企业绿色形象对绿色产品创新与企业绩效的关系起到了积极的调节作用。基于权变理论，要求企业对环境因素如环境动态性做出反应。Chan 等（2016）[①] 验证了环境动态性作为绿色产品创新、成本效率和企业盈利能力之间的调节变量，他们发现绿色产品创新与成本效率相关，而企业绩效则受到环境动态性的强烈正向调节。

2.3　绿色供应链整合

2.3.1　绿色供应链管理的概念和内涵

近年来，工业的快速发展导致了对环境的负面影响，包括温室气体排放、有毒污染和化学品泄漏（Peng 和 Lin，2008）[②]。为了应对日益严重的全球环境问题，绿色供应链管理（GSCM）已

① Chan H K, Yee R W Y, Dai J. The moderating effect of environmental dynamism on green product innovation and performance [J]. International Journal of Production Economics, 2015, 181 (2): 384 - 391.

② Peng Y S, Lin S S. Local responsiveness pressure, subsidiary resources, green management adoption and subsidiary's performance: Evidence from Taiwanese manufactures [J]. Journal of Business Ethics, 2008, 79 (2): 199 - 212.

经作为构成可持续发展元素的概念出现，并结合企业内部和上下游供应链企业之间进行环境管理（Walker 和 Jones，2012）。特别是近几年来绿色供应链管理更是在学术界和产业界引起了极大的关注。

供应链的概念起源于 20 世纪 80 年代末，在 Peter Drucker 的“经济链”和 Michael Porter 的“价值链”演进之后，供应链的概念正式出现，它是对整体经济环境变化、全球竞争压力加剧和信息技术发展的回应。供应链是一个涉及供应商、制造商、分销商、零售商以及消费者的组织网络，本质上供应链节点企业存在一种契约关系（Sarkis 和 Zhu，2011）①。供应链管理的目标是提升企业与伙伴企业之间的合作效率，并且通过控制分销渠道和价值增值过程，对最终用户所得到的产品或服务产生价值，追求以较短的产品闲置时间和较低的经营成本来赢得企业竞争优势的管理模式（Geng 等，2016）②。

而绿色供应链管理聚焦于环境，在供应链管理基础上整合了采购、运营、营销、物流和逆向物流等概念。虽然最初都是对 GSCM 概念和实践的介绍，但随着这一领域慢慢成熟，出现更多关于评估 GSCM 的模型以及实证研究。而呈现出大规模、主流性的绿色供应链研究主要从 20 世纪 90 年代开始。

绿色供应链管理（GSCM）的概念以及涉及的众多要素多年来有很多变化。表 2－2 将 GSCM 概念涉及要素进行了对比。

---

① Sarkis J, Zhu Q, Lai K H. An organizational theoretic review of green supply chain management literature [J]. International Journal of Production Economics, 2011, 130 (1): 1－15.

② Geng R, Mansouri S A, Aktas E. The relationship between green supply chain management and performance: A meta－analysis of empirical evidences in Asian emerging economies [J]. International Journal of Production Economics, 2016, 183 (Part A): 245－258.

表 2-2　　绿色供应链管理概念涉及要素对比

作者（年份）	绿色供应链管理概念涉及要素对比
Matsypura, 2009	可持续供应网络管理
Handfield 和 Nichols, 2002	在企业社会责任网络中供应和需求的可持续性
Sharfman 等, 2009①	供应链环境管理
Young 和 Kielkiewicz - Young, 2001②	绿色购买和采购
Zsidisin 和 Siferd, 2001③	环境购买
Messelbeck 和 Whaley, 2000 ④	绿色物流
Zhu 等, 2008 ⑤	环境物流
Bai 和 Sarkis, 2010⑥	可持续供应链

根据 Handfield 和 Nichols（2002），SCM 是供应链组织和活动的综合管理系统，通过合作的组织关系、业务流程和高水平的信息共享系统，为成员企业提供可持续的竞争优势。而 GSCM，

① Sharfman, M., Shaft, T., Anex, R. The road to cooperative supply - chain environmental management: Trust and uncertainty among proactive firms [J]. Business Strategy and the Environment, 2009, 18 (1): 1-13.

② Young A, Kielkiewicz - Young A. Sustainable supply network management [J]. Corporate Environmental Strategy, 2001, 8 (3): 260-268.

③ Zsidisin G A, Siferd S P. Environmental purchasing: A framework for theory development [J]. European Journal of Purchasing & Supply Management, 2001, 7 (1): 61-73.

④ Messelbeck J, Whaley M. Greening the health care supply chain:, Triggers of change, models for success [J]. Corporate Environmental Strategy, 2000, 6 (1): 38.

⑤ Zhu Q, Sarkis J, Cordeiro J J, Lai KH. Firm - level correlates of emergent green supply chain management practices in the Chinese context [J]. Omega, 2008, 36 (4): 577-591.

⑥ Bai C, Sarkis J. Integrating sustainability into supplier selection with grey system and rough set methodologies [J]. International Journal of Production Economics, 2010, 124 (1): 252-264.

源自于 SCM，其作为一个重要的组织哲学，在提高企业及其合作伙伴环境和社会绩效的同时，也实现企业的经济效益。Messelbeck 和 Whaley（2000）指出，供应链网络的环境影响不应只考虑供应商、经销商、消费者，还要考虑供应商和消费者之间的运输、生产和存储，要考虑造成整个污染浪费的所有来源。类似的，Zhu 等（2008）认为绿色供应链管理实践的范围是从“绿色采购到供应链（包括厂商、客户，以及逆向物流）的整个生命周期管理的闭合回路”。Zsidisin 和 Siferd（2001）也有提到这种全面的价值链方法：GSCM 是供应链管理中为了回应与自然环境相关的问题（包括关于设计、购置的环境，生产、分配、使用、再利用和处置企业的商品和服务）而做的管理策略、行动采取以及关系形成的集合。

但斌和刘飞（2000）① 提出，GSCM 也被称为环境意识供应链管理（Environmentally Conscious Supply Chain Management）。它旨在优化资源配置、促进福利、实现环境兼容。如图 2.3 所示，整个绿色供应链系统主要是由供应商、制造商、分销商、零售商以及消费者所组成的，也涉及整个社会（政府、组织、社区等）和自然环境，包括文化、法规、道德、监管等，同时也是物流、信息流、资金流和知识流的有机整合。绿色供应链系统涉及包括采购、加工、包装、存储、运输、销售、使用、报废处置、再循环等在内的整个生命周期过程中从资源开发到最终产品消费的一系列活动。

Bai 和 Sarkis（2010）指出，绿色供应链管理（GSCM）是一种源于供应链管理的新的组织理念，它是指企业在实现经济效益的同时，也改善企业的环境和社会绩效，企业在采购决策过程中考虑环保标准，与伙伴企业建立长期的友好互惠关系。目前关于

---

① 但斌、刘飞：“绿色供应链及其体系结构研究”，《中国机械工程》，2000 年第 11 期。

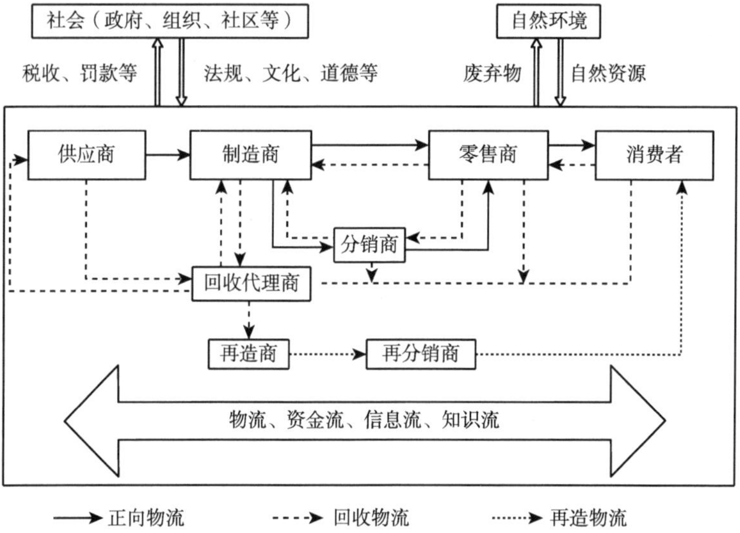

图 2.3　绿色供应链系统

GSCM 还没有形成权威定义，但一般而言，它具有以下特点：强调整个供应链的闭环运行、面向客户、实现信息共享和资源整合、专注于绿色水平以及协同合作。GSCM 主要是基于可持续发展理论、产业生态学理论、循环经济理论与供应链管理理论（伊晟和薛求知，2016）①。

绿色供应链管理的目的是采用生命周期方法通过产品设计、材料选择、制造、销售和回收，最大限度地提高整体环境效益，从而帮助企业实现可持续发展和改进。而绿色供应链管理实践（GSCM Practice）目前已经成为企业生存和获得可持续竞争优势的一种途径，其要求整个供应链成员企业在环境保护方面承担起自己的责任，并且相互进行监督和协作，以促进 GSCM 的实施。

---

①　伊晟、薛求知：“绿色供应链管理与绿色创新——基于中国制造业企业的实证研究”，《科研管理》，2016 年第 6 期。

对于GSCM实践内容的分类，不同学者分类不同。我国学者朱庆华和耿勇（2004）[①] 将GSCM实践分为内部环境管理、供应链管理、投资回收、生态设计。曹翠珍和赵国浩（2014）[②] 分为企业环境管理、供应链上下游的环境协作、投资回收、生态设计。张莉（2016）[③] 认为GSCM实践包括绿色购买、生态设计、绿色制造、绿色物流、绿色营销以及绿色消费等方面。朱庆华（2009）[④] 将GSCM实践分为绿色采购、内部管理、生态设计、与顾客在环境方面的合作、投资再生。伊晟和薛求知（2016）将GSCM实践分为企业内部环境管理、绿色设计、绿色采购、顾客协作和投资再生。国外学者Sharfman等（2009）将GSCM实践分为内部环境管理、绿色采购、与顾客合作、绿色设计。Shi等（2012）[⑤] 基于NRBV将GSCM实践分为企业内部的环境实践和企业之间的环境实践。而前者主要是指企业内部的环境管理活动，它分为两类：内部环境管理和生态设计。而企业之间的环境实践主要是指企业与上下游企业之间共同的环境管理活动，分为三类：绿色采购、投资再生以及顾客协作。Chan等（2012）[⑥] 认为GSCM实践包括生态设计、绿色购买、绿色制造、绿色物

---

① 朱庆华、耿勇："中国制造企业绿色供应链管理因素研究"，《中国管理科学》，2004年第3期。

② 曹翠珍、赵国浩："链合创新下绿色供应链组织间知识共享的系统分析"，《财贸研究》，2014年第2期。

③ 张莉："绿色供应链组织间知识共享决策模型及实证研究——基于关系风险的视角"，《南京社会科学》，2016年第3期。

④ 朱庆华："影响企业实施绿色供应链管理制约因素的实证分析"，《中国人口·资源与环境》，2009年第2期。

⑤ Shi V G, Koh S C L, Baldwin J, F Cucchiella. Natural resource based green supply chain management [J]. Supply Chain Management, 2012, 17 (1): 54-67.

⑥ Chan R Y K, He H, Chan H K, Wang WYC. Environmental orientation and corporate performance: The mediation mechanism of green supply chain management and moderating effect of competitive intensity [J]. Industrial Marketing Management, 2012, 41 (4): 621-630.

流、绿色营销和绿色消费在内的从资源开发、生态设计到最终产品回收的整个生命周期过程。

2.3.2 绿色供应链整合的内涵和维度划分

(1) 绿色供应链整合的内涵。

根据资源依赖理论，企业会与其他企业形成联盟来应对环境的不确定性，以寻求在一个相对稳定的环境中获取资源。所以企业为了生存会采取伙伴策略来获得资源。Towill（1997）[①] 提出供应链整合（SCI）的目标就是创造一个完全无缝衔接和高度整合的涉及上下游的信息和原材料流动的供应链。根据 Zhu 等（2008），供应链整合是将产品、服务和信息从供应商到客户的一个关键业务流程，可以增加产品、服务和信息的附加价值。SCI 是一个简化了内部和外部业务流程的协调机制。以往的研究已经提到了 SCI 作为一种方法，是为了对供应商、制造商、经销商与客户之间的信息进行向前和向后整合（Bai 和 Sarkis，2010）。根据资源依赖理论，企业可以结合自己的资源与合作企业进行资源互补，从而创造一个独特和难以模仿的资源属性。

Zsidisin 和 Siferd（2001）定义 SCI 是作为上游供应商和下游客户的整合，在他们的定义中，还包括一类整合，那就是企业各种内部功能的整合。应用于供应链，SCI 在不同程度上涉及制造商、供应链战略合作伙伴、协作管理和跨组织过程的协作。其目标是有效地传递商品、信息知识和资金，同时在最短时间内有效实现成本降低，使客户价值最大化（Flynn 等，2010）[②]。高度整

---

① Towill D R. The seamless supply chain – the predator's strategic advantage [J]. International Journal of Technology Management, 1997, 13 (1): 37 – 56.

② Flynn B B, Huo B, Zhao X. The impact of supply chain integration on performance: A contingency and configuration approach [J]. Journal of Operations Management, 2010, 28 (1): 58 – 71.

合的 SCI 使制造商能够对个别客户的需求作出更加灵活的反应，从而减少交付时间和库存，提高供应链效率（Clark 和 Lee，2000）①。在供应链背景中，本书将 SCI 定义为，企业与其供应链上下游伙伴企业进行内部协同管理以及企业之间战略合作的程度。其目标是有效地传递商品、信息知识和资金，同时在最短时间内有效降低成本，使客户价值最大化。

而绿色供应链整合（GSCI）是在供应链整合的概念上加入了“环境”因素。供应链整合代表供应链合作伙伴在企业内部和企业之间的合作（Flynn 等，2010）。Flynn 等（2010）和 Shi 等（2012）认为，GSCI 可以定义为企业及其供应链合作伙伴之间直接在企业内部和企业之间的环境实践行为的合作。

绿色供应链管理作为一种新的管理工具，将企业的环境责任扩展到整个供应链，并在今天得到了广泛的应用（Abdullah，2017）②。供应链整合（SCI）是绿色供应链管理（GSCM）中产生能力的重要手段之一。面对日益严峻的环境污染，单个企业难以处理环境问题的挑战（Yu 等，2014）③。企业需要将不同供应链合作伙伴拥有的资源和信息整合到其绿色实践中，以实现企业的环境目标（Wu，2013）④。因此，在寻求绿色化的过程中，供

---

① Clark T H, Lee H G. Performance, interdependence and coordination in business - to - business electronic commerce and supply chain management [M]. Kluwer Academic Publishers, 2000.

② Rohani Abdullah, Marini Nurbanum Mohamad, Ramayah Thurasamy. Supply chain integration: Level of existence in green supply chain management practices among Malaysian ISO 14001 manufacturing firms [J]. International Journal of Supply Chain Management, 2017, 6 (2): 243.

③ Yu W, Chavez R, Feng M, Wiengarten F. Integrated green supply chain management and operational performance [J]. Supply Chain Management, 2014, 19 (5/6): 683 - 696.

④ Wu G. The influence of green supply chain integration and environmental uncertainty on green innovation in Taiwan's IT industry [J]. Supply Chain Management, 2013, 18 (5): 539 - 552 (14).

应链活动是一项具有挑战性的任务，供应链中所有相关活动都需要供应链成员之间某种程度的整合。如 Chan 等（2012）所述，为了加强绿色供应链管理的核心能力，企业需要协调其内部能力，并将供应链成员纳入企业间环境实践中。

Hart（1995）提出了自然资源基础观（NRBV），他提出企业应采取污染防治策略及实施具有社会复杂性的产品管理程序，以创造可持续发展的核心竞争力。根据自然资源基础观（Shi 等，2012），绿色供应链管理（GSCM）被分为企业内环境实践以及企业间环境实践（Song 等，2017）[①]。一方面，前者代表偶然歧义的形式，后者是指社会复杂资源。企业内部的环保实践，如全面质量环境管理，污染管理和环境管理体系，主要集中在能源消耗、原材料消耗以及与内部流程相关的排放和废物。这些实践，包括隐性技能发展和体验式学习（Hart，1995），可以被视为污染防治对策的具体行动，是劳动和知识密集型的。因此，它们可以代表一个企业的随意模糊的资源（Shi 等，2012）。相反，对企业而言，如何建立企业内部管理机制，促进员工的广泛参与和持续学习，这是减少和预防污染的关键。

另一方面，企业之间的环境行为，如环境设计、生命周期分析、绿色物流配送和逆向物流（Wong，2013），通常被称为产品管理程序，它强调供应商与客户之间的联盟，相互配合处理跨企业的环境问题（Vachon 和 Klassen，2008）[②]。这些实践提供了在供应链合作伙伴之间的互动平台，从而建立了根植于信任和承诺的社会网络，以鼓励知识交流和互惠互利。因此，企业间的环境

---

① Song Y，Cai J，Feng T，Song Y，Cai J. The influence of green supply chain integration on firm performance：A contingency and configuration perspective ［J］. Sustainability，2017，9（5）：763.

② Vachon S，Klassen R D. Environmental management and manufacturing performance：The role of collaboration in the supply chain ［J］. International Journal of Production Economics，2008，111（2）：299－315.

实践具有复杂的社会特征，依赖于企业和供应链合作伙伴之间的密切合作（Shi 等，2012）。这些实践还强调采取适当的步骤有效地整合供应商和客户的重要性。

（2）绿色供应链整合的维度划分。

SCI 是一个多维的概念（Flynn 等，2010）。明白 SCI 的多维性对于明白单个维度如何运作以及它们联合起来如何运作非常重要。SCI 有两个主要的类型：内部整合和外部整合（Vijayasarathy，2010①；Yu 等，2013②）。内部整合，是企业内部跨职能或部门的整合，外部整合涉及供应商和客户的整合（Wong 等，2013③）。

Wu（2013）、Lii 和 Kuo（2016）在此基础上，将绿色供应链整合（GSCI）分为绿色供应商整合、绿色客户整合和绿色内部整合三个维度。见图 2.4。

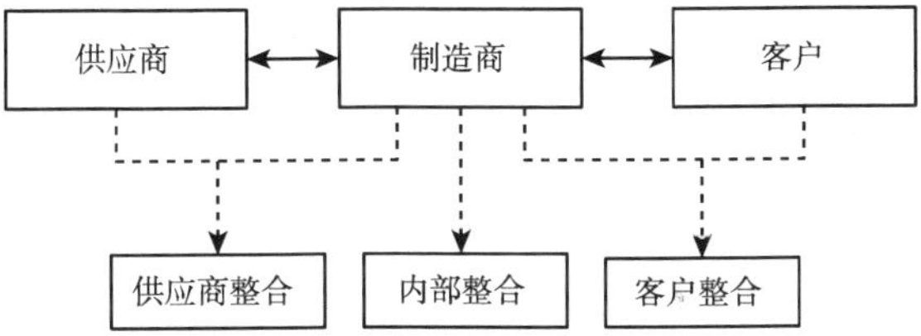

图 2.4　供应链整合维度

① Vijayasarathy L. R. Supply integration：An investigation of its multi－dimensionality and relational antecedents［J］. International Journal of Production Economics，2010，124（2）：489－505.

② Yu W，Jacobs M A，Salisbury W D，Enns H. The effects of supply chain integration on customer satisfaction and financial performance：An organizational learning perspective［J］. International Journal of Production Economics，2013，146（1）：346－358.

③ Wong C W Y，Wong C Y，Boon－Itt S. The combined effects of internal and external supply chain integration on product innovation［J］. International Journal of Production Economics，2013，146（2）：566－574.

①绿色供应商整合。供应商整合被定义为企业与其供应商共享和应用经营、财务和战略知识的组织实践，以便产生互利（Kim，2013）[①]。在动荡的市场环境中，随着国际环境法规的不断增加和消费者对环境保护的关注日益增加，证明了环境可持续性在商业运营中的重要性。为了应对这种情况，企业需要获得更准确的信息，以利用供应商资源和网络，并提高顾客满意度。因此，企业必须积极参与包括以环境为导向的产品设计和制造过程在内的绿色实践，以满足可持续发展的要求（Tseng等，2013）[②]。

对于今天的商业经营，企业必须与其供应商进行沟通，并不断更新通过内部整合实践积累的信息。对于一家严格遵循环境标准的企业来说，涵盖了供应链环境管理活动每一个阶段所规定的步骤，从产品设计到最终产品处理阶段，这都不能由一家企业单独完成（Zhu 等，2008）。企业需要利用供应链整合将其环境管理活动与供应链成员整合起来。由于企业对于处理产品生命周期所产生的所有环境问题的知识和能力并不足够，因此企业与供应链中的成员特别是与供应商合作是非常必要的。

绿色供应商整合是指在上游采购和运营过程中，企业协助供应商遵守环境保护要求（Lee 和 Kim，2011）[③]。绿色供应商整合是整个供应链整合的上游，它涉及企业与上游供应商的关系（Vijayasarathy，2010）。随着供应商的整合，供应商会提供环境

---

① Kim D Y. Relationship between supply chain integration and performance [J]. Operations Management Research, 2013, 6 (1-2): 74-90.

② Tseng M L, Wang R, Chiu A S F, Geng Y, Lin YH. Improving performance of green innovation practices under uncertainty [J]. Journal of Cleaner Production, 2013, 40 (3): 71-82.

③ Lee K H, Kim J W. Integrating suppliers into green product innovation development: An empirical case study in the semiconductor Industry [J]. Business Strategy & the Environment, 2011, 20 (8): 527-538.

相关的信息和参与决策，这种有效的关系和沟通对企业来讲意义重大（Luo，2007）①，因为供应商和企业会一起共享包括需求水平、存货情况以及生产计划等在内的绿色信息（Zhao 等，2011）②。这种信息共享可以提高产品和生产的环境要求，更好地利用供应商和工厂的能力以及成本结构。

而供应商也可以在绿色制造技术上提供新的变化，同时减少制造风险。Lau 等（2010）③ 研究表明供应商的整合是通过在上游供应商之间直接快速的信息共享而做出决策来实现的。有效的供应商管理可以减少进口材料和零部件的差异，确保供应商符合环境标准，从而减少过程的可变性，影响交货时间以及产品可靠性。在新产品开发和设计过程中，供应商和企业也可以一起进行新材料和产品创新创意的开发。

②绿色客户整合。客户整合是为了生产出客户所定义的产品而识别、解释和利用客户需求的组织实践，以提高客户满意度。从市场营销的角度来看，客户是具有潜在购买力并评估产品特性的决策者（Dong 等，2013）④。客户整合主要包括在客户和企业之间共享信息，客户通过调查或亲自提供给企业其对产品的感知和判断，而企业为客户提供经营信息（Wu，2013）。在 GSCM 环

---

① Luo J. Buyer – vendor inventory coordination with credit period incentives [J]. International Journal of Production Economics, 2007, 108 (1): 143 – 152.

② Zhao X., Huo B., Selen W., Yeung J. H. Y. The impact of internal integration and relationship commitment on external integration [J]. Journal of Operations Management, 2011, 29 (1): 17 – 32.

③ Lau A. K. W., Yam R. C. M., Tang E. P. Y. Supply chain integration and product modularity An empirical study of product performance for selected Hong Kong manufacturing industries [J]. International Journal of Operations & Production Management, 2010, 30 (2): 20 – 56.

④ Dong Y, Wang X, Jin J, Qiao Y, Shi L. Research on effects of eco – innovation types and regulations on firms' ecological performance: Empirical evidence from China [J]. Journal of Engineering & Technology Management, 2013, 20 (3): 11 – 20.

境中，绿色客户整合是指保持与下游客户的积极关系并与下游客户合作，以确保制造、分销和营销符合环保法规（Vachon 和 Klassen，2008）。

当企业与其客户分享环境管理和规划目的以及发现环境挑战的解决方案的知识和经验时，绿色供应链管理中的客户整合就发生了（Flynn 等，2016）①。整合活动包括交换技术信息，并要求相互了解彼此的经营，以改进环境实践（Vachon 和 Klassen，2008），还包括减少供应链中与物流有关的对环境产生影响的合作。制造商可以利用这些获得的信息和客户的要求来生产产品，不仅满足客户的偏好，也满足环境的要求（Flynn 等，2010；Chen 和 Paulraj，2004②）。绿色客户整合是绿色供应链整合的下游，它将产品、服务和数据从客户传递到供应商，可以创造和保持与客户的关系，从而可以更好、更清晰的了解客户偏好（Zhao 等，2011）。绿色客户整合还会涉及有关客户对产品生产的意见，它包括提高制造商和客户之间合作的方式。

绿色客户整合实践包括与客户联合规划以实现环境目标，联合选择减少环境影响的生态战略以及清洁生产和绿色包装方面的合作（Zhu 等，2008）。因此，企业管理者应该考虑让他们的客户参与实施 GSCM，以有效地产生环境实践的好处。

绿色供应商整合和绿色客户整合被称为绿色供应链外部整合。Vachon 和 Klassen（2008）对“供应商客户整合”提出了两种管理方法：环境合作和环境监测。前者强调企业参与供应链合作伙伴的行动，以共同开发环境解决方案；后者强调企业利用市

---

① Flynn B B, Koufteros X, Lu G. On theory in supply chain uncertainty and its implications for supply chain integration [J]. Journal of Supply Chain Management, 2016, 52 (3): 3-27.

② Chen I. J., Paulraj A. Understanding supply chain management: critical research and a theoretical framework [J]. International Journal of Production Research, 2004, 42 (2): 131-163.

场或公平的交易来评估和监督控制供应链伙伴。企业可以采用其中任何一种或两种管理方法都采用，但现代企业通常使用一个包括环境合作和环境监督的混合治理结构，以核实供应商和客户实施环境管理活动的情况。在绿色供应链整合相关的文献中提到的常见的绿色供应商整合包括与供应商一起设定环境目标（Lee 和 Kim，2011）；告知供应商对环保的要求（Vachon 和 Klassen，2006）[①]，比如设计规格和清洁生产技术（Rao，2002）；[②] 以及对供应商进行环境审计（Chiou 等，2011）。进一步的措施包括要求供应商实施环境管理（Rao，2002）或获取其环境管理的第三方认证，以及在环境标准的基础上来选择供应商（Chiou 等，2011）。此外，企业与其客户整合通常采用环境合作的方式而非监控的方式（Vachon 和 Klassen，2008）。一般的客户整合的做法包括：与客户联合规划以实现环境目标（Vachon 和 Klassen，2006），共同选择生态策略来减少环境影响，以及在清洁生产和绿色包装方面的合作（Zhu 等，2008）。

③绿色内部整合。内部整合是指联合以及改进内部资源和信息的组织实践，以便超越各个职能或部门的界限而产生知识共享，协助外部整合活动，并实现企业目标（Zhao 等，2011）。此外，Zhu 等（2008）指出，内部整合涉及跨职能合作，在流程改进或新产品开发中跨越不同职能进行合作。而内部整合是供应商和客户整合的基础，企业可以更迅速地吸收、解释和应用在供应链成员之间的外部信息和资源，同时提高企业的绩效。

同样的，在绿色供应链管理的情况下，企业需要管理并保证其产品周期各阶段符合环保法规，并促进可持续发展。因此，企

---

① Vachon S，Klassen R D. Green project partnership in the supply chain：The case of the package printing industry [J]. Journal of Cleaner Production，2006，14 (6 -7)：661 -671.

② Rao P. Greening the supply chain：A new initiative in South East Asia [J]. International Journal of Operations & Production Management，2002，22 (6)：632 -655.

业必须在内部进行绿色整合，以增强企业内部环境实践。在 Wu (2013) 的研究中发现，管理者不应忽视内部整合的重要性。绿色内部整合的重点是加强跨部门合作，促进员工积极参与环境保护行动以及提高其环境保护的能力（Wu 等，2012）①。内部整合是对企业内部从采购进原材料到分销各部门进行整合，为了满足消费者需求，在制造商控制之下，它涉及跨部门、跨功能的整合。这表明，内部整合应该更多考虑在各职能部门中的相互作用，例如生产、采购、物流、库存、营销、销售和分销（Boonitt，2015）②。Luo（2007）提出，内部整合是指一个跨部门合作的策略系统，其涉及产品设计、采购、生产、分销以及营销的合作，以用最低成本满足顾客的需要。内部整合的努力会打破障碍，通过及时沟通交流促进基本功能的分享。因此，企业里的职能部门能以整合和协调运作的方式一起来满足客户的要求和提高绩效。有一些非常重要的因素可以导致更好的绩效，例如，共享信息、共同规划、协调团队功能和共同合作来确保产品不延迟，让客户对他们所接受的服务满意（Asiah 和 Susila，2010）③。

因此，企业管理者应支持企业采取行动消除部门之间的障碍，提高企业的知识共享功能。Wu（2013）还建议，在产品设计和污染防治的早期阶段，管理人员要将供应商和客户纳入环境目标的制定、实施环境审计和向市场提供环境属性的价值，这可以通过有效的供应链内部整合来实现。

---

① Wu G C, Ding J H, Chen P S. The effects of GSCM drivers and institutional pressures on GSCM practices in Taiwan's textile and apparel industry [J]. International Journal of Production Economics, 2012, 135 (2): 618 - 636.

② Boonitt S. Achieving product guality performance: Information technology [J]. International Journal of Innovation Management and Technology, 2015, 5 (2): 373 - 382.

③ Noor Asiah, R., Susila, M. A study on environmental efficiency of the manufacturing sector in malaysia using data envelopment analysis. [J]. ICOQSIA, 2010, 2 (4): 223 - 241.

Gluch 等（2009）[①] 建议企业应整合内部管理机制，以加强吸收能力，通过这样做，企业将从加强组织内部环境实践的行为中获益（Zhu 等，2008）。企业内部整合的管理机制包括社会整合机制和组织学习系统（Gluch 等，2009；Zhu 等，2008）。前者强调管理支持和内部沟通交流协议，这能够鼓励员工以提高他们参与环保行动的积极性（Gluch 等，2009）。后者着重于持续改进和学习，这可以帮助企业提高环境能力。社会整合可以建立共识和促进知识共享，社会整合机制和组织学习系统是相辅相成的（Zhu 等，2008）。在绿色供应链管理的文献中，内部整合通常包括企业中高级管理人员对绿色供应链管理的支持和承诺（Wu 等，2012），环境改善的跨部门合作以及关于环境问题的部门间交流（Apsan，2015[②]；Zhu 等，2008）。其他整合行动包括执行环境合规和审计实务，积累和分享关于环境保护的信息（Wu 等，2012）以及建立环境管理系统（Lii 和 Kuo，2016）[③]。

本书将绿色供应链整合（GSCI）定义为企业与供应链成员之间的合作，以管理企业内和企业之间的环境实践。根据研究需要，本书将 GSCI 分为绿色供应链内部整合和绿色供应链外部整合（Wu，2013；Lii 和 Kuo，2016）。内部整合涉及消除企业内部跨部门壁垒，提高企业的环保能力、鼓励员工学习有关环保措施（Wu 等，2012）。外部整合包括供应商整合和客户整合，涉及供应商和客户之间的合作，以及共同管理跨企业的环境问题。

---

① Pernilla Gluch, Mathias Gustafsson, Liane Thuvander. An absorptive capacity model for green innovation and performance in the construction industry [J]. Construction Management & Economics, 2009, 27 (5): 451 - 464.

② Apsan H N. Running in nonconcentric circles: Why environmental management isn't being integrated into business management [J]. Environmental Quality Management, 2015, 9 (4): 69 - 75.

③ Lii P, Kuo F I. Innovation - oriented supply chain integration for combined competitiveness and firm performance [J]. International Journal of Production Economics, 2016, 174: 142 - 155.

2.3.3 绿色供应链整合与创新的相关研究

供应链整合与创新的相关研究是从20世纪90年代才开始出现的，目前仍处于初级发展阶段，随着近年越来越讲求合作与创新，其研究成果的理论与实践价值得到很高的评价。供应链整合不仅符合现实发展需要，更是成为企业创新能力培养的孵化器。

国内外学者分别从企业内部和外部（即供应商和客户）两个角度进行供应链整合与创新的研究，并且认为供应链整合能够优化企业内部与外部环境从而促进创新活动的开展。Zhang等（2002）① 研究结果表明，供应链上纵向一体化整合对技术创新能力的提升影响较大。Droge等（2004）② 认为，在企业创新过程中，信息、知识、技术等资源在企业内部共享互补，有效地进行整合，以实现相互协商、决策和协调企业内部关系。为了应对外部激烈的市场竞争压力，一方面要挖掘企业内部的知识信息，另一方面也要加速新知识和新技术的流动和转化，保证新产品开发的顺利进行。Koufteros等（2005）③ 从多个行业中244家制造企业收集的数据验证表明，内部整合和外部整合分别对企业产品创新和最终盈利能力产生积极影响。同时还发现，外部和内部整合实践的联合使用对企业绩效具有协同作用。

---

① Qingyu Zhang, Vonderembse M A, Jeen - SuLim. Value chain flexibility: A dichotomy of competence and capability [J]. International Journal of Production Research, 2002, 40 (3): 561 - 583.

② Droge C, Jayaram J, Vickery S K. The effects of internal versus external integration practices on time - based performance and overall firm performance [J]. Journal of Operations Management, 2004, 22 (6): 557 - 573.

③ Koufteros X, Vonderembse M, Jayaram J. Internal and external integration for Product development: The contingency effects of uncertainty, equivocality, and platform strategy [J]. Decision Sciences, 2005, 36 (1): 97 - 133.

Zhao 等（2008）[①] 将权力关系承诺理论与供应链整合联系起来，为 SCI 提供了一个新的研究视角。通过对中国 617 家制造企业进行调研分析，验证了权力、关系承诺和制造商与客户之间的整合关系。结果表明，不同类型的客户权力对制造商和客户关系承诺的影响程度不同。其中，规范性关系承诺对客户整合的影响大于工具性关系承诺，这也与企业整体技术创新能力的提升有关。Zhao 等（2011）采用对中国制造企业进行实证调研的方式，验证了内部整合和关系承诺分别积极显著影响外部整合，整合程度越高越有助于提升技术创新能力，且发现企业要想进行有效的外部整合，就必须首先加强企业内部的系统整合能力。

Huang 等（2008）[②] 研究结果表明，企业进行创新时，要与供应商建立长期稳定的互惠合作关系，可以邀请供应商参与到产品设计和开发中来，彼此共享关键信息、技术和资源，并将其引入生产和运营过程中，实现互利。另外，Braunscheidel 和 Suresh（2009）[③] 的研究结果表明，企业要有效建立、整合与客户的关系，同样可以邀请客户参与新产品的设计和开发中，与客户更多进行沟通交流、分享信息，能够更好地帮助企业了解市场的需求、有效帮助企业的经营决策，提升企业的创新能力。

---

① Zhao X, Huo B, Flynn B B. The impact of power and relationship commitment on the integration between manufacturers and customers in a supply chain [J]. Journal of Operations Management, 2008, 26 (3): 368 – 388.

② Huang X, Kristal M M, Schroeder R G. Linking learning and effective process implementation to mass customization capability [J]. Journal of Operations Management, 2008, 26 (6): 714 – 729.

③ Braunscheidel M J, Suresh N C. The organizational antecedents of a firm's supply chain agility for risk mitigation and response [J]. Journal of Operations Management, 2009, 27 (2): 119 – 140.

国内学者王海源等（2004）[①] 研究结果表明，企业与供应链上下游的整合以及企业内部资源、能力的整合对企业创新的重要性。张平等（2004）[②] 基于战略、组织与知识三个视角解释内部技术整合如何影响企业创新。

谷岩和王家斌（2006）[③] 从整合供应链视角构建顾客价值创新模型，研究表明：供应链整合中信息共享与业务流程重组能够使企业在经营活动中同时实现自身创新价值的创造以及顾客价值的提升。邓龙安和徐玖平（2008）[④] 强调了运营规则对网络创新的重要性，并指出学习效应、差异性效应与市场价值效应是在网络组织成员间、业务单元和供应商的活动中产生的。杨晓艳和顿妍妍（2017）[⑤] 通过对180家制造企业进行实证调查，引入供应链整合为中介变量，构建了关系资本与创新绩效的理论模型。结果表明：供应链整合在关系资本与创新绩效之间起着部分中介作用，这说明了成员间的信任与承诺对供应链资源整合有着决定性影响。

而对绿色供应链整合和绿色创新的研究主要是在供应链整合和创新的基础上加入了环境的概念。一些研究已经采用单维（uni－dimensional）方法研究绿色创新中的供应商整合（Chiou等，2011；Lee和Kim，2011）。然而，关于绿色供应链整合GSCI

① 王海源、谢洪明、蓝海林："创新主体研究：整合的观点及中国的实践"，《科学管理研究》，2004年第6期。

② 张平、蓝海林、黄嫚丽："基于知识集成的企业技术整合创新研究"，《管理评论》，2004年第7期。

③ 谷岩、王家斌："基于顾客价值创新的供应链整合策略研究"，《价值工程》，2006年第9期。

④ 邓龙安、徐玖平："模块化网络运营对竞争性市场效率的影响——兼析网络规则与市场规则下市场效率的变化"，《中国工业经济》，2007年第8期。

⑤ 杨晓艳、顿妍妍："关系资本、供应链整合与创新绩效关系"，《企业经济》，2017年第7期。

对绿色创新多维影响的研究并不多。Seman 等（2012）[①] 认为绿色创新是绿色供应链管理的基础，企业进行绿色供应链整合 GSCI 可以提前实现绿色创新。当企业与其供应商和客户紧密整合在一起时，他们增强了其绿色创新能力（André 和 Barbieri，2012[②]；Chiou 等，2011）。另外，企业的内部整合，包括管理支持和鼓励、跨部门合作、环境能力以及环境管理系统，都促进了绿色创新（Koufteros 等，2005）。Wu（2013）通过对中国台湾 211 家 IT 制造商的实证研究也发现，绿色供应商、顾客和内部整合会促进企业的绿色产品以及过程创新，并分析了环境不确定性的调节作用。伊晟和薛求知（2016）将绿色供应链管理分为企业内部环境管理、生态设计、绿色购买、投资再生和顾客协作，将绿色创新分为过程创新和产品创新，以 210 家中国制造企业为样本，探究了绿色供应链管理五种活动分别与绿色产品创新和绿色过程创新的关系，研究结果表明，绿色供应链管理五种活动与绿色创新积极正相关。王鸣华（2017）[③] 构建了供应链整合、环境不确定性和企业绿色创新之间关系的理论模型，研究发现供应链整合三种维度分别（内部整合、供应商整合以及客户整合）与企业绿色创新（绿色产品创新和绿色流程创新）之间存在积极的正相关关系，其中两种环境不确定性（需求不确定、技术不确定）分别起着不同的调节作用。

---

① Seman N A A, Zakuan N, Jusoh A, Arif MSM, Saman MZM. The relationship of green supply chain management and green innovation concept [J]. Procedia - Social and Behavioral Sciences, 2012, 57: 453 - 457.

② André P D C, Barbieri J C. Innovation and sustainability in the supply chain of a cosmetics company: a case study [J]. Journal of Technology Management & Innovation, 2012, 7 (2): 144 - 156.

③ 王鸣华："供应链整合对企业绿色创新影响实证研究——环境不确定性的调节作用"，《商业时代》，2017 年第 16 期。

2.4 关系学习能力

2.4.1 关系学习能力的概念和内涵

当今商业环境的高度动荡和激烈的竞争，使得企业越来越深刻地意识到要建立可持续的竞争优势，不仅需要通过内部创造，还必须要依赖外部来源来获取知识，必须要与其他企业建立良好的伙伴关系，通过企业之间的互动来取得，“孤军奋战”已经行不通。研究人员也将企业间的关系视为企业发展管理能力的战略资产（Dyer 和 Singh，1998[①]；Jean 和 Sinkovics，2010[②]）。企业通过与外部合作伙伴的密切互动和相互学习，企业可以获得新的知识、资源和技术（Cheung 等，2011）[③]。学习、知识和关系已经成为企业持续发展以及维持竞争力的核心。

大量的实证研究认为需要管理作为战略资产的顾客和供应商关系，并研究这些关系对绩效实现的好处。传统上，企业被鼓励将他们和顾客、供应商之间的关系视为“外部扩张”的努力，通过协同努力跨越企业边界和专业投资。Vargo 和 Lusch（2004）还认为，商业合作可以产生价值的共同创造者，实现单个企业的

---

① Dyer J H, Singh H. The relational view: Cooperative strategy and sources of inter-organizational competitive advantage [J]. Academy of Management Review, 1998, 23 (4): 660-679.

② Jean R, Sinkovics R R. Relationship learning and performance enhancement via advanced information technology: The case of Taiwanese dragon electronics firms [J]. International Marketing Review, 2010, 27 (2): 200-222.

③ Cheung M S, Myers M B, Mentzer J T. The value of relational learning in global buyer-supplier exchanges: a dyadic perspective and test of the pie-sharing premise [J]. Strategic Management Journal, 2011, 32 (10): 1061-1082.

竞争优势。这种利益包括最优库存水平、非价格效益、销售额和销售量的保证和及时的市场动态。总的来说，合作被认为是不断扩大的利益“馅饼”，使得每个合作伙伴获得更大的利益，如果没有合作伙伴的特殊贡献，就不会有这样的好处。而这种关系，虽然可以提高一个企业的竞争力，但同时也会承担一定的风险(Albort 等，2016)①。比如敏感信息的共享、进行独特和昂贵的投资，通过合作而产生竞争对手，这都是顾客和供应商合作关系所带来的潜在负面影响。

之所以企业间合作仍然存在很多“阴暗面”，这正是由于买家和供应商的关系所导致的。这些关系会产生不利的战略影响，而这也是由于合作伙伴之间的文化差异和目标的缺乏所引起的(Jean 和 Sinkovics，2010)。所以学者们越来越重视对于“关系”的研究。

关系在中国社会中是指一个主体与另一个主体之间的联结和网络，如企业与其供应商、客户和消费者之间的联系等。学习理论在竞争优势的新理论上有突出的作用（Li，2006)②。Cheung 等（2011）强调管理能力来质疑组织的规范，这些规范确定了什么样的信息能够被获取、传播和行动。一个组织的学习导向也被概念化为一个文化层面的内容，其中包括共同的学习愿景、学习的承诺和开放的思想。学习已不仅作为一个企业的现象，也作为跨企业的现象。发展竞争优势的关系视角确定关系学习（即企业间知识共享）已经作为形成差异化优势和“非凡”利润的重要途径。

近 20 年前，Dyer 和 Singh（1998）就指出，“学习能力将是

---

① Albort - Morant G, Leal - Millán A, Cepeda - Carrión G. The antecedents of green innovation performance: A model of learning and capabilities [J]. Journal of Business Research, 2016, 69 (11): 4912 - 4917.

② Li L Y. Relationship learning at trade shows: Its antecedents and consequences [J]. Industrial Marketing Management, 2006, 35 (2): 166 - 177.

竞争成功的基础”。学习被认为是未来唯一的可持续竞争优势。但大多数关于学习的文献都集中在组织学习或个人学习的相关方面，学者们对这两种类型的学习进行了广泛的研究（Sözüer 和 Semercioz，2016）①。

Selnes 和 Sallis（2003）② 是最早引入第三类学习的人之一，被称为关系学习（Relationship Learning，RL）。这一类别的重点是在企业间关系中学习（例如，在买卖关系中）。简单地说，组织和个人关注的是如何向某人学习，RL 关注的是如何与某人学习（例如，买卖双方在买卖关系中相互学习）。这种第三类 RL 相对于组织和个人学习而言是一个相对较新的学习概念，在过去的 10 年中，有大量关于企业间 RL 的研究（Lai 等，2009③；Jean 和 Sinkovics，2010）。Johnson 等（2004）④ 提出要启动关系知识库的构建，并以经验来检验这种结构在企业关系中的作用，以培养企业的关系能力。关系知识库是指企业在企业关系管理中积累的集体洞察力、信念、行为惯例、程序和政策。最近的一些研究都表明，企业从关系学习中能够获得竞争优势（Wang 和 Hsu，2014）⑤。

关系学习的概念源于组织学习与关系营销的结合，关系学习

---

① Sözüer A，Semercioz F. Relationship learning in buyer - supplier exchanges：A conceptual model for complex environments [J]. Procedia Social and Behavioral Sciences，2016，235 (2)：566 - 575.

② Selnes F.，Sallis J. Promoting relationship learning [J]. Journal of Marketing，2003，67 (3)：80 - 95.

③ Lai C S，Pai D C，Yang C F. The effects of market orientation on relationship learning and relationship performance in industrial marketing：The dyadic perspectives [J]. Industrial Marketing Management，2009，38 (2)：166 - 172.

④ Johnson J L，Sohi R S，Grewal R. The role of relational knowledge stores in interfirm partnering [J]. Journal of Marketing，2004，68 (3)：21 - 36.

⑤ Wang C H，Hsu L C. Building exploration and exploitation in the high - tech industry：The role of relationship learning [J]. Technological Forecasting & Social Change，2014，81 (1)：331 - 340.

是一种特殊类型的组织间学习，它不同于一般的组织间关系的构建，其强调企业供应链上下游中双方间的亲密伙伴关系对学习绩效的影响（Sözüer 和 Semerciöz，2016）。组织间学习可以是基于合作关系，也可以是基于短期关系。在后一种情况下，关系在短期目标实现后终止，而“关系学习”则以合作伙伴关系为特征，伙伴关系的特殊性与复杂性让“关系学习”有其自身特点。

第一，它是一种基于密切关系的跨组织学习，因为并不是所有的经验都可以轻易地跨越组织边界，特别是那些非制造活动中的经验，交换各方之间的某种程度的关系是知识转移的前提条件，因为它提供了有益的社会条件。通过密切的关系，伙伴企业之间可以进行大量的知识交流，从而开展有效的学习活动（Dyer 和 Singh，1998）。第二，关系学习取决于双方是否愿意在一项联合活动中进行合作，而且这不能仅由单个组织决定和授权（Selnes 和 Sallis，2003）。第三，关系学习包括组织间的一系列社会和认知活动，包括知识共享、解释和整合。知识交流是一种合作的社会交流，只有双方都参与才能从中受益。关系学习强调双向交流和知识交流，而不仅仅是知识水平较高一方的单向知识转移。此外，从信息处理的角度来看，实现有效的沟通取决于各组织对收到的信息进行解码的能力。为了学习的发生，必须就信息的含义达成共识（Fang 等，2011）①，否则，误解可能妨碍有效的合作。然而，认知失败或认知距离经常在组织之间存在，因为它们在知识领域和范围上都不同，这些差异导致解释和感知信息的方式不一致。要缩短内部的认知距离、对话和交互关系需要创造解释元素，形成共同的解释，密切关系是建立有效互动渠道的基础。对伙伴企业之间的信息解释应当是一致的，有助于积累

① Fang S R，Fang S C，Chou C H，Yang SM，Tsai FS. Relationship learning and innovation：The role of relationship - specific memory［J］. Industrial Marketing Management，2011，40（5）：743 -753.

共享的知识，然后这些知识可以被纳入特定关系的记忆中（Selnes 和 Sallis，2003；Johnson 等，2004）。第四，关系学习不仅仅是与信息流以及合作伙伴之间的知识流有关，也是存储在过程中的共享知识。关系学习的效果取决于企业所获得的知识的流动和储存。

到目前为止，学术界对“关系学习”研究的时间并不长，还处于初级阶段，不同的学者从不同角度对其进行解释和定义，通过文献梳理发现关于 RL 一共可以分为三种范式：关系范式学习范式与能力范式，如表 2－3 所示。

表 2－3　　关于关系学习的定义

概念	作者	定　义
关系范式	Seines 和 Sallis（2003）Li（2006）	合作伙伴之间建立亲密的合作关系，共享知识资源和共同解释信息，这些信息被整合到特定关系领域特定的记忆中，形成关系记忆，以实现关系双方共同发展、形成差异化竞争优势的目的
学习范式	蒋青云（2007）① 陈勇（2012）②	供应链上下游企业之间的共同学习，以达到创造更大价值，实现共同发展的目的
能力范式	Heide 和 Weiss（1995）③ Wang 和 Hsu（2014）	企业间关系的建立与关系治理的能力，能够创造价值，并且双方的合作和信任是为了彼此的安全和提高经济绩效

最早关于关系学习的研究主要集中于关系范式的角度，Selnes 与 Sallis 基于关系营销与组织学习理论，于 2003 年最先引

---

① 蒋青云：“营销渠道理论的“学习范式”研究”，复旦大学博士学位论文 2007 年。

② 陈勇：“关系学习和动态能力对企业技术创新的影响研究”，浙江大学博士学位论文 2012 年。

③ Heide J. B.，Weiss A. M. Vendor consideration and switching behavior for buyers in high－technology markets [J]. Journal of Marketing，1995，59（3）：30－43.

入了关系学习这一概念。其将关系学习视为供应商和客户之间的一种联合活动，双方在良好的合作关系中共同学习、共享信息，然后联合解释并整合到共享关系领域特定的记忆中，以改变潜在关系特定行为的范围或可能性的。Jean 等（2010）将关系学习定义为，企业与其供应商或客户通过联合交流信息和诀窍、分析和解决业务和战略问题而共同合作的程度，以促进合作关系内的沟通。关系学习很重要，因为当两家企业参与相互学习的过程时，了解对方期望的可能性就会增加。关于生产方法、市场策略、技术等的信息共享使企业能够降低成本，实现功能效果。而通过这些收益，企业之间的联系会加强并产生令人满意的关系。企业关系学习的相关伙伴包括客户、供应商、竞争对手、顾问、政府机构、大学、研究机构、市场研究组织、广告代理和销售/分销代理（Yang 和 Lai，2012）①。一些管理方法可以加强关系学习，例如培养合作文化，制定联合学习活动的具体目标，以及发展关系信任。通过关系学习，关系学习的相关合作伙伴可以识别提高信息和知识共享质量、可靠性和速度的方法。

总之，关系学习包括一系列基于关系的社会交流和认知活动，在这一过程中，Selnes 和 Sallis（2003）将关系学习分为三个维度：信息共享、共同理解、特定关系记忆。信息共享和共同理解等联合活动促进了知识在伙伴企业之间的有效流动，从而将知识整合到共享关系记忆（知识库）中，成为关系学习的共同结果。信息共享是买方和供应商之间对最终用户的需求和偏好、市场结构重组、产品技术、合作伙伴的策略和财务以及其他一些意想不到的问题进行的信息交换。伙伴企业之间的信息共享是关系学习的起点，也是一个必不可少的因素。伙伴企业需要交流信息，以协调和规划其工作，以实现各自的组织目标（Li，2006）。

---

① Yang C F, Lai C S. Relationship learning from organizational knowledge stores [J]. Journal of Business Research, 2012, 65 (3): 421 - 428.

伙伴企业也需要在信息共享中达成共识，这才能发挥重要作用。双方在关系中的对话和沟通构建了一个共同信息的解释和意义生成的渠道，“共同理解”作为解释和传达信息与意义之间联系的一种机制。但是双方心理模式的差异以及双方理解能力、信息处理能力的不同仍然会成为信息交流和信息共享的阻碍。因此，需要建立适当的平台和机制，以促进有效的互动和沟通，需要建立特定关系的解释元素，并缩短认知距离。

在信息共享和共同理解的同时，企业会对关系中特定一方产生适应性行为。在适应一种特殊关系的过程中，合作伙伴企业将结合具体的关系知识并将其存储在关系的特殊记忆中。关系特定记忆是存储在双方合作伙伴记忆中的共享知识，来自基于关系的企业间学习活动。关系特定记忆和组织记忆有两个主要的区别：第一，组成记忆的过程被认为是不同的，组织记忆是组织内部个人或团体知识的集合，表现为组织中的共同信念、惯例或具体工作，关系记忆是在交互中存储和积累共同见解、信念、例程、过程和策略的知识，并且在伙伴组织之间共享（Johnson 等，2004），这类知识存储在单个组织中，组织成员可以共享和检索这些知识以进行相关决策；第二，知识的内容也不同，组织记忆是内部成员存储的集体知识，其特点是积累和路径依赖（Lai 等，2009），因此，组织不由自主不断地在某些领域积累知识。然而，当组织记忆被限制在特定的领域时，组织发现很难改变，组织可能遇到核心刚性、惯例的刚性或功能硬化；第三，在关系记忆中外部来源可以在内部资源不足的领域提供知识。通过共同学习，不同的经验可以在学习实体之间共享（Dyer 和 Singh，1998），导致关系特定记忆可以增加以前没有在企业内部的知识，有利于组织变革的新见解，从而有助于避免能力陷阱。企业开发特定关系的记忆，以存储整合后的特定关系知识；第四，关系记忆以实物的形式出现，例如，作为文档、计算机记忆和编程，关系记忆的独特之处在于，记忆储存可能是企业外部的，而关系是内部的。因此，要对关系记忆进行评估并通过与伙伴的互动将最新的关系知识储存起来，以便在有需要时应用。特定关系记忆会更新企业现有的关系，并将伙伴企业的记忆整合起来进入更高的学习层次。

从学习范式的角度出发，蒋青云（2007）提出关系学习是供应链上下游企业之间的共同学习，以达到创造更大价值，实现共同发展的目的。陈勇（2012）认为关系学习和组织学习的区别不大，关键在于关系学习的学习对象为已经与企业建立了合作关系的企业。

还有一部分学者把关系学习看作是企业的一种能力。Cannon 和 Perreault（1999）[①]认为关系学习是企业通过关系来创造价值、维持差异化竞争优势、实现超额利润的重要方式。Heide 和 Weiss（1995）认为关系学习是企业间关系的建立与关系治理的能力，能够创造价值，并且双方的合作和信任是为了彼此的安全和提高经济绩效。Dyer 和 Singh（1998）也提出关系学习是一种建立关系的能力，关系学习能力能够维持企业差异化竞争优势，而这与 Vargo 和 Lusch（2004）提出的关于关系的互动视角相一致。他们的研究表明，两家企业同时以相对持久的方式相互影响和相互被影响，适应需要协调所涉及的个人和企业的活动。在市场营销相关文献中已经涉及关系学习的要素，如信息共享和协调（Yang 和 Lai，2012）。Chen 等（2009）[②] 提出，与客户供应商关系建立的理论相一致，关系学习能力已被确定为企业创造竞争优势的重要途径，企业之间形成合作和信任关系是为了实现共同发展。

---

① Cannon JP, Perreault WD Jr. Customer – supplier relationships in business markets [J]. Journal of Market ing Research 1999, 36 (2): 439 – 460.

② Chen Y S, Lin M J J, Chang C H. The positive effects of relationship learning and absorptive capacity on innovation performance and competitive advantage in industrial markets [J]. Industrial Marketing Management, 2009, 38 (2): 152 – 158.

关系学习能力意味着对目标客户——供应商之间关系进行有效管理的学习能力。通过关系学习，客户——供应商关系中的双方都确定了减少或消除冗余成本、提高质量和可靠性、提高速度和灵活性的方法。从供应商的角度来说，更好地了解他们的顾客，使他们能够提供和开发更有价值的产品。同样，对供应商也有更好地了解，顾客能够更好地选择产品和开发满足他们需求的解决方案。有文献支持，关系学习能力能够促进有价值产品的生产（Fang 等，2011）。在快速变化的市场中，对于顾客和供应商来说，发展与关系领域相关的学习能力有显著的激励作用。

而本书在 Selnes 和 Sallis（2003）的基础上，提出关系学习意味着企业可以通过促进信息交流、发展共同的学习领域、以及从供应商、客户、合作伙伴和利益相关者等方面更新他们的行为来改进学习活动。并将关系学习概念化为一种能力，这种能力使得供应链上下游成员之间努力创造更多的价值，超越其单独或与其他伙伴一起创造的价值。“关系学习活动”是“顾客和供应商针对信息共享、有意义的信息并将所获取的信息整合进入共享关系领域特定的记忆之间所进行的联合活动，以提高潜在关系特定领域的行为的范围或可能性”。本书认为，关系学习的能力与它是如何管理的，以及它所嵌入的环境密切相关。

2.4.2 关系学习能力的相关研究

关系治理在实现竞争优势方面起着重要的作用，包括维持企业与其合作伙伴在供应链中的良好关系（Cheng，2011）[①]。在西

① Cheng J H. Inter - organizational relationships and knowledge sharing in green supply chains - moderating by relational benefits and guanxi [J]. Transportation Research Part E Logistics & Transportation Review, 2011, 47 (6): 837 - 849.

方的企业，关系治理在很大程度上是由法律、法规和合同来主导，而在东方的企业则是由道德和社会规范所驱动（Chen 等，2009），由关系来管理。Chua 等（2009）① 发现中国的管理者最偏好的关系方法是通过整个企业网络来开发和维护关系。受儒家思想强调人际关系的影响，关系鼓励双方之间的适当行为，可以是在配偶、兄弟姐妹或朋友之间（Zhao 等，2006）②，以努力确保社会和谐、有秩序和稳定的发展。由于儒家思想的盛行，“关系”是在中国企业最重要的特征之一，它影响着整个企业的经营决策和行为。在供应链环境下，Metters 等（2010）③ 强调了关系在买方——供应商关系中的重要性。Lee 和 Humphreys（2007）④ 认为，关系会对供应商采购以及供应商关系整合的发展产生影响。Liu 等（2009）⑤ 在对中国制造企业的研究中也证实了与关系相关的信任、买卖双方之间的关系规范对双方关系有影响。Zhao 等（2006）也认为“关系”对在中国的买家和供应商之间的关系有积极的影响，并通过恩惠和义务相互交换。

然而，却很少有文献讨论关系在绿色供应链管理中的作用。据研究发现，只有两篇文章探讨了“关系”在绿色供应链管理中

---

① Chua R Y J, Morris M W, Ingram P. Guanxi versus networking: Distinctive configurations of affect – and cognition – based trust in the networks of Chinese and American managers [J]. Journal of International Business Studies, 2009, 40 (3): 490 – 508.

② Zhao X, Flynn B B, Roth A V. Decision sciences research in China: A critical review and research agenda – foundations and overview [J]. Decision Sciences, 2006, 37 (4): 451 – 496.

③ Metters R, Zhao X, Bendoly E. "The way that can be told of is not an unvarying way": Cultural impacts on operations management in Asia [J]. Journal of Operations Management, 2010, 28 (3): 177 – 185.

④ Lee P K C, Humphreys P K. The role of Guanxi, in supply management practices [J]. International Journal of Production Economics, 2007, 106 (2): 450 – 467.

⑤ Liu Y, Luo Y, Liu T. Governing buyer – supplier relationships through transactional and relational mechanisms: Evidence from China [J]. Journal of Operations Management, 2009, 27 (4): 294 – 309.

的作用（Cheng，2011；Luo 等，2014[①]），但其结果却是相互矛盾的。Cheng（2011）初步确定在绿色供应链风险管理中，关系可以帮助增强有效沟通和建立信任，其发现企业与供应商更好的关系会对 GSCM 产生积极的影响，因为高水平的关系会增加买方特定交易的投资和有价值的资源，同时减少供应商的机会主义行为。其还证明了关系有助于增加对绿色供应链管理实践沟通的有效性。他们通过对 436 家中国台湾制造企业的数据分析发现，关系会积极影响在供应链合作伙伴之间关系风险和环境知识共享的互动。Luo 等（2014）却发现，关系在买卖双方与绿色供应链实践之间起中介作用。然而企业与其供应商之间高水平的关系会降低企业实施绿色供应链管理实践的意愿。Luo 等（2014））发现与 Peng 和 Luo（2000）[②] 一致，他们表明，关系阻碍了买家采用 SCM 实践，因为买方倾向于花太多的时间和精力维持他们的关系。所以 Luo 等（2014）认为，由于买方巨大的时间和精力都投入到了建设和维护关系中，所以导致买方对绿色供应链管理实践的投入不足。

另外，随着组织学习研究的不断深入，关系学习的重要性也日益凸显。Selnes 和 Sallis（2003）提出了一个可以发展和促进目标客户与供应商关系的学习能力的管理理论。使用 315 个实验数据来验证合作承诺、内部复杂性、环境不确定性和交易特定投资与关系学习之间的关系，最终发现关系学习和关系信任以及两者之间的交互关系都对关系绩效产生影响。朱素玥（2006）[③] 通

---

① Luo J，Chong Y L，Ngai E W T，MJ Liu. Reprint of "green supply chain collaboration implementation in China：The mediating role of guanxi" [J]. Transportation Research Part E Logistics & Transportation Review，2015，74（2）：37－49.

② Peng M W，Luo Y. Managerial ties and firm performance in a transition economy：The nature of a micro－macro link [J]. Academy of Management Journal，2000，43（3）：486－501.

③ 朱素玥："关系信任与关系学习对关系绩效影响之研究——结合交易成本理论与社会交换理论观点"，台北大学论文，2006 年。

过668份有效问卷，基于交易成本理论与社会交换理论，验证发现关系学习、关系信任与沟通会对关系绩效产生正向影响，而关系学习可以降低企业之间的交易成本。Li（2006）以414个参展商与参观者关系伙伴的样本进行研究，验证了关系学习对关系绩效（分为效果和效率）的影响，研究发现关系学习对关系效果和关系效率的影响路径不一样，其中信息分享影响关系效果，而共同感知影响关系效率。Lee和Humphreys（2007）认为伙伴企业之间的关系学习会影响企业的知识获取，同时可以激发更多新知识的产生。Lai等（2009）提出，关系学习对新产品开发绩效积极正相关。接着，Chen等（2009）以中国台湾制造业为研究样本，利用结构方程模型（SEM）验证表明，关系学习和吸收能力对企业创新绩效有正向影响，对企业竞争优势有积极影响。特别地，其将样本按关系学习和吸收能力水平分为高中低三组，发现不同水平的企业在创新绩效上存在显著差异。对于"能力低下的企业"来说，提高他们的关系学习能力和吸收能力对提高其创新绩效是很重要的。

Fang等（2011）考察了关系学习与创新的关系，探讨了关系学习中知识流动与知识存量的区别与联系，结果表明，信息共享与联合感官制造（知识流动）与特定关系记忆（知识存量）正相关，并通过其对特定关系记忆的影响，间接影响探究性创新与利用性创新。国内学者陈勇和蔡宁（2011）[①] 采用实证方式也证实了关系学习与企业创新（分为探究式和利用式）积极正相关。Yang和Lai（2012）考察了客户与供应商之间的关系学习对关系知识储存的影响。结果表明，客户与供应商之间的关系学习活动对管理客户关系知识库具有积极作用，包括交互知识、功能知识、环境知识和人际知识。信任对关系学习与环境知识库之间

① 陈勇、蔡宁："关系学习与企业技术创新的实证研究"，《管理工程学报》，2011年第4期。

的关系没有调节作用；反而信任程度越高，关系学习的速度越快，信任对其他三种知识储存起着调节作用。信任水平中等时，关系学习对交互、功能和人际知识储存的正向效应增强，在信任程度高或低的情况下，这种效应降低。Liu 等（2009）将组织学习理论、关系治理理论和基于资源的观点相结合，建立了一个概念模型。通过对 160 家信息技术企业的横截面样本进行结构方程模型分析，发现学习意向、吸收能力和跨文化差异对关系学习有影响。

而李贞和杨洪涛（2012）① 也通过 234 家企业数据验证了吸收能力、关系学习及知识整合对创新绩效的影响关系。研究结果发现吸收能力、关系学习与知识整合积极正相关，另外关系学习、知识整合也对创新绩效积极正相关。简兆权等（2014）② 研究了网络能力、关系学习对服务创新绩效的影响，发现在网络能力对服务创新绩效的影响中，关系学习起部分中介作用。Wang 和 Hsu（2014）以 241 家高科技企业为样本，提出了一个分析关系学习、权力不对称及其对创新结果影响的模型。研究结果表明，关系学习对探索性创新和利用性创新都有显著的促进作用，还发现权力不对称并不能显著地缓和关系学习对探索性创新的影响，而权力不对称显著增加了关系学习对利用性创新的影响。Kohtamäki 和 Partanen（2016）③ 旨在证明关系学习在制造企业知识密集型商业服务（KIBS）与企业客户的销售绩效之间的关系中具有积极的调节作用。其对 91 家供应商客户关系的调查结果

---

① 李贞、杨洪涛："吸收能力、关系学习及知识整合对企业创新绩效的影响研究——来自科技型中小企业的实证研究"，《科研管理》，2012 年第 1 期。

② 简兆权、陈键宏、郑雪云："网络能力、关系学习对服务创新绩效的影响研究"，《管理工程学报》，2014 年第 3 期。

③ Kohtamäki M, Partanen J. Co – creating value from knowledge – intensive business services in manufacturing firms: The moderating role of relationship learning in supplier – customer interactions [J]. Journal of Business Research, 2016, 69 (7): 2498 – 2506.

表明，KIBS 产品本身并不能产生业绩；相反，供应商与客户关系必须以关系学习为特征，以便从供应商的 KIBS 产品中共同创造价值。Slåtten 等（2017）[①] 研究的重点是企业内部专业服务团队（IPSTS）的关系学习，探讨了三个促进 IPSTS 关系学习的有利因素，具体包括，一个企业的市场导向、信任团队气氛和领导支持被认为是影响其关系学习的有利因素。马鸿佳等（2017）[②] 基于互动学习视角探究了关系学习在关系质量和双元创新之间的中介效应，研究结果发现，关系质量对于双元创新具有显著影响，而关系学习的三个维度：信息共享、共同理解和特定关系记忆分别在关系质量和双元创新之间起到中介作用。

尽管关于关系学习已经有了一些研究，但是大多数都是关于其与相关绩效之间的研究，现有研究中对关系学习结果所涉及的层次及对象都有一定的局限性，针对关系学习与创新之间的探讨仍是相对较少的，将关系学习能力作为一种中介和调节变量就更少，需要进一步探讨。

2.5 吸收能力

2.5.1 吸收能力的概念和内涵

随着企业面临竞争、全球化和创新压力的加剧，组织不断吸收、传播和利用新知识的能力被广泛认为是维持可持续竞争优势

---

① Slåtten T, Lien G, Fredheim A MT Gangnes. Enabling relationship learning in intra – firm professional service teams [J]. Total Quality Management & Business Excellence, 2017, 28 (9): 946 – 958.

② 马鸿佳、马楠、郭海：“关系质量、关系学习与双元创新”，《科学学研究》，2017 年第 6 期。

的重要决定因素（Zahra 和 George，2002[①]；Lane 等，2006[②]）。通过对早期文献的整理发现，最早关于吸收能力的理论可以追溯到 1971 年。Tilton（1971）[③] 发现企业的研发投入可以增强企业识别、消化新技术的能力。随后 Mowery（1983）、Allen（1984）等学者也都认同企业的研发投入对企业内部吸收能力的提升有帮助。

而 Cohen 和 Levinthal（1989）[④] 在这些学者研究基础上第一次正式使用“吸收能力”（Absorptive Capacity）这一定义，并对其进行了界定。Cohen 和 Levinthal（1989，1990）所界定的吸收能力是指一家企业“认识新的外部信息的价值，吸收并将其应用于商业目的的能力”。因此，吸收能力是一种机制，使外部知识可供企业使用。吸收能力取决于特定领域的知识，它代表了个人创造力的原材料（Dane，2010）[⑤]，并在特定领域的模式或知识结构中被建立，吸收能力最重要的先导因素是该领域的先验知识（Cohen 和 Levinthal，1990），也称之为“领域内知识”。

Cohen 和 Levinthal 对吸收能力进行开创性研究以来，“吸收能力”已经被公认为是一个企业维持可持续竞争优势的关键驱动因素。随着时间的推移，吸收能力被其他学者重新审视和进一步

① Zahra S A, George G. Absorptive capacity: A review, reconceptualization and extension [J]. Academy of management review, 2002, 27 (2): 185 - 203.

② Lane P J, Koka B R, Pathak S. The reification of absorptive capacity: A critical review and rejuvenation of the construct [J]. Academy of Management Review, 2006, 31 (4): 833 - 863.

③ Tilton J E. Semiconductors and the worldwide spread of technology; Highlights of international diffusion of technology, the case of semiconductors [M]. Brookings Institution (Washington), 1971.

④ Cohen, W. M., Levinthal, D. A. Innovation and learning: The two faces of R&D [J]. Economic Journal, 1989, 99: 569 - 596.

⑤ Dane E. Reconsidering the trade - off between expertise and flexibility: A cognitive entrenchment perspective. [J]. Academy of Management Review, 2010, 35 (4): 579 - 603.

研究发展。根据 Cohen 和 Levinthal（1990）的开创性工作，其基于社会认知的角度构建了吸收能力模型，见图 2.5。将吸收能力分为三个维度，包括：识别、消化以及应用。同时提出，吸收能力是企业先前相关经验和互补知识的一个函数。企业的先验知识和经验对企业的吸收能力会产生影响，收益独占性在其中起调节作用，而吸收能力又会影响到创新绩效（Flatten 等，2011）①。它们强调这种能力依赖于路径，对创新绩效至关重要，并暗示必须“认识”新外部信息的价值，指出没有先验知识这是很困难的。在“Assimilation——消化”一词中，Cohen 和 Levinthal 认为，个人成员对企业吸收能力的影响是很重要的，对在整个组织化过程中嵌入新的外部信息至关重要，他们引入了作为学习和知识获取基础的认知和行为学研究。

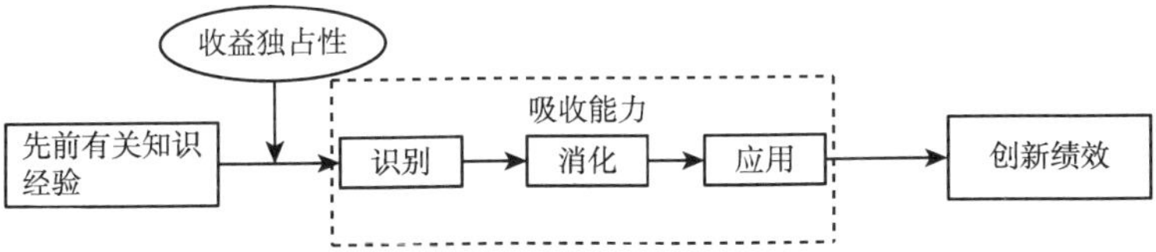

图 2.5 Cohen 和 Levinthal 的吸收能力模型

资料来源：Cohen 和 Levinthal（1990）。

研究表明，吸收能力依赖于个人的集体先验知识，企业的吸收能力可以通过对个人吸收能力的投资、研究与开发来增强，从而扩大外部信息来源与企业内部社会网络之间的潜在接口。因此，吸收能力的“消化”部分包含了企业转换和重新部署资源的能力，以便为开发新的外部信息做准备。Cohen 和 Levinthal 也认识到，虽然个人的知识很重要，但吸收能力的“消化”也依

① Flatten，T. C.，Greve，G. I. Brettel，M. Absorptive capacity and firm performance in SMEs：the mediating influence of strategic alliances［J］. European Management Review，2011，8（3）：137－152.

赖于企业内部新的外部信息的有效扩散和社会化，因此强调通过投资和鼓励企业下属单位之间的交流，将知识保留到企业记忆中是最有利的。

Cohen 和 Levinthal 将“应用新的外部信息”描述为，为商业利益利用已获得的知识、技术机会、可获得的外部知识的数量和“可利用性制度”（在组织和有价值的外部知识之间设置障碍的保护机制），他们进一步认为，这种对新外部信息的利用是企业创新能力的关键组成部分。

尽管 Cohen 和 Levinthal（1989）最初提出吸收能力作为吸收不同知识类型的一种机制，但后来他们只侧重于技术知识（即解决方案知识）方面的研究。他们提出内部研发努力的先验知识是企业吸收能力的主要来源，随后的研究将吸收能力概念化为吸收技术知识的能力，并以研发支出、专利数量或科学家数量来衡量吸收能力（Volberda 等，2010）[①]。最近，学者们已经意识到被吸收的知识的性质会影响所需的吸收能力类型，并呼吁对知识类型进行更仔细的区分（Lane 等，2006；Volberda 等，2010）。

Volberda 等（2010）认为，对吸收能力的研究必须要更加具体的针对吸收的知识类型，并指出超出技术领域的吸收能力的应用“完全符合 Cohen 和 Levinthal（1990）的定义”。将吸收能力缩小到解决方案的知识，从而对研发环境是有问题的，因为它破坏了探索吸收能力如何在其他知识类型和在其他情况下的运作（Lane 等，2001）[②]。不同领域的知识在默契性、复杂性、具象性

---

① Volberda H W，Foss N J，Lyles M A. PERSPECTIVE – Absorbing the concept of absorptive capacity：How to realize its potential in the organization field［J］. Organization Science，2010，21（4）：931 –951.

② Lane P J，Salk J E，Lyles M A. Absorptive capacity，learning，and performance in international joint ventures［J］. Strategic Management Journal，2001，22（12）：1139 – 1161.

等特征上存在差异，说明不同领域的吸收能力可能有不同的前因和传递机制。明确要吸收的知识类型，加深了其对这个结构的理解（Lane 等，2006；Volberda 等，2010）。

然而，Zahra 和 George（2002）基于动态能力理论认为，企业实现从外部知识源到绩效改进的核心能力是四个不同但互补的学习能力，又可以分为两个重要的部分：潜在吸收能力，即“获取”（识别和获取关键知识的能力）和“消化”（分析、处理、解释和理解外部知识的能力），以及现实吸收能力，即“转化”维度（将新的和现有的知识结合起来以获得新的洞察力和观点的能力）和商业“开发”维度（将新获得的和转化的知识纳入企业业务的能力）。有了这两个部分，Zahra 和 George 就把重点放在吸收能力的“效率观”上，也就是说，它在缩小一个企业的潜在吸收能力和现实吸收能力之间差距方面的效率。简单地说，一个企业最多只能转换和利用它所获得和吸收的各种知识，因此一家创新公司应该致力于最大限度地提高现实吸收能力与潜在吸收能力的比率。

Zahra 和 George（2002）认为吸收能力是由通过帮助企业对知识进行获取、消化、转化和利用的一系列惯例及规范构成。事实上，它是根据外部知识环境的变化，先对潜在有用的知识进行消化，将外部知识与企业原有的内部知识相结合，整合以及创造出新的知识，并将其应用到商业中的过程。这种过程可以维持企业的可持续竞争优势。其模型见图 2.6。该模型与其他模型最大的不同在于，Zahra 和 George（2002）将吸收能力看成是四个不同又互补的学习过程，突出了吸收能力的动态性，而其他都是将吸收能力作为静态变量进行研究。

不同学者有不同的见解，Tdorova 和 Durisin（2007）[①] 指出，

---

① Todorova G, Durisin B. Absorptive capacity: Valuing a reconceptualization [J]. Academy of management review, 2007, 32 (3): 774 - 786.

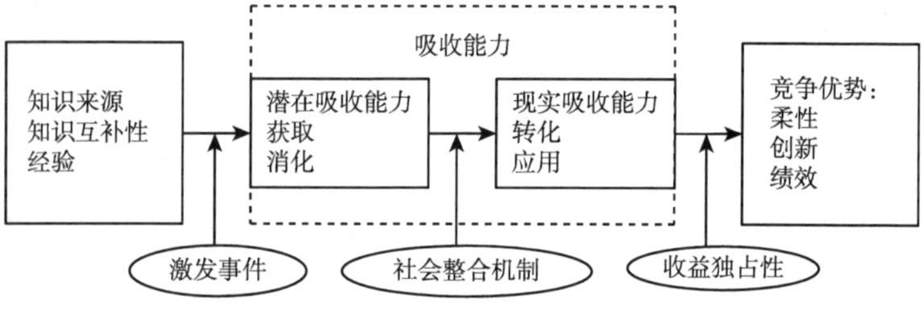

图 2.6 Zahra 和 George 的吸收能力模型

资料来源：Zahra 和 George（2002）。

Zahra 和 George（2002）重新定义吸收能力并将其分解为现实吸收能力和潜在吸收能力两个部分，存在严重的歧义和遗漏。Tdorova 和 Durisin 将吸收能力看作是一个企业对知识进行利用的动态过程，包括四个阶段：价值评估、知识获取、内部化和知识利用。他们探究了消化和转换维度是否被分组到同一个过程中，他们认为“转换”可以替代“消化”，因为当外部知识与企业认知相一致时，企业对外部知识进行消化后可以直接进入“利用”，而不需要转化；但是当外部知识与企业的认知不相匹配时，企业就需要对其进行转化，否则无法对知识进行消化。Volberda 等（2010）又基于 Zahra 和 George（2002）模型提出了一个吸收能力的整体框架，但他们最重要的贡献是强调了影响组织绩效的多层前因和偶然性因素。Volberda 等（2010）建议有必要将“组织内部的前置因素”和“管理的前置因素”视为吸收能力的重要驱动因素。

Lane 等（2006）也承认 Zahra 和 George（2002）提出的“效率观”，但是，他们采用了一个定义，将 Zahra 和 George（2002）提出的吸收能力模型的“转换”部分倒退到 Cohen 和 Levinthal（1990）最初提出的观点。所以 Lane 等（2006）以 Cohen 和 Levinthal 的吸收能力理论框架为研究起点，将吸收能力定义为企业认识和理解新外部知识、吸收有价值的外部知识、应用被吸收的外部知识的能力。Lane 等（2006）将“转化”纳入并假定在其模型的“消化”和“开发”组成部分中，并证明这种观点是正确的。同时提出了一些吸收能力的高级先导因素，如内部知识资源、学习关系、组织能力和企业战略等。

Lane 等（2006）基于组织学习的视角来分析吸收能力的吸收过程，将整个过程分成三个学习过程：第一个是探索性学习过程，即新的外部知识的识别和获取，可以对更新企业现有知识；第二个是转换型学习过程，又分为个人层面和组织层面，即企业和个人将获得的新知识与已有的知识结合起来，将其转化为新的内部知识；第三个是应用性学习过程，即新知识被用以商业目的来创造新产品和新技术。基于组织学习的吸收能力模型如图 2.7 所示。

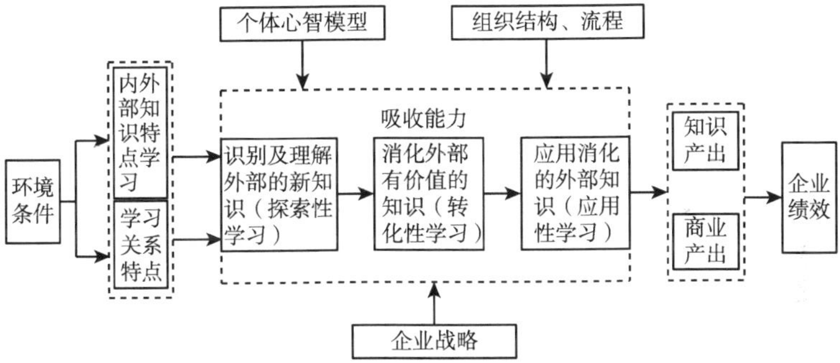

图 2.7 Lane 和 Pathak 的吸收能力模型

资料来源：Lane 和 Pathak（2006）。

其实 Cohen 和 Levinthal（1990）已经明确指出，一个企业的吸收能力既有个人层面，也有组织层面，对它们在知识识别、同化和商业应用过程中的动态相互作用只给予有限的关注。目前的吸收能力框架往往是基于“宏观”（自上而下）或“微观”（自下而上）的理论，而且只有少数模型将多个层次结合起来。而

Van den Bosch 等（1999）[①] 基于行为演化理论，认为吸收能力应该是不断重复和螺旋上升的动态过程，而不是单一的循环学习过程。这样，吸收能力就被置于一个更广阔的环境中。他们认为知识学习是在微观层面上形成的，而知识环境则是在宏观层面上形成的。吸收能力的形成是一个不断循环演化的过程，在原有吸收能力基础上不断积累新知识到一定程度，新的吸收能力就形成了。该观点的吸收能力模型如图 2.8 所示，在这个模型中，吸收能力被认为是一个单一的维度。

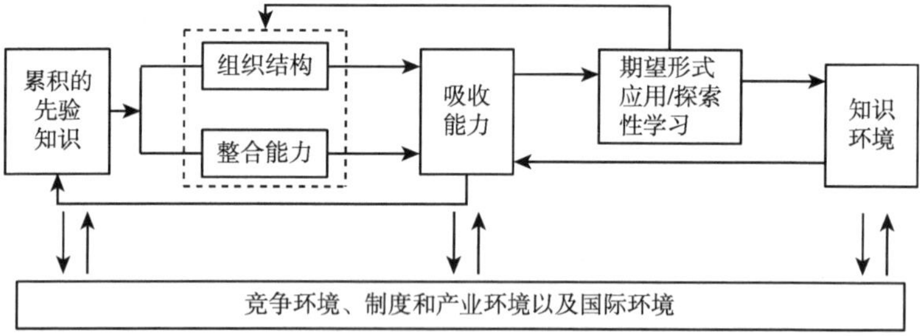

图 2.8 Van den Bosch 的吸收能力模型

资料来源：Van den Bosch 等（1999）。

本书通过对吸收能力的相关文献进行整理发现，目前不同学者对于“吸收能力”这一概念的定义、前因变量、结果变量以及权变量的不一致，主要是因为他们对于吸收能力研究所运用的理论基础以及研究侧重点不同（Gao 等，2017[②]；艾志红，2017[③]）。

---

① Van Den Bosch F A J, Volberda H W, De Boer M. Coevolution of firm absorptive capacity and knowledge environment: Organizational forms and combinative capabilities [J]. Organization Science, 1999, 10 (5): 551 –568.

② Gao S, Yeoh W, Wong S F, Scheepers R. A literature analysis of the use of absorptive capacity construct in IS research [J]. International Journal of Information Management the Journal for Information Professionals, 2017, 37 (2): 36 –42.

③ 艾志红：“吸收能力的理论演化与研究述评”，《技术经济与管理研究》，2017 年第 1 期。

表 2-4 是对关于吸收能力的四大经典模型进行对比。当然，除了文献所整理的，国内外其他学者根据研究需要也对吸收能力有自己的观点，但是在众多定义中，Cohen 和 Levinthal（1990）所提出的关于吸收能力的定义抓住了其本质，得到大多数学者的认可。其次是 Zahra 和 George（2002）从动态角度提出的定义，为从战略视角进行吸收能力的研究提供了依据。

表 2-4　　关于吸收能力的经典分析模型对比

学者	Cohe 和 Levinthal（1900）	Zahra 和 George（2002）	Lane 等（2006）	Van den Bosch 等（1999）
理论基础	社会认知理论	动态能力理论	组织学习理论	行为演化理论
维度划分	识别 消化 应用	获取　消化 转化　应用	探索性学习 转化性学习 应用性学习	无
前因变量	知识来源/互补性/组织间前因变量、先前有关知识和经验	知识来源/互补性/组织间前因变量、先前有关知识和经验	内外部知识特点、学习特点	组织结构、整合
结果变量	创新、创新绩效	创新、灵活性、绩效、竞争优势	知识产出、商业产出、绩效	期望形式
权变量	收益独占性	社会整合机制、激发事件、收益独占性	个体的心智模型、组织结构、流程和战略	环境、制度
研究侧重点	知识应用	知识转化	学习平衡	反馈机制

2.5.2 吸收能力与创新的相关研究

尽管实证研究已经表明吸收能力与创新和企业绩效正相关，但吸收能力文献中却忽略了组织结构、过程和能力等前因（Kostopoulos 等，2011[①]；Tsai，2001[②]）。自从 Cohen 和 Levinthal（1989；1990）正式提出“吸收能力”一词以来已经过去了将近30年的时间。大量的概念和实证研究都有助于理解企业如何获取和利用新的外部知识来获取和维持竞争优势（Van Den Bosch 等，1999；Zahra 和 George，2002；Lane 等，2006）。学术界对吸收能力高度兴趣背后的原因在于，这种结构将组织知识、学习和绩效联系起来的潜力很大（Ahuja 和 Katila，2001[③]；Lane 等，2006）。研究人员已经证明，吸收能力的发展有助于创新（Tsai，2001）、企业绩效（Kostopoulos 等，2011）、企业内知识转移（Lane 等，2001）以及组织间学习（Volberda 等，2010）。吸收能力与创新密切相关，一些学者甚至认为，如果没有吸收能力的干预，企业就无法从创新中获益（Kostopoulos 等，2011）。尽管现有文献已经证实吸收能力与创新和企业绩效正相关，但这种影响又分为直接效应和间接效应（Pihlajamaa 等，2017）[④]。

首先，吸收能力对企业创新的直接影响以 Cohen 和 Levinthal（1990）的研究为代表，建立了企业研发投资模型，认为企业研发投入有助于提升企业的吸收能力，并验证了企业对研发投资的预测与一个行业内潜在的技术变化知识之间的关系。其研究证实

---

① Kostopoulos K, Papalexandris A, Papachroni M. Absorptive capacity, innovation, and financial performance [J]. Journal of Business Research, 2011, 64 (12): 1335 - 1343.

② Tsai WP. Knowledge transfer in intra - organizational networks: Effects of network position and absorptive capacity on business unit innovation and performance [J]. Academy of Management Journal, 2001, 44 (5): 996 - 1004.

③ Ahuja G, Katila R. Technological acquisitions and the innovation performance of acquiring firms: A longitudinal study [J]. Strategic Management Journal, 2001, 22 (3): 197 - 220.

④ Pihlajamaa M, Kaipia R, Säilä J, Tanskanen K. Can supplier innovations substitute for internal R&D? A multiple case study from an absorptive capacity perspective [J]. Journal of Purchasing & Supply Management, 2017, 23 (4): 242 - 255.

了吸收能力对其他相关创新活动，包括基础研究、创新采用和扩散以及参与合作研发项目的决定有积极正向影响。Tsai（2001）以某石化公司24个业务单位和某食品制造企业36个业务单位的数据为研究样本，基于组织学习的网络视角，研究表明吸收能力与网络位置之间的相互作用对企业的创新绩效有显著的正向影响。Stock和Greis（2001）[①] 用计算机行业的企业数据为样本，在24年里跟踪考察了吸收能力与新产品开发绩效之间的关系，研究发现吸收能力与新产品开发绩效之间存在非线性关系，“倒置的U形”关系表示吸收能力的回报在减少。Daghfous（2004）[②] 的研究发现企业的吸收能力决定着企业创新和适应能力的水平，因此企业要提高吸收能力，必须致力于实现跨职能范围的交流和知识共享，支持开放性文化。Todorova和Durisin等（2007）以246家西班牙科技公司的数据为样本，证实了技术吸收能力和技术主动性对组织学习和组织创新有积极正向影响。Fosfuir和Tribo（2008）[③] 通过对2464家西班牙创新型企业的调查，发现研发合作、外部知识获取和知识搜索经验是企业吸收能力的关键影响因素。当企业处于重要的内部重建时期，特别是当企业的战略、组织结构和营销发生重大变化时，更要努力地积累吸收能力，同时证实了吸收能力是企业创新竞争优势的来源。Lichtenthaler（2009）[④] 使用175家制造企业的数据，将吸收能力分为探索性、变革性和利用性学习三个维度，证实了吸收能力的多维

---

① Stock GN, Greis NP. Absorptive capacity and new product development [J]. Journal of High Technology Management Research, 2001, 12 (1): 77 -91.

② Daghfous A. Absorptive capacity and the implementation of knowledge - intensive best practices [J]. SAMAdvanced Management Journal, 2004, 69 (2): 21 -27.

③ Fosfuri A, Tribo J. Exploring the antecedents of potential absorptive capacity and its impact on innovation performance Omega [J]. Omega, 2008, 36 (2): 173 -187.

④ Lichtenthaler U. Absorptive capacity, environmental turbulence, and the complementarity of organizational learning processes [J]. Academy of Management Journal, 2009, 52 (4): 822 -846.

度对创新和绩效有互补的影响，该研究有助于解释从外部知识中获利的企业间的差异。Nonaka 和 Takeuchi（2009）[①] 使用跨国企业的数据进行研究，结果表明，存在两种吸收能力：需求拉动能力和科学推动能力。而最重要的决定因素是内部研发、人才培养、创新合作和对变革的态度。这两种吸收能力都与产品和过程创新产出呈正相关。戴勇和朱桂龙（2011）[②] 将吸收能力分为知识获取、消化以及整合能力三个维度，而将创新绩效分为产品和过程创新绩效。其研究结果表明，只有其中的知识获取能力维度对产品创新绩效有显著正向影响，其他都不显著，但当加入调节变量后，知识整合能力维度对创新绩效有显著正向影响。另外，钱锡红等（2010）[③]、Kostopoulos 等（2011）、解学梅和左蕾蕾（2013）[④]、赵红岩等（2015）[⑤] 都证实了企业吸收能力对企业创新有积极正向影响。

其次，也有学者认为，吸收能力对企业创新的间接效应要大于其直接效应，越来越多的学者开始研究吸收能力对创新的中介和调节作用。韦影（2007）[⑥] 研究发现社会资本的三个维度：结构、关系和认知维度分别是通过吸收能力进而影响企业的技术创新。Nieto 和 Quevedo（2008）使用406 个进行创新的西班牙制造

---

① Nika M，Lgor P. Absorptive capacity，its determinants，and influence on innovation output：Cross - cultural validation of the structuralmodel [J]. Technovation，2009，29 (12)：859 - 872.

② 戴勇、朱桂龙："以吸收能力为调节变量的社会资本与创新绩效研究——基于广东企业的实证分析"，《软科学》，2011 年第 1 期。

③ 钱锡红、杨永福、徐万里："企业网络位置，吸收能力与创新绩效——一个交互效应模型"，《管理世界》，2010 年第 5 期。

④ 解学梅、左蕾蕾："企业协同创新网络特征与创新绩效：基于知识吸收能力的中介效应研究"，《南开管理评论》，2013 年第 3 期。

⑤ 赵红岩、蒋双喜、杨畅："吸收能力阶段演化与企业创新绩效：基于上海市高新技术产业的经验分析"，《外国经济与管理》，2015 年第 2 期。

⑥ 韦影："企业社会资本与技术创新：基于吸收能力的实证研究"，《中国工业经济》，2007 年第 9 期。

企业进行研究分析，其结果表明吸收能力比两个产业结构变量（技术机会和知识溢出）在更大程度上决定了创新努力。研究还证明了吸收能力对技术机会和创新努力之间的关系起调节作用。简兆权等（2008）① 研究证明知识整合作为中介变量影响了吸收能力与企业创新的关系。窦红宾和王正斌（2010）② 研究证明吸收能力对企业网络结构和企业创新绩效之间有中介效应。王国顺和杨昆（2011）③ 研究证明吸收能力在企业社会资本与企业创新绩效之间有中介作用。陶峰（2011）④ 的研究发现了吸收能力在知识溢出与企业创新绩效之间的调节作用。王永健等（2016）⑤ 发现吸收能力在强关系和突破式创新之间起完全中介作用。刘学元等（2016）⑥ 的研究结果表明企业吸收能力在网络关系强度和企业创新绩效之间起不完全中介作用。Soo 等（2017）⑦ 发现吸收能力在智力资本（即人力资本、社会资本和结构资本）三个维度与企业创新绩效关系之间的中介作用。

不管是直接或间接影响，以上研究都认为吸收能力对创新绩效存在着一定的促进作用。

---

① 简兆权、吴隆增、黄静："吸收能力，知识整合对组织创新和组织绩效的影响研究"，《科研管理》，2008 年第 1 期。

② 窦红宾、王正斌："网络结构、吸收能力与企业创新绩效——基于西安通讯装备制造产业集群的实证研究"，《中国科技论坛》，2010 年第 5 期。

③ 王国顺、杨昆："社会资本、吸收能力对创新绩效影响的实证研究"，《管理科学》，2011 年第 5 期。

④ 陶锋："吸收能力、价值链类型与创新绩效：基于国际代工联盟知识溢出的视角"，《中国工业经济》，2011 年第 1 期。

⑤ 王永健、谢卫红、王田绘、成明慧："强弱关系与突破式创新关系研究——吸收能力的中介作用和环境动态性的调节效应"，《管理评论》，2016 年第 10 期。

⑥ 刘学元、丁雯婧、赵先德："企业创新网络中关系强度、吸收能力与创新绩效的关系研究"，《南开管理评论》，2016 年第 1 期。

⑦ Soo C, Tian A W, Teo S T T. Intellectual capital - enhancing HR, absorptive capacity, and innovation [J]. Human Resource Management, 2017, 56 (3): 431 - 454.

通过文献综述发现，虽然对于吸收能力的研究很多，但是对于环境管理背景下吸收能力的研究几乎没有。Chen 等（2014）[①]提出了一种新的定义——“绿色吸收能力”，并讨论了其对绿色组织不确定性和绿色创新绩效的影响，其将“绿色吸收能力”定义为“获取、吸收、转化和利用环境知识的能力”。Chen 等（2015）[②] 再次探讨了绿色吸收能力、绿色动态能力、绿色服务创新对企业绩效的影响。随着国内对环境管理的研究越来越深入，潘楚林和田虹（2016b）[③] 第一次在绿色背景下研究吸收能力与知识共享对绿色智力资本和绿色创新之间关系的调节作用，证实了吸收能力在两者之间有正向调节作用。同时也发现吸收能力在前瞻型环境战略与绿色创新绩效间起部分中介作用。王洪波等（2017）[④] 发现吸收能力在知识来源对企业绿色创新的影响过程中起正向调节作用。本书根据研究需要，在 Chen 等（2014；2015）基础上也使用“绿色吸收能力”这一概念。

2.6 本章小结

本章对“绿色智力资本”“绿色供应链整合”“绿色创新”

---

① Chen Y S, Chang C H, Lin Y H. The determinants of green radical and incremental innovation performance: green shared vision, green absorptive capacity, and green organizational ambidexterity [J]. Sustainability, 2014, 6 (11): 7787 - 7806.

② Chen Y S, Lin Y H, Lin C Y, Chang CW. Enhancing green absorptive capacity, green dynamic capacities and green service innovation to improve firm performance: An analysis of structural equation modeling (SEM) [J]. Sustainability, 2015, 7 (11): 15674 - 15692.

③ 潘楚林、田虹：“前瞻型环境战略对企业绿色创新绩效的影响研究——绿色智力资本与吸收能力的链式中介作用”，《财经论丛（浙江财经大学学报）》，2016 年第 7 期。

④ 王洪波、汤苏晨、胡征月、何宏：“知识来源、吸收能力与企业的绿色创新研究”，《未来与发展》，2017 年第 10 期。

“关系学习能力”以及“吸收能力”的相关研究进行了梳理、归纳和分析。首先，本章梳理了绿色供应链整合的国内外文献，对绿色供应链管理的起源、概念以及绿色供应链整合的定义、分类以及与创新的相关研究进行了归纳总结。其次，梳理了绿色智力资本的国内外文献，对绿色智力资本的定义、内涵、分类，以及国内外相关的研究进行了归纳总结。再次，本章梳理了绿色创新的国内外文献，对绿色创新的定义和内涵、分类以及相关的研究进行了归纳总结。最后，对关系学习能力和吸收能力的定义、维度划分和相关研究也进行了整理。

通过对以往国内外文献的归类、整理、分析发现：

第一，目前学术界对绿色创新的研究已经较多，不同的学术流派分别站在经济学、产业组织学以及战略管理学等不同视角对其进行了多项研究，但对绿色创新的实证研究仍然缺乏一致且精确的量化和比较。本书通过整理发现，绿色创新的驱动因素主要有六大类：市场因素、利益相关者压力、技术因素、协作和网络因素、组织层面的因素以及社会、文化和道德因素。然而研究中常常忽视了与环境管理有关的绿色资源与能力的探索，忽略了企业绿色创新的重要来源——绿色智力资本，没有对二者之间的关系进行深入探索。

第二，“绿色智力资本”是近年来绿色经济时代下，学术界所产生的一个关于企业无形资产的新兴概念。虽然现有文献对智力资本的研究较为丰富，但却对在绿色背景下的智力资本关注不够。目前关于“绿色智力资本”尚处于研究初期，研究方式大多为理论研究，以现象观察为主，而实证检验较少，研究的深度与广度都有很大的提升空间。Chen（2008a）提出，以往关于“绿色智力资本”的研究常常将其作为一个整体变量来测量，较少有研究将其分维度分别进行探索。

第三，企业单独实现绿色创新，往往需要花费巨大的资源与精力，而最终也不一定能够成功。而环境污染不仅仅是单个企业的事情，常常涉及整个供应链。此外，因为市场、技术、环境的不确定性，企业进行绿色创新面临着各种挑战，而供应链整合是企业可以尝试的途径之一。另外，知识管理也是供应链中最重要的工具之一，目前除了有形资产外，智力资本也是供应链上重要的资源。因此，企业进行环境管理和绿色创新，有必要从整个供应链视角来进行研究。学者们研究绿色供应链管理和供应链整合较多，但是对于绿色供应链整合的研究几乎没有，仅有一篇关于中国台湾制造业的研究。

第四，企业内外部能力会共同影响企业创新，但是通过文献整理发现，以往研究仅关注于其中一类因素对创新的作用，目前还没有将企业置于绿色供应链背景下，从供应链内外部整合的视角来研究绿色智力资本与绿色创新之间的关系。特别是将企业内外部不同的能力作为调节变量来匹配供应链内外部整合的研究更是没有。另外，虽然“关系学习能力”是由西方学者首先提出的，但是“关系”却是中国企业最重要的特征之一，但目前在中国情境下对于“关系学习能力”的研究还很少。

3 理论框架与研究假设

3.1 理论基础与研究框架

3.1.1 理论基础

(1) 自然资源基础观。

RBV 是在绿色创新管理研究中最常用的理论。它认为，拥有更好、独特和不可模仿的资源和能力的企业有可能表现得更好，并会保持持续的竞争优势（Amores 等，2014[①]；Chan 等，2016），同时资源的差异也会影响绩效的差异（Li，2014）。资源被定义为企业拥有提供产品或服务的现成、可用的资产，而能力则表示部署资源的能力。

研究人员认为，资源约束是成功实施绿色创新并从中获得预期成果的一个主要障碍。RBV 在研究中说明在进行绿色创新方面企业绩效的变化。基于资源基础理论（RBV），Li（2014）认为，资源上的差异会导致绩效上的差异，以及足够的资源配置是绿色创新实践成功的关键。因此，更多的资源承诺对绿色创新与

---

① Amores - Salvadó J, Castro M D, Navas - López J E. Green corporate image: moderating the connection between environmental product innovation and firm performance [J]. Journal of Cleaner Production, 2014, 83 (2): 356 - 365.

环境和企业绩效之间的关系起积极调节作用。Berrone 等（2013）基于资源基础观，认为拥有独特资源的企业能够更好地对利益相关者的环境问题作出反应，这也使企业能够根据外部环境采取有风险的主动行动。因此，独特资源的获得对制度力量与绿色创新的关系起积极调节作用。Dong 等（2014）认为，以中小企业独特战略能力为基础的绿色实践可以带来卓越的企业绩效。Halme 和 Korpela（2014）[①] 认为，企业需要有形和无形的资源来进行绿色创新。他们认为，建立网络等资源资产对于发展中小企业的绿色创新至关重要。因此，资源被认为是实现绿色创新的必要条件。

然而，RBV 一直因为忽略了自然环境所带来的变化和限制而被批评。根据 Hart（1995），“鉴于越来越多的生态问题……这一遗漏使现有理论不足以作为研究竞争优势新兴来源的基础”。所以 Hart（1995）和 Atuahene - Gima 等（2005）[②] 相继提出了一种以自然资源为基础的观点（NRBV），这是一种获得持续竞争优势的理论，并且以企业与自然环境的关联为基础。NRBV 突出了生态政策、绿色组织能力和企业层面的竞争力之间的关系。

Hart（1995）提出的自然资源基础观（NRBV）强调企业必须重视污染防治策略、实施具有社会复杂性的产品管理程序以及保证可持续发展战略能力，合理配置和利用自然资源，提升环境或绿色管理绩效，从而实现可持续发展目标。其中，污染防治策略重在最大限度地杜绝资源浪费，降低交易成本；

---

① Halme M, Korpela M. Responsible innovation toward sustainable development in small and medium - sized enterprises: a resource perspective [J]. Business Strategy & the Environment, 2014, 23 (8): 547 - 566.

② Atuahene - Gima K, Slater S F, Olson E M. The contingent value of responsive and proactive market orientations for new product program performance [J]. Journal of Product Innovation Management, 2005, 22 (6): 464 - 482.

产品监控旨在减少产品在整个生命周期中的总成本；可持续发展的战略目标是减少环境问题给企业发展带来的负担，帮助企业构建未来的竞争地位（Gimenez 等，2012[①]；唐贵瑶等，2015）。

Hart（1995）提出的 NRBV 强调了自然环境资源的重要性，构建了企业资源能力与环境管理的可持续发展模型。NRBV 不仅是一项开创性的工作，考虑到了自然环境对企业的限制，同时也为企业的资源和能力与环境管理之间的现有联系铺平了道路。基于资源观的主要原则，自然资源基础观试图提供一个新的、互补的视角，强调企业与自然环境之间的互动作用。认为自然环境可能对企业创造可持续优势的努力造成严重制约（Hart 和 Dowell，2011）。

Hart 还断言“未来几年的战略和竞争优势将植根于促进环境可持续的经济活动能力”。在 NRBV 的观点中，像员工参与、默契技能、共同愿景和企业能力这些无形资产首次与企业的环境管理相关联。此外，虽然没有明确提到环境创新（Hart 使用了“持续改进”一词），但显然，正如 Chang（2011）指出的那样，这一方法是研究环境创新的良好起点。

（2）知识管理理论。

随着 KBV 的发展，知识被认为是最重要的资源之一，因此可以看出，如果在 RBV 中对资源给予更多的关注，那么随着全球经济趋势的变化，研究者们逐渐重视无形资源，并定义了一种新型的资源——知识。组织的资源基础越来越多地由基于知识的无形资产组成。

知识资源对于维持可持续竞争优势非常重要，因为这些资源

① Gimenez C，Sierra V，Rodon J. Sustainable operations：Their impact on the triple bottom line［J］. International Journal of Production Economics，2012，140（1）：149－159.

稀少、具有战略价值以及难以模仿，它们是可持续化的基础（Wiklund 和 Shepherd，2010）。在组织内部形成的特定而复杂的知识创造了可持续竞争。企业吸收内部和外部知识，将其与预先获得的知识结合起来，并创造出新的知识。知识可以同时在几个程序中使用而仍然不贬值。知识、学习能力、文化、团队合作等无形资源对企业可持续竞争优势的贡献最大，这些资源具有相互识别和吸收的潜力。

Chen（2008a）认为，在被视为环境创新的先导因素或潜在能力中，必须强调与知识、无形资产或智力资本有关的因素或能力。知识管理理论的学者认为，在企业知识基础观（KBV）的背景下，应将企业视为知识池，认为知识需要管理才能获得最大的回报。而智力资本（IC）是当今商业中一项重要的无形资产，尤其是在当今高度依赖技术的知识密集型经济中，智力资本被公认为是一种宝贵的无形资产，它是用于激励创新、提升创造力、维持竞争优势、创造价值和提升企业绩效的所有知识、能力等无形资产的总和。企业要想维持高于平均水平的盈利能力，就必须建立可持续的竞争优势，而关键是要创造和维护企业的关键战略资源——智力资本。

值得关注的是“知识经济”的出现，作为企业竞争优势源泉的因素，与资源基础观相关以及关于智力资本基础观（ICBV）（Manzari 等，2012）相关理论的发展，旨在克服资源基础观在衡量和评估无形资产方面的问题。

（3）供应链整合理论。

供应链管理是企业在竞争更加激烈的商业环境下，直接影响企业成功的关键战略环境。随着供应链管理的发展，供应链管理的内容发生了变化。传统供应链主要强调成本和要素的管理，如物料和零部件流动，以及信息流和资金流。而目前供应链除了有形资源外，更多的是以知识等无形资产为重点，无形资产能够产生竞争优势。企业在网络中的供应链调整需要促进上游和下游的活动和能力，例如从原材料到最终用途。供应链管理的好处是企业能够利用供应商、销售员、买方和客户的网络（Tariq 等，2017）①。

而近年来，供应链整合理论已经在学术界成为供应链管理领域重要的研究热点。供应链整合（SCI）指的是“一个组织在战略上与供应链合作伙伴合作以及管理内部和组织间进程，以实现产品、服务、信息、资金和决策高效率流动的程度，最终为客户提供最大价值”。该定义包涵几个重要的元素。首先，强调战略合作的重要性，这是一个不断进行的实现互利互惠战略目标的合作关系。它产生相互信任，增加合同期限以及鼓励有效的解决冲突和信息共享，获得回报及分担风险。业务协调只能获得经营效益，而战略协调可以同时提供经营和战略利益。其次，强调企业内部和企业之间的过程，因为 SCI 全面涵盖了各种活动，包括集中在原材料、交通、行政等一系列任务（Wirtenberg 等，2007）②。最后，强调 SCI 是面对顾客的，说明其主要目的是为顾客提供最大的价值。

SCI 是一个简化了内部和外部业务流程的协调机制，代表了供应链伙伴企业内部协同管理以及企业之间的战略合作程度。供应链管理最终要实现的是：通过实践最大程度地整合供应链的现有资源，以及与供应链上的各个组织建立起长期稳定的双赢的合作关系。研究人员和企业实践者也强调 SCI 作为一种竞争优势和绩效改进的潜力和益处。SCI 的潜在好处可以通过一个企业高效的内部运作和坚实的供应链网络来实现。新经济时代的到来，促

---

① Tariq A，Badir Y F，Tariq W. Drivers and consequences of green product and process innovation：A systematic review，conceptual framework and future outlook [J]. Technology in Society，2017，51 (3)：8 -23.

② Wirtenberg J，Harmon J，Russell W G，Fairfield KD. HR's role in building a sustainable enterprise：Insights from some of the world's best [J]. Human Resource Planning，2007，30 (1)：10 -20.

使越来越多的组织认识到竞争的内涵已经发生转变，传统意义上的企业与企业间的竞争已经不再适用，而供应链与供应链之间的竞争才是当前竞争的内涵，许多企业倾向于与他们的供应链成员紧密合作，通过整合实践，例如准确识别客户需求和促进与供应商的信息交换，从而获得非凡的协同增效（Flynn 等，2016）。因此供应链整合已经与企业创新和可持续竞争优势的建立紧密联系在一起。

（4）创新理论。

熊彼特 1939 年最早提出“创新”的概念，后来其在提出创新理论的基本思想时指出，创新的原动力来自企业对超额利润的追求和企业家精神，这一思想至今仍然是创新驱动力研究的理论基础。创新理论也表明：创新活动是一个由多因素驱动的行为（Cai 和 Zhou，2014），其影响因素不仅包括外部的技术推动（即技术能力和发展）、市场拉动（如顾客需求、来自不同利益相关者的压力等）、政府法律法规等因素，还包括企业内部驱动，如组织结构、资源、企业家特质等因素。

3.1.2 研究框架

从第 2 章文献综述的整理可以看到，虽然目前学术界对绿色创新的研究已经较多，不同的学术流派分别站在经济学、产业组织学以及战略管理学等不同视角对其进行了多项研究，但对绿色创新的实证研究仍然缺乏一致且精确的量化和比较研究，特别是对中国情境下企业绿色创新的实证研究更少。另外，研究中也常常忽视了与环境管理有关的绿色资源与能力的探索，忽略了企业绿色创新的重要来源——绿色智力资本。绿色智力资本与绿色创新之间的关系近两年已经开始有学者研究，但是并没有在绿色供应链背景下进行研究。由于当今动荡的商业环境，仅仅依靠企业自身的资源和能力来提高竞争力已不再可能。特别是企业想要单独实现绿色创新，往往需要花费巨大的资源与精力，而最终也不一定能够成功。随着全球经济的快速发展、信息技术的不断革新、消费者需求多样化、市场竞争以及市场环境不确定性的加剧，企业在实施绿色创新方面面临着种种压力和挑战。而供应链整合是企业可以尝试的途径之一。因此，企业为了在激烈的全球市场中生存，必须要寻求一种新的有效的竞争方式。正如 Tukamuhabwa 等（2011）所言，如今单个企业之间的竞争已经转变为供应链之间的竞争。这种竞争的出现使得整个供应链系统中的企业更需要合作、协调和整合，以确保在供应链关系上的投资努力为整个供应链参与者提供高价值的回报。另外，环境污染也不仅仅涉及单个企业，往往都是与整个供应链有关。因此，企业进行环境管理和绿色创新，也有必要从整个供应链视角来进行研究。本书主要研究绿色智力资本对企业绿色创新的影响，引入供应链整合作为中介效应，从绿色供应链内外部整合两个方面来进行研究。另外，成功的创新也需要企业内部与外部能力的整合。综观以往关于绿色供应链与企业创新的研究，还没有将企业内部与外部能力分别作为调节变量来研究绿色供应链内外部整合对创新的影响的研究。因此，本书特别选取了企业外部能力——关系学习能力和内部能力——绿色吸收能力，来探讨绿色供应链整合对企业绿色创新的影响。

本书研究模型（见图 3.1）建立在自然资源基础观、知识管理理论、供应链整合理论以及创新理论的基础上，以绿色智力资本为自变量，绿色创新为因变量，以绿色供应链内外部整合为中介变量，以关系学习能力和吸收能力为调节变量，建立了“绿色智力资本—绿色供应链整合—绿色创新”的中介模型，并以企业内外部能力作为模型的调节变量。

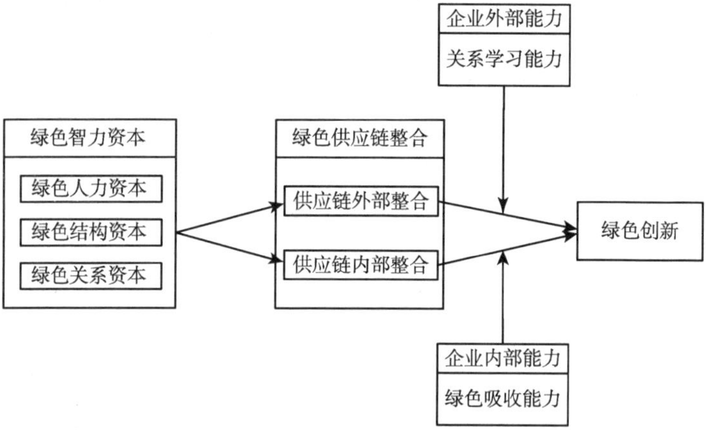

图 3.1　研究的理论框架

3.2　绿色智力资本与企业绿色创新

随着知识经济时代的到来，在决定企业的竞争优势方面，企业的无形资产占有越来越重要的地位。智力资本是许多企业的市场价值和账面价值之间价值差异的贡献者，一个企业的市场价值可能比其账面价值要高出三到四倍，甚至有学者提出智力资本是“一个企业的无形资产，虽然没有记录在财务报表上，但可能构成企业市场价值的80%”（Kianto，2013）[①] 的观点。此外，随着互联网和服务业的普及，企业的市值与账面价值的差距不断扩大，企业的实际价值已经不能完全反应在财务报表上，传统的会计制度已经不能正确地表达企业的市场价值，企业实际价值的评

① Kianto A，Andreeva T，Pavlov Y. The impact of intellectual capital management on company competitiveness and financial performance [J]. Knowledge Management Research & Practice，2013，11 (2)：112－122.

价从以往的有形资产评估转向无形资产的评价。因此，近年来关于智力资本的研究越来越多地关注于企业的实际价值评估问题。

在企业知识基础观（KBV）的背景下，智力资本（IC）被认为是一种可以用于激励创新、提升创造力、维持竞争优势、创造价值和提升企业绩效的所有知识、能力等无形资产的总和。在新经济时代，知识型企业理论——智力资本理论随着知识管理的兴起而逐步发展。

另外，持续创新已成为当今环境形势的特点，是激烈的市场竞争和全球化的日益深入对企业能力的一个关键要求。Huang 等（2010）① 提出，创新已经“涉及自由市场经济中的生存问题”，因此，创造新的东西（即创新）不再是一种可选择的选项，而是所有企业都必须面对的一种需要，寻找方法保持必要的更新水平和发展能力，使之更具创造性，已成为企业的当务之急。

智力资本理论为现代企业知识的共享、应用以及创新提供了一个理论框架，其在微观层面上对 IC 进一步进行了丰富和延展，强调 IC 三个维度在企业里的具体使用和发展。知识已经成为企业创新的基础，知识的共享和应用能够带来新价值的创造，知识的异质性以及多样性有助于企业创新成功。对创新的研究也越来越多地聚焦于如何对智力资本进行管理以及管理效能如何提升，学者们已经将智力资本理论应用于企业创新研究中（Dossa 和 Kaeufer，2014）②。

创新是企业成功和保持竞争优势的重要决定因素。在这种情况下，知识是比其他传统资源，如固定资产或硬资产，更为关键的资源。这就是为什么对创新的研究正转向关注知识或智力资

---

① Huang Y, Lamond D, Wu Y J. The effects of organizational factors on green new product success [J]. Management Decision, 2010, 48 (10): 1539 - 1567.

② Dossa Z, Kaeufer K. Understanding sustainability innovations through positive ethical networks [J]. Journal of Business Ethics, 2014, 119 (4): 543 - 559.

本，将其作为创新的关键先导。Dzinkowski（2000）认为，对智力资本有效的管理是创新很重要的组成部分。IC是与创新能力有关的企业知识来源。Subramaniam和Youndt（2005）也认为智力资本可以显著提升企业创新能力，激发企业创新。Chu等（2006）开发了基于能力的创新行为模型，认为企业创新在很大程度上依赖于知识与能力的发展。Longo等（2009）认为创新是智力资本的结果，也证明了智力资本各个维度与创新的关系。尤其是关系资本，似乎在将企业知识转化为创新方面发挥着关键作用。Cabello－Medina等（2011）[①]指出，一家企业的创新绩效直接关系到关系资本和人力资本，特别是两者的结合，而Leitner（2011）则认为，人力资本和结构资本的大量使用会增加企业进行创新的可能性。

虽然智力资本的构建被称为是企业创新和竞争力的驱动因素，但衡量智力资本不同维度对创新影响的研究还是相对较少（Bontis等，2000）。而且虽然智力资本对创新的影响被广泛接受，但仍然需要对这种影响进行深入的探讨。例如，创新管理研究集中在不同程度（增量和激进）、类型（产品与过程）和来源（产生与采用）。而本书主要研究智力资本与创新类型（产品与过程）的关系。

虽然以前智力资本构建引起了许多学者的关注和探索，但对在绿色背景下的智力资本还关注不够。以往的研究证明了智力资本对企业创新有积极的影响，然而，关于环境管理的智力资本是否对企业绿色创新有积极影响还需要进一步研究。

面对严格的环保公约和消费者普遍的环保意识，企业不应惊慌或反应过度，因为这些环境趋势可以转化为刺激他们对绿色智

① Carmen CabelloMedina, Álvaro López Cabrales, Ramón ValleCabrera. Leveraging the innovative performance of human capital through HRM and social capital in Spanish firms [J]. International Journal of Human Resource Management, 2011, 22 (4): 807－828.

力资本进行发展和管理的动力。企业常常认为这些环境趋势会阻碍其未来发展，因此面对这些环境趋势，企业往往采取回避或抗争的方式。本书希望寻找对这些环境趋势的正确评价和定位，并从绿色智力资本，这一新兴概念的视角，研究企业在绿色经济时代中，如何可以积极面对这些环境趋势，从而赢得竞争优势、创造价值、实现经济和环境绩效的一同增长。

只有在智力资本的支持下，企业的绿色创新才能得以实现，同时，智力资本的积累也是企业价值得以实现的源泉。企业知识基础观理论（KBV）认为企业价值是知识积累的最终体现，企业从绿色智力资本的积累到最终实现绿色创新是一个价值创造的过程。先前的研究已经表明创新是智力资本的结果。Edvinsson 和 Sullivan（1996）① 最先提出，对智力资本的有效管理已经成为实现企业创新的重要组成部分。Wagner 等（2010）② 也指出，智力资本作为企业的知识资源，对企业创新能力的培养有积极影响。而 Subramaniam 和 Youndt（2005）则通过实证验证了智力资本三个维度与企业创新能力之间存在正相关关系。创新的实现是雇员、合理政策、文化以及技术综合的结果。

本书通过采用 Stewart（1994）、Chu 等（2006）与 Beattie 和 Thomson（2007）的 H－S－R 模型对 IC 的维度划分标准，又在 Dzinkowski（2000）和 Chen（2008a）的基础上，最终将绿色智力资本划分为三大类：绿色人力资本（员工拥有的环境知识及其产生的能力）、绿色结构资本（企业积累和编撰的环境知识）和绿色关系资本（从关系中获得的环境知识），并且认为绿色人力资本、绿色结构资本和绿色关系资本与企业绿色创新存在积极的

① Edvinsson L, Sullivan P. Developing a model for managing intellectual capital [J]. European Management Journal, 1996, 14 (4): 356－364.

② Wagner M. Corporate Social Performance and Innovation with High Social Benefits: A Quantitative Analysis [J]. Journal of Business Ethics, 2010, 94 (4): 581－594.

正相关关系。

3.2.1 绿色人力资本与企业绿色创新

本书采用 Chen（2008a）对“绿色人力资本”的定义，认为其是“关于企业环境保护或绿色管理方面的员工所拥有的知识、经验、技巧、能力、创新、动机、智慧、创造力和承诺的总和”。它包括所有嵌入在企业里的隐性知识，可以分为两个方面：环境能力以及对相关活动的承诺。这意味着所有员工都必须具备处理环境问题所需的知识、技能、能力、经验、态度、智慧、创造力和沟通能力。绿色人力资本在实现可持续发展目标方面发挥着关键作用，其为企业环境战略的制定提供支持，为绿色创新的实施提供新的创意。

作为企业最关键的资源，人才在企业运营中发挥着至关重要的作用，它是企业正常营运的基础和前提，而绿色人力资本代表了企业绿色知识存量，它的存在与发展大力驱动了企业不断开发新思维、新产品、新服务、新流程。绿色人力资本是嵌入在员工中，而不是在企业中，它可以随着员工的离职而被带走（Cronin 等，2011）①。员工的环境能力可以通过领导、培训、人才管理和员工参与、企业学习的发展来获得。教育培训可以有效增加企业的绿色人力资本。Forsman（2013）② 提出，学习对于创新有着积极影响。因此，无论是关于环境保护的常规培训还是专业培训，企业员工通过培训和学习都可以积累绿色知识、增长绿色技能，能够培养、发展以及提升企业的创新能力。员工所拥有的环

① Cronin J J, Smith J S, Gleim M R. Green marketing strategies: An examination of stakeholders and the opportunities they present [J]. Journal of the Academy of Marketing Science, 2011, 39 (1): 158 - 174.

② Forsman D H. Environmental innovations as a source of competitive advantage or vice versa? [J]. Business Strategy & the Environment, 2013, 22 (5): 306 - 320.

境知识对企业为了应对外部环境压力而发展绿色创新和环境管理很重要。唐贵瑶等（2016）① 也提出，战略人力资源管理对新产品开发绩效具有正向影响。绿色创新需要企业员工以及管理人员具备处理环境问题所需的知识、技巧、创意、经验、态度、智慧和沟通能力，其为企业绿色创新的顺利实施提供有力支撑。特别是员工所拥有的创新思维模式，为企业创意产生和成功实施的来源（Kunapatarawong 和 Martínez，2016）②。因为绿色人力资本是企业绝大部分绿色专业知识与相关技能的载体，所以企业绿色知识的存量可以由它来体现。在绿色经济背景下，绿色知识和技术是企业实施绿色创新的基础，企业要想顺利完成新技术的研发、新产品的开发以及新流程的更新，就必须依靠绿色人力资本。综上，本书提出假设：

H1 -1：绿色人力资本对企业绿色创新存在显著正向影响。

3.2.2 绿色结构资本与企业绿色创新

本书采用 Chen（2008a）对“绿色结构资本”的定义，认为其是“一个企业环境保护和绿色管理的组织能力、组织承诺、知识管理系统、管理哲学、企业文化、企业形象、奖励系统、信息技术系统、数据库、专利、版权、商标等的总和”。其也是与环境保护或可持续发展战略有关的规范、授权和支持基础设施。它是由无形资产所组成的，有效建构和发展企业的环境管理（文化、结构、组织学习和过程）。在结构资本中，本书认同 Tai 和 Chen（2009）提出的，组织结构可以支持企业的沟通和促进学

① 唐贵瑶、陈扬、于冰洁、魏立群：“战略人力资源管理与新产品开发绩效的关系研究”，《科研管理》，2016 年第 11 期。

② Kunapatarawong R，Martínez - Ros E. Towards green growth：How does green innovation affect employment？［J］. Research Policy，2016，45（6）：1218 - 1232.

习，它们有助于创新的发展。组织惯例中所包含的程序、结构或方法，涉及许多旨在改善和促进知识流动的无形因素。通过知识积累，企业获得新的组织能力，吸收和识别新思想，最终实现创新。

绿色结构资本的核心理念是结合环保原则，对企业目前的组织结构以及业务流程进行重新定位和思考，采用现代化的管理思想与方法，将企业组织结构更新为更有利于环保的新结构，并引入先进的制造、信息技术，从而不仅使企业在影响可持续竞争优势的成本、质量、服务、速度等要素上得以改善和提升，更使得企业绿色创新容易实现。环境结构、程序、政策和交流管理往往与更好的环境创新成果和更好的执行能力有关（Christmann，2000）①，在环境控制系统和环境审计等环境政策工具的配合下，能够对创新产生积极的影响。另外，López - Gamero 等（2011）提出，企业文化氛围对企业创新行为也存在积极正向影响。当企业内部建立起关于环保以及绿色理念的创新组织文化时，其实也为整个企业营造了一种轻松、自由、开放的创新氛围，在这样的文化氛围中，员工们可以进行“头脑风暴”，自由分享关于绿色环保的创意和想法，相互交流绿色技术，在这样的环境中，员工被鼓励可以更多进行尝试，不怕失败，有利于创新思维方式的形成。Hormiga 等（2011）也认为，建立企业创新文化有助于创造开放、轻松、积极的文化背景，有利于员工之间进行绿色信息技术的分享交流以及绿色思想的碰撞，能够促进员工创新思维方式的形成。因此，企业绿色组织文化和绿色管理能力的建立以及企业对环境的承诺，有助于实现绿色创新。另外，企业内部合理的组织结构设计、良好的环境管理系统、信息技术系统以及整体运

---

① Christmann P. Effects of “best practices” of environmental management on cost advantage: The role of complementary assets [J]. Academy of Management Journal, 2000, 43 (4): 663 -680.

作流程，再加上企业的奖励机制和绿色环保信息数据库的建立，这些都能够为企业带来价值增值，对企业绿色创新的过程产生积极影响。综上，本书提出假设：

H1－2：绿色结构资本对企业绿色创新存在显著正向影响。

3.2.3 绿色关系资本与企业绿色创新

本书采用 Chen（2008a）对“绿色关系资本”的定义，认为其是“一个企业关于环境保护和绿色管理方面与客户、供应商、网络成员以及合作伙伴们的互动关系”。所以，绿色关系资本与社会关系密切相关。更具体地说，它与来自员工非正式和个人关系的知识有关。它不是由企业预先决定的，而是与环境承诺和合作有关（Geffen 和 Rothenberg，2000）①。企业与顾客、供应商或其他合作伙伴的战略交流和知识共享等促使企业产生绿色创新思想，可以提高企业绿色创新效率和效果。企业的绿色创新思想往往是在企业与其客户、供应商或其他合作网络成员之间不断进行信息共享以及战略交流的互动之中而产生的，因此，这些信息共享与战略交流可以提高企业绿色创新的效率和效果。

环境战略的成功实施不仅有赖于企业内部各部门间的协同配合，同时还有赖于企业与外部企业之间的联结与合作。而企业绿色创新能力的提升以及绿色创新产品和技术的开发，很大程度上依靠于企业与其客户、供应商，甚至是竞争对手等利益相关者之间所长期积累的绿色关系资本。首先，紧密和流动的内部员工关系促进了创新过程，这是因为知识流动的速度更快，而且能够更好地被利用。通过员工之间的思想交流和知识共享来配置的关系资本与企业创新具有积极的关系。其次，Ehnert（2009）通过对

① Geffen C A，Rothenberg S. Suppliers and environmental innovation [J]. International Journal of Operations & Production Management，2000，20（2）：166－186.

西班牙制造企业进行实证研究证实了企业和外部伙伴进行合作对于其进行环境创新的重要性。当企业与外部伙伴企业建立起持续的互动关系，不仅可以彼此进行信息的交流和分享，还可以交换获取一些关键资源，实现利益共享。特别是当企业因缺乏内部关键资源而无法实现产品创新和过程创新时，这时，企业外部的资源就会被引入企业内部，参与到创新的实现中来。当两个或者更多企业为了实现共同的环境目标而形成正式或非正式的合作关系时，这种环境合作关系会有利于企业绿色创新的成功实施。当企业与其供应商或其他网络成员企业建立起紧密的关系时，这会让企业与其共享绿色信息和资源，可以让企业学习供应商或其他伙伴企业的绿色技术和能力，有利于企业自身加快实现绿色创新的进程。而当企业与顾客建立起良好的互动关系时，可以让顾客愿意与企业分享其环保需求，以及对绿色产品的想法，有利于加快企业绿色创新计划的进展。甚至企业与其竞争对手都有可能形成联盟，通过一起研发新的绿色技术而促进绿色创新。综上，本书提出假设：

H1 -3：绿色关系资本对企业绿色创新存在显著正向影响。

3.3 绿色供应链整合的中介作用

3.3.1 绿色智力资本与绿色供应链整合

企业拥有关键资源是企业处于知识经济时代创造价值、提升经营绩效以及维持可持续竞争优势所必不可少的。根据资源基础观，一个企业要想拥有可持续竞争优势，其资源必须是有价值的、稀少的、难以模仿和不可替代的。无形资产已经成为企业竞争优势的重要决定因素。而智力资本是企业最为关键的资源，它所扮演的角色在提升企业绩效的过程中起着至关重要的作用。在企业知识基础观（KBV）的背景下，智力资本（Intellectual Capital，IC）被认为是一种可以用于激励创新、提升创造力、维持竞争优势、创造价值和提升企业绩效的所有知识、能力等无形资产的总和。但随着绿色经济时代的来临，传统的智力资本能为企业创造的价值越来越有限，企业要想赢得竞争优势、创造价值、实现经济环境绩效一同增长，只有将其转化为绿色智力资本。

而由于当今动荡的商业环境，仅仅依靠企业自身的能力来提高竞争力已不再可能。很多学者也都认为，如果企业将其内部过程和内部结构与其外部合作伙伴隔离开来，它们可能无法提高其竞争力（Abdullah，2017）。换句话说，建立在单一企业基础上的竞争在当今的商业环境中已不再具有相关性，正如 Tukamuhabwa 等（2011）所言，企业为了在激烈的全球市场中生存，必须寻求一种新的有效的竞争方式。因此学者们研究认为，整个供应链中的企业与另一个供应链实体之间的竞争更为重要，也就是说，如今的竞争是供应链之间的竞争。这种竞争的出现使得整个供应链系统中的企业更需要合作、协调和整合，以确保在供应链关系上的投资努力为整个供应链参与者提供高价值的回报。

合作、协调和整合，是在供应链背景下为企业或客户创造可持续价值的一个相对重要的概念。最重要的是，供应链环境中的这些元素是互补的，并以主要目标相互支持来提高企业在整个供应链系统中的效率。“整合”这一术语也经常在供应链概念中出现，被认为是供应链环境下创造持续竞争力的一种新的企业战略方法。供应链参与者之间的协调与合作的成功是由 Vijayasarathy（2010）所描述的整合机制造成的。在供应链环境下，整合被描述为供应链参与者共同努力的程度，其主要目标是实现和增强供应链优势。供应链整合可以通过一种过程或活动（信息、物质和资金流动）、供应链参与者的整合（内部和外部一体化）以及技术或系统的形式来运作。供应链整合代表供应链成员在企业内和企业之间过程中的合作。将企业所获得的外部资源与其内部资源进行有机整合并有效运用，是企业进行供应链整合的任务，也是企业供应链整合能力的集中体现。内部整合被认为是由企业内部若干职能进行的供应链活动。而外部整合通常被称为供应链合作伙伴之间跨越企业边界的整合，包括上游和下游供应链，其目标是为整个供应链创造价值。也有学者认为，内部整合是外部整合的前提（Horn 等，2014）①。Narasimhan 和 Kim（2002）② 从内部和外部整合的角度对供应链整合进行了研究，同时也有一些学者在研究中只考虑了内部整合或外部整合（Koufteros 等，2007）③。重要的是，大多数供应链整合的研究都表明供应链整合与企业绩效相关。

而绿色供应链整合（GSCI）是在供应链整合的概念上加入了“环境”因素。本书将 GSCI 定义为“企业与供应链成员之间的合作，以管理企业内和企业之间的环境实践”，并根据研究需要，将 GSCI 分为绿色供应链内部整合和绿色供应链外部整合（Wu，2013；Lii 和 Kuo，2016）。内部整合涉及消除企业内部跨部门壁垒，提高企业的环保能力、鼓励员工学习有关环保措施。而外部整合包括供应商整合和客户整合，涉及供应商和客户之间的合作，以共同管理跨企业的环境问题。

绿色供应链整合被认为是企业竞争优势的重要来源，能以经

---

① Horn P，Scheffler P，Schiele H. Internal integration as a pre – condition for external integration in global sourcing：A social capital perspective［J］. International Journal of Production Economics，2014，153（3）：54 –65.

② Narasimhan R.，Kim S. W. Effect of supply chain integration on the relationship between diversification and performance：Evidence from Japanese and Korean firms，Journal of Operations Management，2002，20（5）：303 –323.

③ Xenophon A. Koufteros，T. C. Edwin Cheng，Kee – Hung Lai. ‘Black – box’ and “gray – box” supplier integration in product development：Antecedents，consequences and the moderating role of firm size［J］. Journal of Operations Management，2007，25（4）：847 –870.

济价值或非经济价值的形式为企业带来许多好处。而企业绿色智力资本是企业最为关键的资源，也是供应链上的特殊资源，本书认为它能够帮助企业进行供应链内外部整合。

（1）绿色人力资本与绿色供应链内外部整合的关系。

人力资本是由人的知识、经验、技巧、专业、能力、创意、诚信度、团队协作能力、培训教育、解决问题的能力、态度和动机所组成的（Hsu 和 Fang，2009①）。因此，人力资本包括所有嵌入在企业里的隐性知识。人力资源是企业发展和维持竞争优势的关键因素，"绿色人力资本"是关于"企业环境保护或绿色管理方面的员工所拥有的知识、经验、技巧、能力、创新、动机、智慧、创造力和承诺的总和"。员工所拥有的环境知识对企业为了应对外部环境压力而实施绿色创新和绿色管理很重要。

拥有较高绿色人力资本的企业，可以帮助企业进行绿色内部整合，这是因为，企业员工的环境能力和对相关环境活动的承诺可以帮助企业管理并保证其产品周期各阶段符合环保法规，可以在内部跨部门合作中起主导作用。而且企业的中高层管理人员也能够支持企业采取行动消除部门之间的障碍，提高各部门之间的知识共享功能。企业内部整合的管理机制不仅包括社会整合机制，也包括组织学习系统。员工的环境能力常常通过领导、培训、人才管理和员工参与的发展来获得，可以促进企业持续改进和学习，帮助企业进行内部整合。

同时，拥有较高绿色人力资本的企业，也可以帮助企业进行绿色供应链外部整合。这是因为，企业的管理者和员工常常在保持与上下游供应商和客户积极关系，与他们开展合作，以确保制造、分销和营销符合环保法规方面起主导作用。当企业拥有绿色

① Hsu Y H，Fang W. Intellectual capital and new product development performance：The mediating role of organizational learning capability [J]. Technological Forecasting & Social Change，2009，76（5）：664－677.

知识和技能的员工代表企业与客户分享环境管理和规划目标以及发现环境挑战解决方案的知识和经验时，客户整合就发生了，员工还会更多询问有关客户对产品生产的意见，提高企业和客户之间的合作方式以更好满足消费者环保需求。另外，企业也会委派拥有环境知识和能力的员工以及管理人员在上游采购和运营过程中，协助供应商遵守环境保护要求，和供应商分享绿色信息，包括生产计划、需求预测以及存货水平，共同探讨在绿色制造技术上的变化，以减少制造风险。综上，本书提出假设：

H2-1：绿色人力资本对企业绿色供应链内部整合存在显著正向影响；

H2-2：绿色人力资本对企业绿色供应链外部整合存在显著正向影响。

（2）绿色结构资本与绿色供应链内外部整合的关系。

与人力资本不同，结构性资本嵌入于组织中，不受员工离职的影响。因此，结构资本是独立的个体。结构资本作为一个整体属于企业，并且可以被报告和共享（Cohen 和 Kaimenakis，2006）[①]。"绿色结构资本"被定义为，一个企业环境管理和环境保护的组织能力、组织承诺、知识管理系统、管理哲学、企业文化、企业形象、专利、版权、商标等的总和。绿色结构资本指的是与环境保护或可持续发展战略有关的规范、授权和支持基础设施。这是由无形资产所组成的，有效建构和发展企业的环境管理（文化、结构、组织学习和过程）。

绿色结构资本的核心理念是结合环保原则，对企业目前的组织结构以及业务流程进行重新定位和思考，采用现代化的管理思想与方法，将企业组织结构更新为更有利于环保的新结构，并引

---

① Cohen S, Kaimenakis N. Intellectual capital and corporate performance in knowledge-intensive SMEs [J]. Social Science Electronic Publishing, 2006, 14 (3): 241-262.

入先进的制造、信息技术，从而不仅使企业在影响可持续竞争优势的成本、质量、服务、速度等要素上得以改善和提升，还可以促进绿色供应链的内外部整合。当一个企业拥有较高绿色结构资本时，更有利于企业进行绿色供应链内部整合。这是因为，当企业环境管理和环境保护的组织能力、组织承诺提升时，可以促进企业内部之间的信息沟通和交流，使得企业更有能力进行跨部门的合作；当企业建立与环境管理有关的管理制度、数据库、知识管理系统、薪酬系统、信息技术系统时，能更好地为企业内部跨职能合作策略系统的建立提供支持。另一方面，当一个企业拥有较高绿色结构资本时，也更有利于企业进行绿色供应链外部整合。特别是企业通常使用一个包括环境合作和环境监督的混合治理结构，以核实供应商实施环境管理活动的情况。企业绿色文化、绿色形象的建立，有利于企业与供应商和客户之间交流关于环境问题的想法、分享环境管理的计划。另外，企业绿色商标以及绿色产品、技术专利的申请，更是吸引供应商和客户与企业在环境管理方面进行联合。因此，一个精心设计和运行良好的环境管理系统可以促进绿色供应链内外部整合。综上，本书提出假设：

H2－3：绿色结构资本对企业绿色供应链内部整合存在显著正向影响；

H2－4：绿色结构资本对企业绿色供应链外部整合存在显著正向影响。

（3）绿色关系资本与绿色供应链内外部整合的关系。

“绿色关系资本”是指一个企业关于企业环境保护和绿色管理的与客户、供应商、网络成员以及合作伙伴们的互动关系。而绿色关系资本与社会关系密切相关。更具体地说，它与来自员工非正式和个人关系的知识有关。它不是由企业预先决定的，而是与环境承诺和合作有关。

虽然目前还没有以绿色关系资本与供应链整合为研究对象的

研究，但是却不乏关于社会资本与供应链整合的研究。形成于供应链网络结构中的社会资本，它本身也是一种存在于网络结构联结中的资源，其对于供应链管理非常重要但也充满挑战。企业供应链整合得以顺利实施依赖于企业稳定的社会资本结构。国内外学者都认为企业社会资本是供应链整合活动得以顺利实施的支撑。Droge（2004）研究表明，企业与供应链伙伴企业之间的紧密依赖关系会促进其系统整合；潘文安（2007）[①]认为，供应链企业之间的合作关系与企业内、外部整合能力的构建积极正相关；Braunscheidel 和 Suresh（2009）认为交易双方高水平的信任关系有助于解决可能存在的“关系锁定”困境，进而促使供应链合作更加深入；张慧颖等（2013）[②]研究发现，社会资本（供应商社会资本、客户社会资本、内部社会资本）可以促进供应链整合（供应商整合、客户整合、内部整合）；Wu（2013）分析指出，信任、承诺、互惠、权力是实现供应链整合的重要前因。

一方面，当一个企业拥有较高的绿色关系资本，可以促进企业进行内部整合以及关于环境改善的跨职能合作，包括涉及产品设计、采购、生产、分销以及营销的合作，消除企业内部跨部门壁垒。这主要是因为，当企业与客户、供应商、网络成员以及合作伙伴们有好的互动关系时，有利于营造协调合作的氛围，有助于企业内部跨部门之间关于环境问题的交流，愿意积累和分享关于环境保护的信息以及建立环境管理系统，企业会更愿意进行信息分享以及共同努力进行企业内部以及整个供应链业务流程的协调。另一方面，当一个企业拥有较高的绿色关系资本，也可以帮助企业进行外部整合，这是因为这种信任关系可以让供应商和顾

---

① 潘文安：“基于供应链整合的伙伴关系与企业竞争优势研究”，浙江大学，2007 年论文。

② 张慧颖、徐可：“供应链社会资本、企业知识管理与产品创新——基于中国大陆十三个省市四个行业的实证研究”，《现代财经（天津财经大学学报）》，2013 年第 5 期。

客愿意并且积极参与到环境问题中来，如企业和供应商一起设定环境目标，商讨环保产品设计规格以及一起进行清洁生产技术的研发等；企业与客户联合规划以实现环境目标，共同选择生态策略来减少环境影响以及在清洁生产和绿色包装方面的合作等，这有助于提升供应商整合和客户整合的能力。综上，本书提出假设：

H2－5：绿色关系资本对企业绿色供应链内部整合存在显著正向影响；

H2－6：绿色关系资本对企业绿色供应链外部整合存在显著正向影响。

3.3.2 绿色供应链整合与企业绿色创新

作为实现可持续发展的主要驱动因素，绿色创新的目的在于降低产品在每一个生命周期阶段内给自然环境带来的消极影响（Dangelico 和 Pujari，2010）[①]。因此，绿色创新的概念与绿色供应链管理的目标是一致的。一般来说，企业没有足够的知识和能力单独处理产品生命周期中所产生的所有环境问题，它们会选择与供应链中的利益相关者合作。而通过供应链整合，供应链成员企业之间可以进行信息共享、优势互补以及价值共创，这样企业能够借助供应链成员企业的资源以及能力实现绿色创新。

根据自然基础观（NRBV）和吸收能力视角，为了通过污染预防战略和产品管理方案来增强可持续发展的核心能力，企业应同步内部管理机制，并将其供应链伙伴纳入企业间环境实践过程中。这意味着 GSCI 与绿色创新正相关，一些研究已经采用单维

① Dangelico R M，Pujari D. Mainstreaming green product innovation：Why and how companies integrate environmental sustainability [J]. Journal of Business Ethics，2010，95 (3)：471－486.

(uni - dimensional) 方法研究绿色创新中的供应商整合。然而，很少有实证研究强调 GSCI 对绿色创新的多维影响（Seman 等，2012)。供应商、客户和内部整合这三种类型的整合，每一种都是供应链整合的一个重要方面，每一种类型的整合效应都需要作为一个整体来单独验证。

产品生命周期管理是 GSCI 和绿色创新之间的本质联系。绿色创新是可持续发展的关键驱动因素，旨在减少因在产品生命周期的各个阶段对环境的负面影响。绿色供应链管理的目的是将绿色意识以及环保理念应用于供应链管理的各个阶段。绿色创新是绿色供应链管理的基础，在 NRBV 基础上，可持续发展的核心竞争力来源于企业的污染防治策略和产品管理程序，而核心能力是通过企业内和企业间的环境实践来实现的。因此，企业进行绿色供应链整合有助于绿色创新的成功实现。

供应链整合是一个互动的过程，Lau 等（2010）基于这一点指出信息共享与集体共同发展是外部整合（供应商和客户的整合）的优势来源。供应商和客户整合可以促进供应链合作伙伴之间相互理解、共同协作和建立跨企业解决问题的程序（Wong 等，2013)。此外，通过与供应商和客户的整合可以提升知识共享和专业技术，帮助企业解决冲突，提高供应链合作伙伴的创新能力，达到提升企业创新绩效的目的。同样，在 GSCI 过程中，供应商和客户整合的主要特征是知识共享和主动解决环境问题。这包括交换有关绿色技术和如何管理绿色材料以及与供应链合作伙伴如何合作的知识，以进一步实现符合环境标准的生态设计。通过对供应商和客户的整合，环境管理计划会更容易得以实施，企业会更大程度地开发和使用可回收或者对环境危害更小的材料用以作为产品的原材料，可能会产生大量浪费的工艺及流程也将被重新设计和采用。当企业与其供应商和客户紧密整合在一起时，企业的绿色创新能力会得到提升。综上，本书提出假设：

H3 - 1：绿色供应链外部整合对企业绿色创新存在显著正向

影响。

除了与供应链合作伙伴的外部整合外，内部整合也可以推动创新。内部一体化承认企业内部各部门应密切协调，消除部门间沟通和合作的障碍。通过内部整合，设计、制造和销售部门可以顺利合作以支持并行工程以及改进产品和生产过程（Wong 等，2013）。绿色创新贯穿于产品的设计和制造的每一个环节，因此高层管理人员的支持力度是能否实现绿色创新的关键因素。中高层管理人员对环境问题以及可持续发展的关注以及承诺力度将有助于企业制定环境目标和奖励制度，从而提升员工参与环保行动的积极性。企业内部整合有助于跨部门的环境保护合作，并促进企业采用环境管理系统。此外，环境管理系统可以帮助企业确保环境保护和利润之间的平衡，有利于积累环境知识，促进创新。以往的文献常常忽略了内部整合的影响，然而，本书认为，企业的内部整合，包括管理者的支持和鼓励、企业内部跨部门合作、环境管理系统以及环境能力的建立，都会促进绿色创新。综上，本书提出假设：

H3－2：绿色供应链内部整合对企业绿色创新存在显著正向影响。

3.3.3 绿色供应链整合的中介作用

综观所有关于绿色智力资本与绿色创新的研究，尚未有研究将绿色供应链内外部整合作为中介变量来深入探讨绿色智力资本三个维度与绿色创新之间的关系。

在绿色经济时代中，绿色智力资本是促进企业经济和环境绩效平衡发展的关键资源，也是绿色创新的源泉和驱动力。但企业也清醒地意识到单凭利用企业内部资源进行创新并不容易，因为企业没有足够的知识和能力单独处理产品生命周期中所产生的所有环境问题，并且，环境污染也不仅仅是单个企业的问题，而是涉及整个供应链（Lau 等，2010）。因此，它们会选择与供应链中的利益相关者进行合作。通过供应链上的资源整合，企业与供应商和客户建立共同环境目标、彼此信任、强度联结，进行信息共享、资源互补、风险共担，不仅有助于整个绿色供应链运行效率的提升，还有利于企业创造价值、实现绿色创新能力的加强。企业绿色供应链整合被认为是竞争优势的重要来源，能以经济价值或非经济价值的形式为企业带来许多好处（Wong 等，2013）。企业绿色智力资本是企业最为关键的资源，也是供应链上的特殊资源，实施供应链整合的实践活动便是将这些资源体现在绿色创新成果上最直接的途径。在企业上游供应商和下游客户的推动下，供应链上的价值被不断创造，企业通过自身的绿色智力资本不仅在企业内部进行整合，也要与供应商和客户一同开展外部供应链整合活动，如共同设定环境目标、一起制订环保实施计划、共享绿色信息和知识、设计绿色产品和流程以及绿色技术资源优势互补等，使得企业供应商和客户获得最大程度的满意和信任，最终实现企业绿色创新。因此本书将供应链内外部整合作为中介变量进行考察，为绿色智力资本和绿色创新的关系研究拓展出新的途径。综上，本书提出假设：

H4－1：绿色供应链内部整合在绿色人力资本与绿色创新之间起中介作用；

H4－2：绿色供应链内部整合在绿色结构资本与绿色创新之间起中介作用；

H4－3：绿色供应链内部整合在绿色关系资本与绿色创新之间起中介作用；

H5－1：绿色供应链外部整合在绿色人力资本与绿色创新之间起中介作用；

H5－2：绿色供应链外部整合在绿色结构资本与绿色创新之间起中介作用；

H5－3：绿色供应链外部整合在绿色关系资本与绿色创新之

间起中介作用。

3.4 关系学习能力和绿色吸收能力的调节作用

成功的创新需要企业外部与内部能力的整合（Chen 等，2004），企业必须可以实施有效的战略来利用内在优势和外部机会，并且避免内部劣势和外部威胁。在知识经济时代，创新已经变成获得竞争优势的关键。成功的创新会受到内外部若干环境因素的影响。例如，为了提高创新绩效，企业有动力参与学习活动，以便在技术变化和全球竞争日益加剧的情况下提高自己的创新能力。企业可以相互学习，通过学习关系来增加知识存量。在中国的商业背景下，“Guanxi”既是关系，也是企业对中国社会关系信任的重要因素。关系是指企业与供应商、客户等之间的联系，关系学习是指企业管理层能够发展和提升目标客户与供应商关系的学习能力。在客户与供应商之间的关系，关系学习不能由任何一个组织强制执行，而是取决于双方在学习活动中的合作意愿。除了对外关系学习之外，企业还需要增强创新的内部能力——吸收能力，吸收能力被定义为使企业能够有效地获取和利用外部知识以及影响其创新的内部因素。企业不能仅仅依靠外部网络，也必须发展其吸收能力，以积极获取知识。企业需要有学习的方法和机制传播和利用能够导致新知识的知识组织创新（Daghfous；2004）。企业的吸收能力可以影响创新活动的有效性。另外，本书通过文献整理也发现，以往研究仅关注于其中一类因素对创新的作用，目前还没有将企业置于绿色供应链背景下，从供应链内外部整合的视角来研究绿色智力资本与绿色创新之间的关系。特别是将企业内外部不同的能力作为调节变量来匹配供应链内外部整合的研究更是没有。因此，本书选取了企业外部能力——关系学习能力和内部能力——绿色吸收能力，来探讨绿色供应链内外部整合对企业绿色创新的影响。

3.4.1 企业外部能力——关系学习能力的调节作用

中国传统社会中的关系是建立在个人和组织之间共享社会经验的正式和非正式关系基础之上的。对于企业来说，建立与关键客户和供应商的联系和关系网络是很重要的。"关系"起源于儒家思想所提倡的关系概念"伦"（Tsui 和 Farh，1997）①，以关系为中心的文化是中国传统社会的特征之一。关系指的是一个与另一个之间的联结和网络，如企业与其供应商、客户和消费者之间的联系等。本书在 Selnes 和 Sallis（2003）的基础上，提出关系学习意味着企业可以通过促进信息交流、发展共同的学习领域、以及从供应商、客户、合作伙伴和利益相关者等方面更新他们的行为来改进学习活动，并将关系学习概念化为一种能力，这种能力使得供应链上下游成员之间努力创造更多的价值，超越其单独或与其他伙伴一起创造的价值。关系学习意味着管理能够发展和促进目标顾客—供应商之间关系的学习能力。在顾客—供应商关系中，关系学习不能由任何一方授权，而学习取决于双方在共同学习活动中合作的意愿。管理可以通过培养合作文化、制定联合学习活动的具体目标和发展关系信任来促进关系学习。

企业建立合作关系，并根据环境不确定性来组织其资源，为了获得更多的控制或缓冲来自环境不确定性的后果，企业被刺激来从事关系学习。企业进行关系学习，以促进与供应商和客户的信息交流，从外部利益相关者来发展知识学习，并更新他们的研发能力。在关系学习过程中，管理者之间信息共享，并开发针对目标客户—供应商之间关系的特定记忆（Li，2006）。在客户—

① Farh J L, Tsui A S, Xin K, Cheng BS. The influence of relational demography and guanxi: The Chinese case [J]. Organization Science, 1998, 9 (4): 471 -488.

供应商关系中，关系学习不能由任何一方授权，而学习取决于双方在共同学习活动中合作的意愿。一些管理方法可以加强关系学习，例如培养合作文化，制定联合学习活动的具体目标，以及发展关系信任。通过关系学习，关系学习的相关合作伙伴可以识别提高信息和知识共享质量、可靠性和速度的方法。对于企业来说，能够拥有更多关于他们客户的知识和信息，使其能够为客户开发和提供更多有价值的产品；同样，也拥有更多关于他们供应商的知识和信息，能够使他们选择合适的零部件和合格的供应商来满足他们的需求和愿望（Jean 等，2010）①。在快速变化的市场中，企业有很大的动力来发展他们的网络，以增强他们在关系学习方面的能力。Selnes 和 Sallis（2003）开发了一个关于如何可以发展和促进目标客户—供应商关系学习能力的理论。关系学习意味着供应商和顾客可以通过促进信息交流、发展共同学习领域和更新他们的行为来提高他们的联合学习活动。此外，双方在关系中的信息共享是关系学习的必要条件。为了发展创新，企业可以通过关系学习向他们的合作伙伴、客户和供应商学习。

国内外学者都发现关系学习能力对创新有着积极的正向影响（Li，2006；Chen 等，2009；陈勇和蔡宁，2011；简兆权等，2014；马鸿佳等，2017）。但目前并没有文献把关系学习能力作为调节变量来研究供应链整合与创新之间的关系，因此本书希望对此进行研究。

绿色供应链外部整合对企业绿色创新具有积极影响。在 GS-CI 过程中，供应商和客户整合的主要特征是环保知识共享和主动解决环境问题。通过与供应商和客户的整合可以提升知识共享

① Jean R J, Sinkovics R R, Kim D. Drivers and performance outcomes of relationship learning for suppliers in cross - border customer - supplier relationships: The role of communication culture [J]. Journal of International Marketing, 2010, 18 (1): 63 - 85.

和专业技术，帮助企业解决冲突，提高供应链合作伙伴的创新能力，达到提升企业创新绩效的目的。当企业与其供应商和客户紧密整合在一起时，他们会实现企业的绿色创新。通过对供应商和客户的整合，环境管理计划会更容易得以实施，企业会更大程度地开发和使用可回收或者对环境危害更小的材料用以作为产品的原材料，会产生大量浪费的工艺及流程也将被重新设计。

而当企业与客户和供应商共享信息和知识时，他们彼此交换有关绿色技术和如何管理绿色材料以及与其他供应链合作伙伴如何合作的知识，以进一步实现符合环境标准的生态设计时，他们通过关系层次的学习可以增强他们的知识库、能力和竞争力。企业与供应商和客户通过促进信息交流、发展共同学习领域以及更新他们的行为来提高他们的联合学习活动。这样的联合学习活动的建立对创新进程至关重要（Cheng，2012）①。通过联盟和关系，企业可以利用共享互补的资产和技能有效地进行创新。一个富有成效的绿色创新进程需要与外部利益相关者进行协作和知识交流。此外，生态问题的复杂程度也迫使致力于绿色创新的企业与其供应商和客户建立牢固、广泛的联系网络，彼此联合学习。综上，本书提出假设：

H6：关系学习能力在绿色供应链外部整合和绿色创新之间的调节作用：关系学习能力越强，绿色供应链外部整合和绿色创新之间的正向关系越得到加强。

3.4.2 企业内部能力——绿色吸收能力的调节作用

除了外部关系学习能力外，企业还需要具有内部能力——

① Cheng T C E，Yip F K，Yeung A C L. Supply risk management via guanxi，in the Chinese business context：The buyer's perspective［J］. International Journal of Production Economics，2012，139（1）：3 – 13.

绿色吸收能力，以帮助企业实现绿色创新。吸收能力是指企业能够有效地获取和利用影响其创新的外部知识以及内部知识（Daghfous，2004）。企业不仅可以依靠外部网络，还必须发展吸收能力来积极获取知识（Kostopoulos 等，2011）。企业需要有方法和机制来开发、学习和传播能够导致企业创新的新知识。

吸收能力被定义为一套企业的惯例，即企业获取、吸收、转化和利用知识以产生动态的组织能力（Daghfous，2004）。知识的获取是认识、评价和获取外部知识的能力，而这些知识对一个企业的运作至关重要。知识的吸收意味着一个企业的程序和过程，使其理解、分析、解释来自外部的知识。知识的转化意味着企业有能力制定常规程序，以促进现有知识与新获得的和被吸收的知识相结合。知识的利用是企业运用新的外部知识以达到企业商业目标的能力。

从知识获取到吸收、转换，最后到知识的利用，这四个阶段对于企业创新都有关键作用。吸收能力似乎是企业获取、吸收和利用新知识以提高其创新绩效最重要的决定因素之一。因此，企业的吸收能力是创新能力和成果的关键驱动力，吸收能力使企业能够有效地获取和利用外部和内部知识，从而影响创新活动的有效性。

当企业面对环境问题时，也必须建立学习机制来发展绿色知识和解决环境问题。企业可以结合现有和新获得的环境知识来开发绿色产品或服务。本书采用 Chen 等（2014）在“吸收能力”基础上所提出“绿色吸收能力”的定义，认为其指的是理解、联系、组合、识别和应用环境知识的能力。绿色知识的获取与理解是指企业识别和获取对其经营存在重要影响的外部绿色知识的能力。绿色知识交流使企业能够评估、处理、推断和实现从外部获取的环境信息。绿色知识识别是指利用现有知识识别外部知识以产生协同效应的能力。尽早开发绿色知识将有助于在后期吸收新知识。将绿色知识应用于企业的产品，可以使企业通过与外部知识相结合使企业产品差异化以满足客户的需求。企业的绿色吸收能力会影响企业走向绿色化的盈利能力。企业绿色创新离不开企业对环保知识的获取、吸收和应用，且创新的程度也会受到绿色吸收能力的影响。

目前国内外学者对吸收能力与创新的研究主要持两种观点：一是认为吸收能力会直接影响企业创新；二是认为吸收能力会间接影响创新。随着对吸收能力研究的深入，吸收能力的调节效应逐渐受到学者们的重视。本书将“绿色吸收能力”作为调节变量来研究绿色供应链内部整合和绿色创新之间的关系。

绿色供应链内部整合对企业绿色创新具有积极影响。内部整合是指联合以及改进内部资源和信息的企业实践，超越各个职能或部门的界限而产生知识共享，以协助外部整合活动，并实现企业目标（Zhao 等，2011）。内部整合涉及跨职能合作，或在流程改进或新产品开发中跨越不同职能进行合作。而内部整合是供应商和客户整合的基础，企业可以更迅速地吸收、解释和应用在供应链成员之间的外部信息和资源，同时提高企业的绩效（Marquez 等，2004）①。绿色内部整合的重点是加强跨部门合作，促进员工积极参与环境保护行动以及提高其环境保护的能力。内部整合的努力会打破障碍，通过及时沟通交流促进基本功能的分享。

Gluch 等（2009）认为企业应整合内部机制，以加强吸收能力。吸收能力是基于企业内部知识积累和流动的分析，其关系到企业转换和利用新知识以促进组织学习和创新绩效的能力。一个企业的吸收能力与研发资源、互动机制和管理过程有关。而企业

---

① Marquez A C, Bianchi C, Gupta J N D. Operational and financial effectiveness of e－collaboration tools in supply chain integration [J]. European Journal of Operational Research, 2004, 159 (2): 348－363.

内部整合的管理机制包括社会整合机制和组织学习系统：前者强调管理支持和内部沟通交流协议，这能够鼓励员工以提高他们参与环保行动的行为；后者着重于持续改进和学习，这可以帮助企业提高环境管理能力。因此，当一个企业绿色吸收能力越强时，识别和获取对其经营影响很重要的外部绿色知识与信息的速度越快，并且从这些环境信息中进行评估、处理、推断的能力也就越强，也就更能够将这些知识和信息运用到企业内部各个职能之中，使各个部门之间更加紧密的合作，从而促进企业绿色创新。综上，本书提出假设：

H7：绿色吸收能力在绿色供应链内部整合和绿色创新之间的调节作用：绿色吸收能力越强，绿色供应链内部整合和绿色创新之间的正向关系越得到加强。

3.5 本章小结

本章主要从研究的理论基础和研究假设展开阐述。本书研究模型建立在自然资源基础观、知识管理理论、供应链整合理论以及创新理论的基础上，以绿色智力资本为自变量，以绿色创新为因变量，以绿色供应链内外部整合为中介变量，以关系学习能力和吸收能力为调节变量，建立了“绿色智力资本——绿色供应链整合——绿色创新”的中介模型，并以企业内外部能力作为模型后半段的调节。主要研究了绿色智力资本三个维度分别与绿色创新的关系，绿色供应链内外部整合在绿色智力资本和绿色创新之间的中介效应，以及企业外部能力——关系学习能力和内部能力——绿色吸收能力，分别在绿色供应链内外部整合和企业绿色创新之间的调节效应。具体研究假设见表3－1。

表 3-1　　研究假设汇总

编号	假设内容
绿色智力资本对绿色创新的影响	
H1-1	绿色人力资本对企业绿色创新存在显著正向影响
H1-2	绿色结构资本对企业绿色创新存在显著正向影响
H1-3	绿色关系资本对企业绿色创新存在显著正向影响
绿色智力资本对绿色供应链整合的影响	
H2-1	绿色人力资本对企业绿色供应链内部整合存在显著正向影响
H2-2	绿色人力资本对企业绿色供应链外部整合存在显著正向影响
H2-3	绿色结构资本对企业绿色供应链内部整合存在显著正向影响
H2-4	绿色结构资本对企业绿色供应链外部整合存在显著正向影响
H2-5	绿色关系资本对企业绿色供应链内部整合存在显著正向影响
H2-6	绿色关系资本对企业绿色供应链外部整合存在显著正向影响
绿色供应链整合对绿色创新的影响	
H3-1	绿色供应链外部整合对企业绿色创新存在显著正向影响
H3-2	绿色供应链内部整合对企业绿色创新存在显著正向影响
绿色供应链内部整合在绿色智力资本与绿色创新之间的中介作用	
H4-1	绿色供应链内部整合在绿色人力资本与绿色创新之间起中介作用
H4-2	绿色供应链内部整合在绿色结构资本与绿色创新之间起中介作用
H4-3	绿色供应链内部整合在绿色关系资本与绿色创新之间起中介作用
绿色供应链外部整合在绿色智力资本与绿色创新之间的中介作用	
H5-1	绿色供应链外部整合在绿色人力资本与绿色创新之间起中介作用
H5-2	绿色供应链外部整合在绿色结构资本与绿色创新之间起中介作用
H5-3	绿色供应链外部整合在绿色关系资本与绿色创新之间起中介作用
关系学习能力在绿色供应链外部整合和绿色创新之间的调节作用	
H6	关系学习能力越强，绿色供应链外部整合和绿色创新之间的正向关系越得到加强
绿色吸收能力在绿色供应链内部整合和绿色创新之间的调节作用	
H7	绿色吸收能力越强，绿色供应链内部整合和绿色创新之间的正向关系越得到加强

4　问卷设计与预测试

经过第3章对绿色智力资本、绿色供应链整合、绿色创新、关系学习能力和绿色吸收能力的文献综述，发现了以往研究的不足并确定了本书的研究思路，构建了以绿色智力资本为自变量，绿色创新为因变量，以绿色供应链内外部整合为中介变量，以关系学习能力和绿色吸收能力为调节变量的理论框架。接下来本书通过采用定性与定量相结合的方法对提出的假设进行验证。

4.1　问卷设计方法

问卷调查法是学者们在管理领域中进行定量研究时普遍采用的方法，具有容易操作、灵活简便、可行性高的优点。该方法旨在通过题项了解问卷填写人的真实看法与实际情况。一般而言，不同的研究由于其目的不同因而在调研时间、对象及问卷发放方式上有所不同，如发放方式有现场统一填答、实地访问、电话调研、邮寄或通过 E－mail 等。尽管在调研和发放方法上大相径庭，但是其设计原则具有统一的要求，即应符合便利性、目的性、系统性、简明性（李怀祖，2004）[①] 的要求。

本书采用问卷调研的方法，主要是因为问卷调研能够快速、

① 李怀祖：《管理研究方法论》，西安交通大学出版社2004年版。

有效、廉价地获取所需的研究内容，且相比于内部资料的获取，通过问卷调查法成本相对较低，尤其互联网的发展，借助社交网络发放问卷，大大提高了可获得数据的数量和发放效率。此外，以匿名方式填写问卷，对被调查者干扰较少，他们可以根据企业的真实情况如实表达自己的意愿，易得到被调查者的支持。除此之外，本书是关于绿色智力资本对企业绿色创新的影响机制研究，所涉及的具体内容没有可靠的二手数据可以支持。除了如伊利、宝洁、海尔等少数大型企业以外，大多数企业没有连续、公开的环境报告或可持续发展报告，同时我国也没有国外较成熟的与企业环境保护相关的数据库。因此，本书在第三章理论框架和研究假设的基础上，选择采用问卷调研的方式，收集一手数据验证假设。

4.1.1 问卷设计结构

根据研究的概念模型和研究假设，以及研究对象的实际情况，确定问卷所包含的内容，主要包含以下四部分：

（1）说明信。

在问卷的开端说明本问卷的目的意义、涉及内容、保密声明以及反馈说明，目的在于减少被试者的心理负担，让其能够客观、放心的填写，最终使填写的问卷真实有效。

（2）填写说明。

本次调查具有一定的针对性，要求被调研企业在近两年主动实施环境战略或进行有关环境保护活动。另外需要被调研者对于企业的环境战略和环境行为有着清晰的认识，要能够就企业的市场、运营和环境管理问题进行作答，所以被调研者需要是企业中的中高层管理人员。在此进行说明，确保被调研者的适合性。

（3）调研内容。

第一部分是中高层管理人员和企业的基本情况。中高层管理人员基本情况包括职位、年龄等；企业基本情况包括成立年限、人员规模、产权性质、所属行业以及企业是否上市。第二部分是对研究所需变量进行测量。需要被调研者根据企业的实际情况，对企业绿色智力资本、绿色供应链整合、绿色创新、关系学习能力和绿色吸收能力进行判断和选择，选项从“完全不符合”到“完全符合”，一共5级。

（4）结束语。

提醒被调查者问卷到此结束以及对于他们参与调研表示感谢。

4.1.2 问卷设计程序

问卷设计程序是整个调研过程的执行计划，其目的在于有效的回答问题、满足实证研究效度要求和控制研究中涉及的各种变异量。问卷中指标选取、题项设置等影响量表信度、效度以及研究结果的准确性、适用性（Churehill，1979）①。本书所采用的问卷设计步骤如图4.1所示：

（1）文献回顾。

在系统整理绿色智力资本、绿色供应链整合、绿色创新、关系学习能力和绿色吸收能力的国内外相关文献基础上，根据本书的实际情况，选择已被多次实证检验并有较高信度和效度的量表。

（2）初始问卷的设计与选择。

在确定变量测量题项时，本书采用引用率较高的国外顶级期刊中的成熟量表。在翻译时也特别考虑到要适合中国企业的实际情况，采用“倒译法”进行翻译。

---

① Churchill, G. A paradigm for developing better measures of marketing constructs [J]. Journal of Marketing Research, 1979, 16 (1): 64-73.

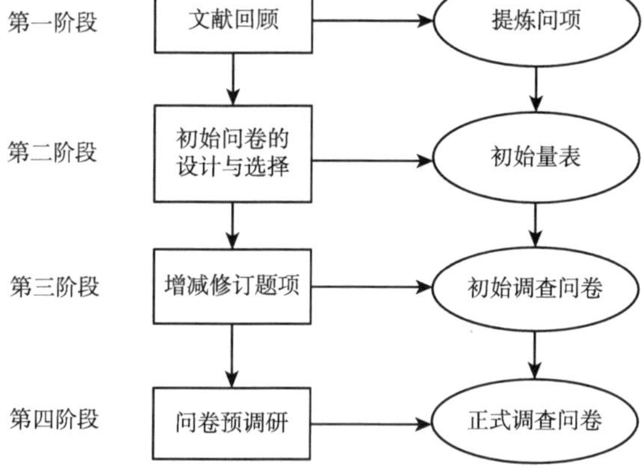

图 4.1　问卷设计的程序

（3）增减修订题项。

形成初始量表之后，由于考虑到我国关于绿色创新的研究起步较晚，多以理论研究为主，实证研究较少，再加上中西方文化背景的差异。所以特别选择了四川地区化妆品、机械设备、服装、建筑以及电力不同行业的 5 家企业的中高层管理者（包括国有企业的总经理、民营企业的董事长、生产部经理以及市场部经理、上市公司环境主管）进行深入访谈，目的在于以企业现实运营情况为背景，对变量之间的逻辑关系和变量测量方式进行检验，尤其对采用的国外研究的测量题项进行较为详细讨论，以保证问卷的表述更符合中国企业的情境。除了对企业进行访谈外，还特别在博士生沙龙上请相关老师和博士生对问卷题项中表达或者可能存在歧义的地方进行修改。最后，问卷在这些意见和建议的基础上进行了调整和完善，形成初始调查问卷。

（4）问卷预调研。

在进行正式调研之前，先进行了小范围的预调研以避免因为问卷设计的不足而对正式调研结果产生的不良影响。然后根据预调研结果，再次对各个测量题项进行了评估和修改，最终形成本书的正式调查问卷（见本书附录）。

4.2 变量设计与测量

根据第3章提出的理论框架与研究假设，本书设计的主要变量包括前因变量（绿色智力资本）、结果变量（绿色创新）、中介变量（绿色供应链整合）及调节变量（关系学习能力和绿色吸收能力）。本书中变量的测量量表主要有两种来源：一是发表在国外权威期刊上相对成熟且已经被国内学者验证过的量表；二是国外文献中相对成熟，但根据中国情景下的管理实践进行微观调整。在变量的测量方式上，问卷采用 Likert 五点量表法，分值 1－5 表示题项中被调查者对所描述情况的赞同程度，其中"1"表示完全不符合，"5"表示完全符合，"2""4"为中间情况，"3"表示不确定。此外，由于本书中所涉及的变量较难进行量化测度，所以主要通过考察被调研者主观感知的方法进行测度。

4.2.1 前因变量——绿色智力资本的测量

目前学术界主要是在对智力资本测量的基础上来进行绿色智力资本的测量。现有研究对智力资本已经开发出成熟的量表，主要根据 H－S－R 模型从人力资本、结构资本与关系资本三个维度进行测量（Stewart，1994①；Bontis，2000）。另外，Edvinsson 和 Malone（1997）使用了 164 个题项来测量智力资本，这是目

① Stewart T A. Your company's most valuable asset: Intellectual capital [J]. Fortune, 1994, 130 (3): 11－24.

前最为全面的一种测量方式。而 Sveiby（2001）① 从稳定性、效率和增长三个方面来测量智力资本。

而对于绿色智力资本的测量主要是根据在对智力资本测量的成熟量表基础上发展起来的。Chen（2008a）根据 Stewart（1994）、Bontis（2000）、Edvinsson 和 Malone（1997）以及 Johnson（1999）②，从"员工在环境保护方面的能力"以及"生产率和贡献""绿色产品和服务质量""团队合作程度""管理者支持程度"5 个方面来测量绿色人力资本；根据 Dzinkowski（2000）、Edvinsson 和 Malone（1997），从"环境管理保护体系""获得收益""研发与收入比率""研发绿色产品的能力""对环保设施的投资""绿色员工数量""运作流程""环保创新""环保知识系统"9 个方面测量绿色结构资本；根据 Bontis（1999）以及 Johnson（1999），从"与上游供应商""下游客户"以及"战略伙伴之间的合作关系""企业对待消费者的环保期望程度"以及"消费者对企业环保的满意度"5 个方面来测量绿色关系资本。

Huang 和 Kung（2011）在 Chen（2008）的基础上来测量绿色智力资本，其中，对于绿色人力资本和绿色关系资本的测量与 Chen（2008a）完全一样，而关于绿色结构资本的测量，Huang 和 Kung 将"环保收益""研发与收入比率""研发绿色产品的能力"以及"环保创新"替换为了"环保委员会的成立""环保法规的制定"以及"环保奖励制度的建立"，最终用 8 个题项进行绿色结构资本的测量。

Chang 和 Chen（2012）也是基于 Chen（2008）来测量绿色

① Sveiby K. A knowledge - based theory of the firm to guide in strategy formulation [J]. Journal of Intellectual Capital, 2001, 2 (4): 15.

② Johnson W H A. An integrative taxonomy of intellectual capital: measuring the stock and flow of intellectual capital components in the firm [J]. International journal of technology management, 1999, 18 (5 - 8): 562 - 575.

智力资本，其中绿色人力资本与 Chen（2008a）的测量题项完全一样。而其选择从“环境管理保护体系”“获得收益”“研发与收入比率”“环保知识系统”“对环保设施的投资”以及“环保创新”6 个方面进行绿色结构资本的测量；从“与上下游供应商及客户的关系”“与战略伙伴的关系”以及“企业对待消费者的环保期望程度”3 个方面进行绿色关系资本的测量。

而国内学者刘佳鑫等（2016）基于 Chen（2008a）以及 Tai 和 Chen（2009）对绿色智力资本的测量，并根据自身研究需要，从“企业员工对满足顾客绿色需求的重视程度”“企业员工对节约企业资源的重视程度”以及“企业员工对服务弱势群体的重视程度”3 个方面测量绿色人力资本；从“企业对员工教育与培训的重视程度”“企业对内部环境监控与保护的重视程度”以及“企业奖惩制度的合理性”3 个方面测量绿色结构资本；从“企业对内部团队合作的重视程度”“企业中长期客户的比例”以及“企业对与社会公益组织保持合作关系的重视程度”3 个方面测量绿色关系资本。

本书基于 Chen（2008a）、Chang 和 Chen（2012）、潘楚林（2017）的研究，并结合自身研究情境，从绿色人力资本、绿色结构资本以及绿色关系资本三个维度进行绿色智力资本的测量，具体测量题项见附录。

4.2.2 结果变量——绿色创新的测量

现有研究对绿色创新的测量较为丰富，Chen 等（2012）从主动型和反应型两方面对绿色创新进行测量；国内外学者 Driessen 和 Hillebrand（2002）、Nielsen（2006）、焦豪（2011）[①]、等

① 焦豪：“双元型组织竞争优势的构建路径：基于动态能力理论的实证研究”，《管理世界》，2011 年第 11 期。

从探索性与利用性两个维度来进行绿色创新的测量；Chen 等（2006）从绿色产品创新、绿色流程创新、绿色组织创新和绿色服务创新四个维度进行测量；Chiou（2011）、张小军（2012）从绿色产品创新、绿色流程创新和绿色管理创新三个维度进行测量；而 Hurley 等（2001）、Oltra 和 Jean（2009）从绿色技术创新、绿色产品创新和绿色过程创新进行测量；还有学者从绿色服务创新、绿色管理创新和绿色过程创新进行测量（Song 等，2006；Ebrahimi 和 Mirbargkar，2016①）。焦俊和李垣（2011）从绿色产品创新、流程创新、营销创新、绿色技术创新和绿色管理创新五个方面进行绿色创新的测量。

绿色创新的维度划分很多，测量方式自然也不同。学者们根据不同的研究情境以及研究需要来进行绿色创新的测量。本书中的绿色创新主要集中在尽可能降低对环境的负面影响的一系列技术、制度、实践、产品、服务、流程等活动中，专注于创造性行为本身。对于企业而言，一般很难改变和更新企业的组织结构、管理方式、人力资源，因为这是一个长期、渐进以及高风险的过程，而这些最终还是会体现在产品和过程两个方面的创新。

本书认为绿色创新是将“绿色”理念纳入企业经营管理之中，在产品服务、组织结构、工艺流程、技术等各个方面利用新想法和新实践有效降低整个生命周期对环境的负面影响，并且实现经济效益和环境效益的共同增长。绿色创新包括新的或经过改进的过程、技术、做法、制度和产品，以避免或减少环境损害。

很多学者也认为绿色创新本质上可以是技术性的、组织性的、社会性的或制度性的，绿色创新一般分为绿色产品创新和绿色过程创新（Chang，2011；Rennings 和 Rammer，2011；Schiederig 等，2012）。

---

① Ebrahimi P, Mirbargkar S M. Green entrepreneurship and green innovation for SME development in market turbulence [J]. Eurasian Business Review, 2017, 7 (4): 1-26.

Chang（2011）在 Utterback 和 Abernathy（1975）[①] 的研究基础上，设计了绿色创新量表。通过 3 个题项来进行绿色产品创新的测量，包括：企业选择使用污染最小的产品材料进行产品开发或设计；企业使用最少量的材料进行产品开发或设计以及企业在开发和设计产品时将谨慎地考虑产品是否易于回收、可以重复使用以及容易分解。同样绿色过程创新的测量也包括 3 个题项：企业的生产过程有效地减少了有害物质或废物的排放；企业的生产过程减少了水、电、煤或石油的消耗以及该企业的制造过程减少了原材料的使用。

Wong（2012）在 Chen（2008）的基础上，结合中国企业的实际情况开发了绿色创新量表。从 5 个方面进行"绿色产品创新"的测量：我们的新产品使用较少或无污染/有毒物质；我们的新产品使用环保包装；在设计新产品时我们会考虑到在产品生命周期结束时进行回收和处理；我们的新产品使用回收材料；我们的新产品使用可回收材料。而对于"绿色过程创新"的测量也包括 5 个方面：我们生产过程消耗的资源（如水、电等）要比我们的竞争对手少；我们的生产过程会回收、重复使用和再制造一些材料或零部件；我们的生产过程使用清洁或可再生技术来节省资源（如能源、水和废物）；我们重新设计生产和运作过程以提高环境效率；我们重新设计和改进产品或服务，以满足新的环境标准或指令（如 WEEE 指令，ROHS 指令等）。

Wu（2013）在 Chen 等（2006）、Chiou 等（2011）和 Tseng 等（2013）的基础上，分别使用 4 个题项来测量绿色产品和过程创新。绿色产品创新包括：产品设计时使用较少污染/有毒材料或无污染/无毒材料的；为现有产品和新产品开发环保材料；设计可回收/可分解的产品以及使用生态标签。绿色过程创新包括：

① Utterback J M, Abernathy W J. A dynamic model of process and product innovation [J]. Omega, 1975, 3 (6): 639 - 656.

使用清洁技术减少有害物质的排放和/或浪费；废物和/或排放物的再循环和再利用；减少水、电、煤气或石油的消耗以及减少原材料的使用。

Lin 等（2013）在对绿色创新进行测量时，将绿色标志产品认证作为对绿色产品创新测量的一种手段。他们认为，绿色产品可以由范围广泛的环保产品专业术语来定义（Baumann 等，2002）[①]。而绿色标签适合描述绿色产品的特性。另外，他们也使用 ISO14001 认证用来作为绿色工艺创新的标志，因为他们认为 ISO14001 是一个过程标准，提供了一个将环境管理实践与企业运营整合在一起的框架。

李巧华（2014）[②] 对绿色创新的测量参照 Chen 等（2006）和 Chiou 等（2011）的研究，将其划分为绿色产品创新和绿色工艺创新两个部分，共有 9 个题项，其中，绿色产品创新有 5 个测量题项，绿色工艺创新有 4 个测量题项。

伊晟和薛求知（2016）在 Chiou 等（2011）和 Tseng 等（2013）的基础上使用 4 个题项测量“绿色产品创新”：改进产品以减少产品使用过程中对环境的污染；为现有产品或者新产品开发环保材料；设计可回收和易分解的产品以及使用生态标签。同样使用 4 个题项测量“绿色过程创新”：使用清洁技术减少有害物质和气体的排放；回收并再利用废料和废气；改进流程以减少原材料和能源的消耗；采用精益管理系统。

国内学者王洪波等（2017）对绿色创新测量主要参考 Chang（2011）、李巧华等（2014）的研究。该量表共包含 6 个题项，分别从三个方面对绿色产品创新和绿色工艺创新进行了测量。

---

① Baumann H, Boons F, Bragd A. Mapping the green product development field: Engineering, policy and business perspectives [J]. Journal of Cleaner Production, 2002, 10 (5): 409 - 425.

② 李巧华：“生产型企业绿色创新：影响因素及绩效相关”，西南财经大学，2014 年论文。

而本书按照对象进行划分，将绿色创新分为绿色产品创新和绿色过程创新，主要涉及绿色产品开发或设计、清洁技术的使用、废气废物的排放以及再循环、节约能源、污染防治等方面的创新（Chen 等，2006；Rennings 和 Rammer，2009；Dangelico 和 Pujari，2010）。基于 Chen（2008b）、Wong（2012）、Wu（2013）、Chang（2011）、伊晟和薛求知（2016）的研究，并结合自身研究情境，从绿色产品创新和绿色过程创新两个维度对绿色创新进行测量。具体测量题项见附录。

4.2.3 中介变量——绿色供应链整合的测量

现有研究中对绿色供应链整合的测量主要依据对供应链整合的测量。目前学术界对供应链整合的研究已较为成熟，主要依据 Frohlich 和 Westbrook（2001）[①]、Narasimhan 和 Kim（2002）、Kim（2013）以及 Flynn 等（2010）等的研究，从内部整合、供应商整合与顾客整合三个维度进行测量。

在 Kim（2013）的研究中，SCI 被分为三个层次：与顾客的整合，与供应商的整合和企业内部的整合。为了评估与供应商的整合，在研究中使用了 6 个题项，包括伙伴关系水平、协作、参与和供应商在整个供应链活动中的涉入程度。而 Kim 使用了 7 个题项来测量客户整合，包括交流水平、自动化和反馈系统，以及网络联系，以实现从企业到客户的信息流。而测量内部整合，涉及 8 个题项：在企业内部的功能系统整合水平，在部门之间实时数据的更新，以及跨职能会议和计划的安排。

Flynn 等（2010）关于供应链整合的测量被学者们参考引用的最多。其根据 Narasimhan 和 Kim（2002）来测量内部整合，

---

① Frohlich M T, Westbrook R. Arcs of integration: An international study of supply chain strategies [J]. Journal of Operations Management, 2001, 19 (2): 185 - 200.

包括9个题项：在内部跨职能部门之间的数据整合、企业应用整合以及跨部门会议的运用、综合库存管理、库存水平的实时搜索、物流作业数据的实时搜索、跨职能团队在过程改进中的应用、跨职能团队在新产品开发中的应用以及所有内部职能部门之间的实时整合和连接，包括从原材料管理到生产、运输和销售。根据Narasimhan和Kim（2002）来测量顾客和供应商整合。顾客整合一共有11个题项，包括：通过信息网络与主要客户建立联系的水平、主要客户订单的电脑化程度、从主要客户获取市场信息的水平、与主要客户的沟通程度、与主要客户建立快速订购系统、跟进主要客户的反馈意见、与主要客户的定期联系频率、主要客户与企业共享销售点（POS）的信息、主要客户与企业分享需求预测以及生产计划、企业与主要客户分享可用库存。而供应商整合一共有13个题项，包括：通过信息网络与主要供应商进行信息交流的水平、与主要供应商建立快速订货系统、与主要供应商建立战略伙伴关系的水平、通过与主要供应商的网络稳定采购、在采购和生产过程以及设计阶段，主要供应商的参与程度、主要供应商与企业分享其生产进度以及生产能力、主要供应商与企业分享库存水平和生产计划、企业与主要供应商分享企业的需求预测、以及企业帮助主要供应商改进其流程以更好地满足企业的需求。

Wong等（2011）在Narasimhan和Kim（2002）、Koufteros等（2007）以及Flynn等（2010）的基础上，通过4个题项来测量内部整合。在Narasimhan和Kim（2002）、Flynn等（2010）的基础上，分别通过5个题项来测量供应商整合和顾客整合。Zhao等（2011）测量顾客整合、供应商整合和内部整合分别用了11、13和9个题项来测量。其中一些题项是根据先前的研究题项进行了修改并增加了一些新的部分。在关于顾客整合的11个题项中，有9个题项是根据Narasimhan和Kim（2002）、Frohlich和Westbrook（2001）的研究得来的，是关于测量信息分享和合作的。剩下的两个关于客户销售点和关于需求预测的信息共享的题项是新开发的，用以提高顾客整合的测量。在关于供应商整合的 13 个题项中，有 8 个题项是根据 Narasimhan 和 Kim（2002）、Frohlich 和 Westbrook（2001）的研究得来的，是关于测量信息分享和合作的。另外 4 个题项是新开发的，以捕捉供应商整合中信息共享的程度。最后 1 个题项是用来测量合作的。在关于内部整合的 9 个题项中，有 6 个题项是根据 Narasimhan 和 Kim（2002）的研究得来的，用以测量数据或信息整合和过程整合。剩下的 3 个题项是新设计的，以捕捉跨职能团队和全面的功能整合，为研究提供更深入的内部整合内容。

Yu 等（2014）测量内部整合、顾客整合和供应商整合分别用了 9、11 和 13 个题项来测量。内部整合的题项都来自于 Narasimhan 和 Kim（2002）、Droge 等（2004）。其中的一些题项也被 Braunscheidel 和 Suresh（2009）使用。顾客整合的题项都来自于 Narasimhan 和 Kim（2002）、Frohlich 和 Westbrook（2001）。其中的一些题项也被 Braunscheidel 和 Suresh（2009）、Chen 和 Paulraj（2004）、Rao（2002）使用。供应商整合的题项都来自 Narasimhan 和 Kim（2002）、Frohlich 和 Westbrook（2001）。其中的一些题项也被 Braunscheidel 和 Suresh（2009）、Chen 和 Paulraj（2004）、Das 等（2006）①、Cohen 和 Kaimenakis（2006）以及 Gluch 等（2009）使用。

国内学者张慧颖等（2013）在 Flynn 等（2010）、Frohlich 和 Westbrook（2001）、Narasimhan 和 Kim（2002）的基础上，分别用 3 个题项来测量供应商整合、3 个题项测量顾客整合和 4 个题项来测量内部整合。

Zhao 等（2015）在 Flynn 等（2010）的基础上测量供应链

① Das A, Narasimhan R, Talluri S. Supplier integration – Finding an optimal configuration [J]. Journal of Operations Management, 2006, 24 (5): 563 – 582.

整合。内部整合由 6 个题项来衡量，其中 3 个来自 Flynn 等（2010）。剩余 3 个题项关于在战略规划方面的实时信息整合和跨职能整合是最新发现有助于增强内部整合的因素。供应商整合的 5 个题项，有 3 个题项都是来自 Flynn 等（2010）。剩下的 2 个题项关于实时监控和交货调整是最新发现有助于提升供应商整合。而客户整合有 5 个题项，他们都是根据 Flynn 等（2010）的研究得来的。

Lii 和 Kuo（2016）根据 Narasimhan 和 Kim（2002）、Swink 等（2007）[①] 以及 Flynn 等（2010）分别使用了 11 个题项来测量顾客整合，13 个题项来测量供应商整合以及使用了 9 个题项来测量内部整合。另外，Wu（2013）在先前研究基础上测量绿色供应链整合，其中绿色供应商整合包括 5 个题项，客户整合包括 3 个题项，内部整合包括 6 个题项。

本书在 Lee（2008）、Zhu 等（2008）、Wu 等（2012）以及 Wu（2013）基础上，根据自身情境做了适当修改，使用 6 个题项来测量绿色供应链内部整合；在 Rao（2002）、Vachon 和 Klassen（2006）、Zhu 等（2008）以及 Lee 和 Kim（2010）基础上，使用 8 个题项来测量绿色供应链外部整合（包括顾客和供应商整合）。具体测量题项见附录。

4.2.4 调节变量——关系学习能力的测量

Selnes 和 Sallis（2003）在 Gupta 和 Govindarajan（1991）[②]、

---

① Swink M., Narasimhan R., Wang C. Managing beyond the factory walls: Effects of four types of strategic integration on manufacturing plant performance [J]. Journal of Operations Management, 2007, 25 (1): 148 - 164.

② Gupta A K, Govindarajan V. Knowledge flows and the structure of control within multinational corporations [J]. Academy of Management Review, 1991, 16 (4): 768 - 792.

Heide 和 Weiss（1995）、Liedtka（1997）①、Dyer 和 Singh（1998）的基础上，最早设计出了关系学习能力的测量量表，也是到目前为止最受大家认可的。其用 17 个题项分别测量信息分享、信息传播和共同理解三个部分。其中用了 7 个题项来测量信息分享，包括：企业在关系中交换关于产品成功和不成功经验的信息；企业交换有关与最终用户的需求、偏好和行为变化的信息；企业交换与市场结构变化有关的信息，如兼并、收购或合作；企业交换有关重点产品技术变化的信息；企业尽快交换任何意想不到问题的信息；企业交换有关两个企业战略和政策变化的信息以及企业交换对双方都敏感的信息，例如财务绩效和企业专有技术。用了 4 个题项来测量共同理解，包括：在关系中建立联合团队来解决经营问题是很常见的；建立联合团队来分析和讨论战略问题是很常见的；关系中的氛围激发了包含各种观点的富有成效的讨论以及双方在这段关系中有很多面对面的交流等。用了 6 个题项来测量特定关系记忆，包括：在关系中，我们经常会调整我们对最终用户的需求、偏好和行为的共同理解；在关系中，我们经常会调整我们对与我们业务相关的技术发展趋势的共识；在关系中，我们经常对订单交付流程进行评估，并在必要时调整我们的常规运作；在关系中，我们经常评估并在必要时更新正式合同；我们经常面对面，以更新个人关系网络以及我们经常评估并在必要时更新有关存储在我们电子数据库中关于关系的信息。而后来 Cheung 等（2011）以及 Albort – Morant 等（2016）等学者同样使用 Selnes 和 Sallis（2013）的量表一共 17 个题项来测量关系学习能力。

Chen 等（2009）在 Selnes 和 Sallis（2003）基础上根据研究需要对关系学习的测量只包括 5 个题项：企业是否与相关合作伙

① Liedtka J M. The generative cycle: Linking knowledge and relationships [J]. Sloan Management Review, 1997, 39 (1): 47 – 58.

伴交换产品技术变化的信息；企业是否与其相关的合作伙伴交换与市场结构变化有关的信息，如兼并、收购或合作；企业是否经常受到相关合作伙伴的影响，以调整其对与业务相关的技术趋势的共同理解；企业是否经常成立联合小组，与相关合作伙伴分析和讨论战略问题以及企业及其相关合作伙伴是否经常面对面地更新个人网络。

国内学者陈勇和蔡宁（2011）在 Heide 和 Weiss（1995）、Seines 和 Sallis（2003）、蒋青云（2007）、Chen 等（2009）、Jean 和 Sinkovics（2010）研究基础上测量关系学习能力。分别使用 3 个题项来测量信息分享，4 个题项测量共同理解，3 个题项测量特定关系记忆。

叶冠林（2012）[①] 在 Johnson 和 Sohi（2003）、Cheung 等（2011）、Selnes 和 Sallis（2013）的研究基础上测量关系学习能力，分别使用 3 个题项来测量信息分享、共同理解和知识传播。

李贞和杨洪涛（2012）基于 Seines 和 Sallis（2003）、蒋青云（2007）的研究，采用 14 个题项进行测量，但在进行问卷的信度分析时发现其中 1 个题项在整个量表中的一致性较差，所以最终确定使用其中的 13 个题项。

简兆权等（2014）在参考了 Selnes 与 Sallis（2003）、Johnson 与 Sohi（2003）、谢宜君等（2008）等的研究后，把关系学习分为信息分享、信息传播和共同理解三个构面，共 10 个题项来测量。

伍紫莹（2016）[②] 在设计关系学习过程中，参照 Selnes 和

① 叶冠林：“关系质量、关系学习对服务创新绩效的影响研究”，华南理工大学，2012 年论文。

② 伍紫莹：“互动导向、关系学习与知识转移绩效的关联性研究”，华南理工大学，2016 年论文。

Salils（2003）、Chen 等（2009）、陈勇和蔡宁（2011）等诸多学者对于关系学习的测量指标，将关系学习划分为信息共享、共同理解以及特定关系记忆三个维度，包括 11 个测量题项。其中信息共享有 4 个题项，共同理解有 3 个题项，特定关系记忆有 3 个题项。

马鸿佳等（2017）主要基于 Selnes 和 Sallis（2013）以及 Lai 等（2009）的研究成果对关系学习进行测度。也将关系学习划分为信息共享、共同理解和特定关系记忆三个维度。其中，使用 7 个题项来测量共享信息，使用 4 个题项来测量共同理解，使用 6 个题项来测量特定关系记忆。

通过以上的整理可以看到，关系学习能力的原始量表是使用 17 个题项来测量三个维度，但是后来不同学者根据研究需要进行了修改和调整，每个维度的题项会有一些减少。因为本书是将"关系学习能力"作为调节变量来研究，因此，在 Selnes 和 Sallis（2003）、Chen 等（2009）、陈勇和蔡宁（2011）、简兆权等（2014）以及马鸿佳等（2017）的基础上，根据自身情况进行修改后最终确定使用 5 个题项来测量关系学习能力。具体测量题项见本书附录。

4.2.5 调节变量——绿色吸收能力的测量

学术界对"吸收能力"的定义以及划分方式至今仍无法统一，其测量方式更是存在不同的见解。根据研究需要，有学者将"吸收能力"看成是一个单维度进行测量（Cohen 和 Levinthal，1990），测量指标包括：企业的研发强度（Tdorova 和 Durisin，2007）、专利引用（Mowery，1996）、技术人员指标（Luo，2007）、研发部门的建立（Dane，2010）等。也有学者将其分成不同的维度进行测量，而维度的分类也是根据研究需要进行不同的划分（Zahra 和 George，2002）。其中比较有代表性的是，Jansen 等（2005）[①] 基于 Zahra 和 George（2002）对企业吸收能力四个维度的划分，研发出了一套实用的、多维度量表，比较完整地反映了企业吸收能力及其构成。而 Flatten 等（2011）在 Jansen（2005）的基础上，继续开发了一套测量吸收能力四个维度的量表，其测量效果也很好。

至此，其余的国内外学者大多都是在他们基础上进行吸收能力量表的开发。Chen 等（2009）根据 Cohen 和 Levinthal（1990）以及 Daghfous（2004）将吸收能力定义为获取、吸收、转化和利用知识的能力，这种能力可能决定其组织创新和能力的水平，并对吸收能力进行测量。一共有 3 个题项，包括：企业是否有在商业上应用新的外部知识并开发新产品的能力；企业是否具有从外部知识中理解、分析和解释信息的能力；企业是否有将现有知识与新获得和吸收的知识结合起来的能力。李贞和杨洪涛（2012）基于 Zarha 和 George（2002）的研究，使用 13 个题项来对吸收能力进行测量，其中包括对“潜在吸收能力”和“现实吸收能力”两个因素的测量。王国顺和杨昆（2011）测量吸收能力的量表借鉴韦影（2007）、Volberda 等（2010）、Jansen 等（2005）和 Jantunen（2005）[②] 的研究，由 23 个题项组成，分别测量知识识别（4 项）、知识获取（6 项）、知识共享（8 项）和知识应用（5 项）。

刘学元等（2016）在 Cohen 和 Levinthal（1990）研究基础上，结合中国企业的实际情况，最终使用 12 个题项来测量企业通过正式和非正式途径获取知识的能力，10 个题项来测量知识

① Jansen J J P, Bosch F A J V D, Volberda H W. Managing potential and realized absorptive capacity: How do organizational antecedents matter? [J]. Academy of Management Journal, 2005, 48 (6): 999 - 1015.

② Jantunen A. Knowledge - processing capabilities and innovative performance: An empirical study [J]. European Journal of Innovation Management, 2005, 8 (3): 336 - 349.

同化能力，11 个题项来测量知识应用能力。Chen 等（2014）在 Daghfous（2004）和 Lichtenthaler（2009）的基础上，使用 5 个题项来测量“绿色吸收能力”，并在 2015 年对这 5 个题项进行了修改，包括：企业的组织结构促进了从外部绿色知识中分析、理解和推断信息的能力的发展；企业能够在各部门之间交流绿色知识；企业拥有将其现有的环境知识与新获得和吸收的环境知识整合的能力；企业拥有对其经营有关键影响的外部环境知识进行识别、获取以及赋予价值的能力；企业有将其新的外部环境知识成功商业化的能力。潘楚林和田虹（2016b）基于 Cohen 和 Levinthal（1990）、Lane 等（2006）的研究成果，使用 8 个题项来进行“吸收能力”的测量。

本书将“绿色吸收能力”作为调节变量来研究，把关注的重点放在其作用的整体结果上。因此，基于 Daghfous（2004）、Lichtenthaler（2009）、Chen 等（2009；2014；2015）以及潘楚林和田虹（2016b）的研究，从单一维度来进行“绿色吸收能力”的测量。一共包括 5 个题项。具体测量题项见本书附录。

4.2.6 控制变量的测量

（1）企业规模。

通过对绿色创新文献的整理发现，企业规模是一个影响很显著的变量。不同规模的企业被关注程度、受到的外部绿色需求的响应存在差异，再加上企业自身资源能力等也不同，因此，实施绿色创新的情况也会大不相同。

有学者认为，规模较大的企业所拥有的资源和能力也更多，受到的关注也更大，利益相关者对其要求也更高，环保压力较大，因此比小企业更易于进行绿色创新（Chen，2008b；Demirel 和 Kesidou，2011）。但也有学者持相反观点，他们认为小企业决策程序更加简单，更容易进行创新，而且与利益相关者的认可程度相关度高，因此，小企业比大企业更会主动采取环保措施，更容易进行绿色创新（Berrone 等，2013；Triguero 等，2016）。

尽管企业规模与绿色创新之间的关系并没有一致结论，但是可以肯定企业规模和绿色创新是相关的，所以，本书把“企业规模”作为一个控制变量，主要将“企业员工人数”作为衡量指标。

（2）企业成立年限。

企业成立年限是用来衡量企业生命周期的，当企业处于不同的生命周期，面对外部环境时会进行不同的战略选择，其能力也会有很大差异。有学者也发现企业生命周期对企业创新性各个要素的影响是显著不同的（张炜和张世龙，2008）[①]。

（3）企业是否上市。

上市的企业与没有上市的企业相比，所拥有的资源、能力更多，所受到的关注更大，更在意自己的社会形象，更愿意承担社会责任（齐岳和孙丹心，2017）[②]。

（4）产权性质。

不同性质的企业组织结构、拥有的资源和能力等都存在差异，在企业生产经营过程中不仅会对环境产生不同的影响，所受到的环境规制程度和环境保护重视程度也存在差异，这会影响企业的创新行为。很多学者也特别将企业的“产权性质”作为研究企业创新的控制变量（Quist 和 Tukker，2013；Amore 和 Bennedsen，2016）。

因此，为了减少这些因素对结果变量造成的干扰，本书将对企业规模、企业成立年限、是否上市、企业性质进行控制。

---

① 张炜、张世龙：“创新型企业的组织创新性结构关系模型检验”，《科学学与科学技术管理》，2008 年第 8 期。

② 齐岳、孙丹心：“企业社会责任评价方法对比研究及启示——以医药行业上市公司为例”，《管理学刊》，2017 年第 1 期。

成立年限为企业成立之日至2017年；企业规模采取企业员工人数进行测量；产权性质设置为虚拟变量，国有及国有控股企业赋值为1，非国有及国有控股企业（民营企业、中外合资企业、外商独资企业）为0。所有控制变量的具体测量题项见本书附录。

4.3 问卷小样本测试

本书在完成初始问卷后，为进一步检验初始问卷的有效性和适用性，在正式收集数据之前进行了小样本测试。小样本前测于2017年7月至8月进行，一方面是经过老师、朋友介绍，回收问卷50份，剔除无效问卷后，有效问卷为33份；另外是在问卷星上进行测试，被调研人员主要为能够就企业环境管理方面作出回应的中高层管理者，共回收140份问卷，有效问卷119份。此次问卷共回收190份，其中有效问卷152份，问卷合格率为80%。

另外，使用SPSS 20.0统计软件对通过小样本测试所得到的数据进行描述性统计以及信度与效度分析。在此基础上，本书对初始问卷进行了修正与改进。

4.3.1 小样本的描述性统计

本书预调研共回收了152份有效问卷，小样本描述性分析结果见表4-1，首先，从管理者职位来看，CEO/总经理、企业法人代表、董事长共39人，占调查对象的25.7%；环境、健康和安全事务负责人共7人，占调查对象的4.7%；生产、市场和研发部门的经理共65人，占调查对象的42.8%。成立年限方面，成立9~13年的企业占到绝大多数，共69家；13年以上的企业有55家，共占调查对象的81.6%。产权性质方面，调查对象以非国有企业为主，占83.6%，其中民营企业102家，占调查对象的67.1%。从企业规模来看，员工人数不足100人占6.6%，在101～300人所占比例最高，达到38.2%，301～500人占16.4%，501～1000人占15.1，3000人以上有13.2%。从样本公司的行业来看，集中分布在食品、饮料，石油、化工、塑胶、塑料，电子，机械、设备、仪表等行业，占有效样本比例分别为7.9%、13.2%、21.1%、25.0%。

表4-1 小样本描述性统计结果

项目	类别	样本数	百分比（%）	累积百分比（%）
管理者职位	CEO/总经理	5	3.3	3.3
	企业法人代表	18	11.8	15.1
	董事长	16	10.5	25.6
	研发部经理	9	5.9	31.5
	市场部经理	23	15.1	46.6
	生产部经理	33	21.7	68.3
	环境、健康和安全事务负责人	7	4.7	73.0
	其他	41	27	100.0
企业成立年限	3年以下	2	1.3	1.3
	4～8年	26	17.1	18.4
	9～13年	69	45.4	63.8
	13年以上	55	36.2	100.0
员工人数	100人以下	10	6.6	6.6
	101～300人	58	38.2	44.8
	301～500人	25	16.4	61.2
	501～1000人	23	15.1	76.3
	1001～3000人	16	10.5	86.8
	3001人以上	20	13.2	100.0

续表

项目	类别	样本数	百分比（%）	累积百分比（%）
产权性质	国有及国有控股企业	25	16.4	16.4
	民营企业	102	67.1	83.5
	中外合资企业	15	9.9	93.4
	外商独资企业	10	6.6	100.0
所属行业	采掘业	1	0.7	0.7
	食品、饮料	12	7.9	8.6
	纺织、服装、皮毛	9	5.9	14.5
	造纸、印刷	3	2	16.5
	石油、化工、塑胶、塑料	20	13.2	29.7
	电子	32	21.1	50.8
	金属、非金属	4	2.6	53.4
	机械、设备、仪表	38	25	78.4
	医药、生物制品	5	3.3	81.7
	电力、煤气及水的生产和供应业	9	5.9	87.6
	其他	19	12.4	100.0
是否已经上市	是	37	24.3	24.3
	否	115	75.7	100.0

4.3.2 信度分析

问卷信度（Reliability）是指在相同条件下对量表各个题项的稳定性与一致性程度进行检验和评价，被定义为一个测量工具免于随机误差影响的程度，以此判断问卷设计的可靠性。在管理学中主要采用内部一致性信度，即采用 Cronbach's α 值来对测量题项或整个问卷进行信度检验，Cronbach's α 值在 0 到 1 之间，值越大，代表测量量表的内在一致性越高，表明问卷设计越理想。一般认为当 Cronbach's α 系数大于 0.6 为可接受值，超过 0.7 说明该问卷内在一致性很高，是可以采用的。一般建议 Cronbach's α 值不低于 0.7，在 0.8 以上更为理想（罗胜强和姜嬿，2014）①。本书利用 SPSS20.0 统计软件，采用系数法对量表信度进行检验。

（1）绿色创新信度分析。

运用 SPSS20.0 统计分析软件对绿色创新进行信度分析，由表 4-2 可知，绿色创新的 Cronbach's α 系数为 0.922，且删除任意一个题项后，Cronbach's α 的系数均低于原有的 Cronbach's α 的系数值。因此，本书所选取的 8 个题项间具有较高的内部一致性。

表 4-2　　绿色创新的信度检验（N=152）

题　　项	删除该题项后的 Cronbach's α 值	Cronbach's α 值
企业在产品开发和设计阶段选择对环境较少污染/较少毒害或无污染/无毒的材料	0.907	0.922
企业在产品开发和设计阶段选择消耗能源和资源最少的材料	0.848	
企业使用最少量的材料进行产品开发或设计	0.885	
企业在产品开发和设计阶段仔细思考产品成分是否可循环、可再使用和可降解	0.885	
企业在生产过程中使用清洁技术有效地减少了有害物质或废物的排放	0.881	
企业在生产过程中会再循环、再利用与再制造原材料和被允许利用的废气、废物	0.884	
企业在生产过程中使用清洁或可再生技术减少了水、电、煤、油等资源的消耗	0.88	
企业在生产过程中因着生产工艺的改进减少了原材料的使用	0.888	

① 罗胜强、姜嬿：《管理学问卷调查研究方法》，重庆大学出版社 2014 年版。

(2) 绿色智力资本信度分析。

运用 SPSS20.0 统计分析软件对绿色智力资本进行信度分析，由表 4-3、表 4-4、表 4-5 可知，绿色人力资本维度的 Cronbach's α 系数为 0.773，且删除任意一个题项后，Cronbach's α 的系数均低于原有的 Cronbach's α 的系数值。因此，本书所选取的 5 个题项间具有较高的内部一致性；绿色结构资本维度的 Cronbach's α 系数为 0.877，且删除任意一个题项后，Cronbach's α 的系数均低于原有的 Cronbach's α 的系数值，因此，本书所选取的 9 个题项间具有较高的内部一致性；绿色关系资本维度的 Cronbach's α 系数为 0.831，且删除任意一个题项后，Cronbach's α 的系数均低于原有的 Cronbach's α 的系数值，因此，本书所选取的 5 个题项间具有较高的内部一致性。

表 4-3　　绿色人力资本的信度检验（N=152）

题　项	删除该题项后的 Cronbach's α 值	Cronbach's α 值
企业员工在环境保护方面的生产率和贡献优于主要竞争对手	0.699	0.773
企业员工的环境保护能力优于主要竞争对手	0.752	
企业员工所提供的绿色产品和服务质量优于主要竞争对手	0.718	
企业中关于环境保护的团队合作程度优于主要竞争对手	0.719	
企业管理者为了实现环境保护目标对员工提供全面的支持	0.769	

表 4-4　　绿色结构资本的信度检验（N=152）

题　　项	删除该题项后的 Cronbach's α 值	Cronbach's α 值
企业的环境管理系统优于主要竞争对手	0.86	0.877
企业在环境保护方面获得的收益比主要竞争对手多	0.862	
企业在环保方面的研发投入与销售收入的比率比主要竞争对手的比率高	0.861	
企业研发绿色产品的能力优于主要竞争对手	0.861	
企业对环境保护设备的投资比主要竞争对手多	0.866	
企业关于环境管理的员工数量占总员工数量的比例比主要竞争对手多	0.872	
企业环境保护的整体运作流程运行很顺利	0.864	
企业关于环境保护的创新多于主要竞争对手	0.86	
企业的环境管理知识系统有助于积累和分享环境管理知识	0.864	

表 4-5　　绿色关系资本的信度检验（N=152）

题　　项	删除该题项后的 Cronbach's α 值	Cronbach's α 值
企业依据消费者的环境保护期望设计其产品和服务	0.805	0.831
消费者对企业环境保护行为的满意度高于主要竞争对手	0.785	
企业与上游供应商建立了关于环境保护良好及稳固的合作关系	0.780	
企业与下游客户或渠道建立了关于环境保护良好及稳固的合作关系	0.804	
企业与战略合作伙伴建立了关于环境保护良好及稳固的合作关系	0.808	

（3）绿色供应链整合信度分析。

运用 SPSS20.0 统计分析软件对企业绿色供应链整合进行信度分析，由表 4－6 和表 4－7 可知，绿色供应链外部整合维度的 Cronbach's α 系数为 0.834，且删除任意一个题项后，Cronbach's α 的系数均低于原有的 Cronbach's α 的系数值。因此，本书所选取的 8 个题项间具有较高的内部一致性；绿色供应链内部整合维度的 Cronbach's α 系数为 0.868，且删除任意一个题项后，Cronbach's α 的系数均低于原有的 Cronbach's α 的系数值。因此，本书所选取的 6 个题项间具有较高的内部一致性。

表 4－6　绿色供应链外部整合的信度检验（N＝152）

题　　项	删除该题项后的 Cronbach's α 值	Cronbach's α 值
企业与供应商合作一起设定环境目标	0.821	0.834
企业对供应商内部管理实施环境审计	0.812	
企业为供应商提供与设计规范和清洁生产技术有关的环境设计要求	0.814	
企业要求供应商实施环境管理或获得环境管理体系的第三方认证（如，ISO 14001）	0.824	
企业根据一些环境标准来选择供应商	0.815	
企业和客户通过共同计划实现环境目标	0.819	
企业通过与客户合作来减少产品对环境的影响	0.812	
企业与客户合作进行清洁生产、绿色包装或其他环保活动	0.804	

表4-7　绿色供应链内部整合的信度检验（N=152）

题　项	删除该题项后的 Cronbach's α 值	Cronbach's α 值
企业的高层和中层管理人员都致力于绿色供应链管理	0.841	0.868
企业为改善环境进行跨职能部门合作	0.854	
企业各部门之间对环境问题有良好沟通	0.853	
企业实施环保合规和审计项目	0.845	
企业的环保知识在各部门之间积累和共享	0.847	
企业有一套环境管理系统	0.830	

（4）关系学习能力信度分析。

运用SPSS20.0统计分析软件对企业关系学习能力维度进行信度分析，由表4-8可知，关系学习能力维度的Cronbach's α系数为0.759，且删除任意一个题项后，Cronbach's α的系数均低于原有的Cronbach's α的系数值。因此，本书所选取的5个题项间具有较高的内部一致性。

表4-8　关系学习能力的信度检验（N=152）

题　项	删除该题项后的 Cronbach's α 值	Cronbach's α 值
企业与相关合作伙伴交换与市场结构变化有关的信息，如兼并、收购或合作等	0.712	0.759
企业与相关合作伙伴交换有关产品技术变化的信息	0.720	
企业与相关合作伙伴会经常共同分析讨论重要的战略议题	0.712	
在关系中，企业与相关合作伙伴经常会调整与业务相关的技术发展趋势的共识	0.725	
企业与相关合作伙伴经常进行交流，以更新人际关系网络	0.709	

（5）绿色吸收能力信度分析。

运用 SPSS20.0 统计分析软件对企业绿色吸收能力维度进行信度分析，由表4－9可知，关系学习能力维度的 Cronbach's α 系数为0.795，且删除任意一个题项后，Cronbach's α 的系数均低于原有的 Cronbach's α 的系数值。因此，本书所选取的 5 个题项间具有较高的内部一致性。

表4－9　　绿色吸收能力的信度检验（N＝152）

题　项	删除该题项后的 Cronbach's α 值	Cronbach's α 值
企业能够在各部门之间交流绿色知识	0.741	0.795
企业能够对其经营有关键影响的外部绿色知识进行识别、获取以及赋予价值	0.756	
企业能够有效地以商业目的应用其新的外部绿色知识	0.777	
企业的组织结构促进了从外部绿色知识中分析、理解和推断信息的能力的发展	0.773	
企业能够将其现有的绿色知识与新获得和吸收的绿色知识整合起来	0.729	

4.3.3 效度分析

效度（Validity）是指研究所采用的工具能够准确测量被研究对象的程度。效度主要分为内容效度和结构效度。内容效度指量表内容或题项反映研究主旨的程度（吴明隆，2012）[①]。本书通过对文献的整理、分析和归纳，和对理论假设的科学推演以及模型

① 吴明隆：《问卷统计分析实务——SPSS 操作与应用》，重庆大学出版社 2012 年版。

的构建，基于国内外学者成熟的量表结合我国企业的实际情况，又通过“倒译法”翻译、进入企业进行深入访谈以及经过专家的建议，反复推敲完善最终才确定了问卷的测量题项。因此，可以认为该问卷在一定程度上具有良好的内容效度。结构效度是判断测量工具所采集的数据结构与构念本身结构的一致性程度，主要采用因子分析对结构效度进行分析，包括探索性因子分析和验证性因子分析。考虑到问卷设计的实际情况，本书在小样本测试阶段进行探索性因子分析，并在检验前采用 Kaiser - Meyer - Olkin（KMO）适当性检验和 Bartlett's 球形检验对变量间的相关性进行分析（马庆国，2002）①，一般而言，当 KMO 值高于 0.7 时，Bartlett 统计值显著性概率小于等于 0.05 时，可以使用因子分析法分析数据。

（1）绿色创新的探索性因子分析。

本书首先对绿色创新进行 KMO 和 Bartlett 检验。由表 4 - 10 可知，绿色创新的 KMO 为 0.908，同时，Bartlett's 球体检验的近似卡方为 801.781，自由度为 28，达到显著性水平，符合因子分析条件。而后，本书采用主成分分析法和最大方差正交旋转提取因子，根据特征根大于 1，因子载荷大于 0.5 的标准进行判断，如表 4 - 11 可知，绿色创新共提取一个因子，共解释了 65.553% 的变异量。

表 4 - 10　绿色创新的 KMO 和 Bartlett 检验（N = 152）

取样足够度的 Kaiser - Meyer - Olkin 度量	0.908	
Bartley 球体检验	近似卡方值	801.781
	自由度 df	28
	显著性 sig.	0.000

① 马庆国：《管理统计：数据获取、统计原理、SPSS 工具与应用研究》，科学出版社 2002 年版。

表 4-11　绿色创新探索性因子分析（N=152）

题　项	因子载荷 1
企业在产品开发和设计阶段选择对环境较少污染/较少毒害或无污染/无毒的材料	0.876
企业在生产过程中使用清洁或可再生技术减少了水、电、煤、油等资源的消耗	0.830
企业在生产过程中使用清洁技术有效地减少了有害物质或废物的排放	0.823
企业在产品开发和设计阶段选择消耗能源和资源最少的材料	0.799
企业在生产过程中因生产工艺的改进减少了原材料的使用	0.787
企业在产品开发和设计阶段仔细思考产品成分是否可循环、可再使用和可降解	0.787
企业使用最少量的材料进行产品开发或设计	0.786
企业在生产过程中会再循环、再利用与再制造原材料和被允许利用的废气、废物	0.785
方差解释	65.553%

（2）绿色智力资本的探索性因子分析。

表 4-12 为绿色智力资本的 KMO 和 Bartlett 检验。由表可知，绿色智力资本的 KMO 为 0.891，同时，Bartlett's 球体检验的近似卡方为 1393.910，自由度为 171，达到显著性水平，符合因子分析条件。而后，采用主成分分析法和最大方差正交旋转提取因子，根据特征值大于 1，因子载荷大于 0.5 的标准进行判断，如表 4-13 可知，绿色智力资本共提取三个因子，为绿色人力资本、绿色结构资本和绿色关系资本，共解释了 56.556% 的变异量。

表 4-12　绿色智力资本的 KMO 和 Bartlett 检验 (N=152)

取样足够度的 Kaiser-Meyer-Olkin 度量	0.891	
Bartley 球体检验	近似卡方值	1393.910
	自由度 df	171
	显著性 sig.	0.000

表 4-13　绿色智力资本探索性因子分析 (N=152)

题　　项	因子载荷 1	因子载荷 2	因子载荷 3
企业关于环境保护的创新多于主要竞争对手	0.779	0.072	0.197
企业在环保方面的研发投入与销售收入的比率比主要竞争对手的比率高	0.762	0.219	0.058
企业在环境保护方面获得的收益比主要竞争对手多	0.644	0.104	0.342
企业研发绿色产品的能力优于主要竞争对手	0.630	0.267	0.241
企业中关于环境保护的团队合作程度优于主要竞争对手	0.562	0.502	0.178
企业的环境管理知识系统有助于积累和分享环境管理知识	0.547	0.230	0.360
企业环境保护的整体运作流程运行很顺利	0.539	0.369	0.272
企业对环境保护设备的投资比主要竞争对手多	0.517	0.292	0.321
企业员工在环境保护方面的生产率和贡献优于主要竞争对手	0.507	0.327	0.388
企业管理者为了实现环境保护目标对员工提供全面的支持	0.503	0.322	0.101
企业与上游供应商建立了关于环境保护良好及稳固的合作关系	0.315	0.763	0.047

续表

题　　项	因子载荷 1	因子载荷 2	因子载荷 3
企业与战略合作伙伴建立了关于环境保护良好及稳固的合作关系	0.099	0.736	0.247
消费者对企业环境保护行为的满意度高于主要竞争对手	0.263	0.716	0.127
企业与下游客户或渠道建立了关于环境保护良好及稳固的合作关系	0.051	0.697	0.377
企业依据消费者的环境保护期望设计其产品和服务	0.401	0.642	-0.024
企业员工的环境保护能力优于主要竞争对手	0.110	0.117	0.831
企业关于环境管理的员工数量占总员工数量的比例比主要竞争对手多	0.253	0.127	0.678
企业员工所提供的绿色产品和服务质量优于主要竞争对手	0.314	0.183	0.659
企业的环境管理系统优于主要竞争对手	0.221	0.172	0.541
方差解释	56.556%		

（3）绿色供应链整合的探索性因子分析。

表 4-14 为绿色供应链整合的 KMO 和 Bartlett 检验。由表可知，绿色供应链整合的 KMO 为 0.862，Bartlett's 球体检验的近似卡方为 941.982，自由度为 91，达到显著性水平，符合因子分析条件。而后，采用主成分分析法和最大方差正交旋转提取因子，根据特征值大于 1，因子载荷大于 0.5 的标准进行判断，如表 4-15 可知，绿色供应链整合共提取两个因子，为绿色供应链内部整合和绿色供应链外部整合，共解释了 53.626% 的变异量。

表 4－14　绿色供应链整合的 KMO 和 Bartlett 检验（N＝152）

取样足够度的 Kaiser－Meyer－Olkin 度量	0.862	
Bartley 球体检验	近似卡方值	941.982
	自由度 df	91
	显著性 sig.	0.000

表 4－15　绿色供应链整合的探索性因子分析（N＝152）

题　项	因子载荷 1	因子载荷 2
企业有一套环境管理系统	0.807	0.227
企业的环保知识在各部门之间积累和共享	0.774	0.090
企业的高层和中层管理人员都致力于绿色供应链管理	0.745	0.249
企业为改善环境进行跨职能部门合作	0.731	0.179
企业实施环保合规和审计项目	0.703	0.329
企业各部门之间对环境问题有良好沟通	0.625	0.368
企业与客户合作进行清洁生产、绿色包装或其他环保活动	0.211	0.755
企业通过与客户合作来减少产品对环境的影响	0.118	0.738
企业和客户通过共同计划实现环境目标	0.104	0.708
企业与供应商合作一起设定环境目标	0.223	0.619
企业对供应商内部管理实施环境审计	0.369	0.595
企业为供应商提供与设计规范和清洁生产技术有关的环境设计要求	0.405	0.555
企业根据一些环境标准来选择供应商	0.476	0.521
企业要求供应商实施环境管理或获得环境管理体系的第三方认证（如，ISO 14001）	0.386	0.517
方差解释	53.626%	

（4）关系学习能力的探索性因子分析。

表4－16为关系学习能力的KMO和Bartlett检验。由表可知，关系学习能力的KMO为0.777，Bartlett's球体检验的近似卡方为166.094，自由度为10，达到显著性水平，符合因子分析条件。而后，采用主成分分析法和最大方差正交旋转提取因子，根据特征值大于1，因子载荷大于0.5的标准进行判断，如表4－17可知，关系学习能力共提取一个因子，解释了50.940%的变异量。

表4－16　关系学习能力的KMO和Bartlett检验（N＝152）

取样足够度的 Kaiser－Meyer－Olkin 度量	0.777	
Bartley 球体检验	近似卡方值	166.094
	自由度 df	10
	显著性 sig.	0.000

表4－17　关系学习能力的探索性因子分析（N＝152）

题　　项	因子载荷1
企业与相关合作伙伴经常进行交流，以更新人际关系网络	0.732
企业与相关合作伙伴会经常共同分析讨论重要的战略议题	0.723
企业与相关合作伙伴交换与市场结构变化有关的信息，如兼并、收购或合作等	0.722
企业与相关合作伙伴交换有关产品技术变化的信息	0.701
在关系中，企业与相关合作伙伴经常会调整与业务相关的技术发展趋势的共识	0.689
方差解释	50.940%

（5）绿色吸收能力的探索性因子分析。

表4－18为绿色吸收能力的KMO和Bartlett检验。由表可知，绿色吸收能力的KMO为0.815，Bartlett's球体检验的近似卡

方为210.271，自由度为10，达到显著性水平，符合因子分析条件。而后，采用主成分分析法和最大方差正交旋转提取因子，根据特征值大于1，因子载荷大于0.5的标准进行判断，如表4-19可知，绿色吸收能力共提取一个因子，解释了55.447%的变异量。

表4-18　绿色吸收能力的KMO和Bartlett检验（N=152）

取样足够度的 Kaiser - Meyer - Olkin 度量	0.815	
Bartley 球体检验	近似卡方值	210.271
	自由度 df	10
	显著性 sig.	0.000

表4-19　绿色吸收能力的探索性因子分析（N=152）

题　　项	因子载荷1
企业能够将其现有的绿色知识与新获得和吸收的绿色知识整合起来	0.811
企业能够在各部门之间交流绿色知识	0.785
企业能够对其经营有关键影响的外部绿色知识进行识别、获取以及赋予价值	0.749
企业的组织结构促进了从外部绿色知识中分析、理解和推断信息的能力的发展	0.694
企业能够有效地以商业目的应用其新的外部绿色知识	0.675
方差解释	55.447%

4.4　本章小结

本章首先介绍了问卷设计方法，包括问卷的结构和设计程序；然后根据以往文献的整理和总结，在国内外成熟量表的基础上，结合中国企业的实际情况，选择了适合绿色智力资本、绿色供应链整合、绿色创新以及关系学习能力和绿色吸收能力的初始量表，并根据与企业中高层管理人员的深入访谈以及专家的建议，对量表进行了反复论证、修改和完善，形成了初始问卷；最后，通过收集小样本数据进行预调研，进行了信度、效度分析以及探索性因子分析，分析结果显示该量表具有良好的信度和效度，能够用以进行大规模正式调研。最终调查问卷参见本书附录。

5 实证研究

5.1 正式样本调研概况

5.1.1 样本选择

本书研究对象主要为对自然环境有较大影响的企业。根据环保部2010年公布的《上市公司环境信息披露指南》，重污染行业包括采掘、食品、饮料、纺织、服装、皮毛、造纸、印刷、石油、化工、塑胶、塑料、电子、金属、非金属、医药、生物制品、发酵、钢铁、电力、煤炭、冶金及水的生产和供应业等。研究的调查对象主要为能够就企业的市场、运营和环境管理问题进行作答的中高层管理人员（包括CEO/总经理或企业法人代表、董事长、研发部经理、市场部经理、生产部经理、环境方面负责人或其他高层管理者）。为了保证问卷的有效性，首先要求调查对象在填写问卷之前回答两个问题："贵公司近两年是否主动实施环境战略或进行有关环境保护活动?"以及"您是否能够就贵公司的市场、运营和环境管理问题进行作答?"如果两个问题的答案是肯定的，请他们正式作答；如果不是，请他们停止作答，或将此问卷转交给其他了解企业市场和环境问题的管理人员作答。

本书于2017年9月至10月委托第三方“问卷星”进行样本的发放和收集，共发放了3587份问卷，收到402份问卷，回收率为11.21%；剔除不合格的问卷74份，有效问卷共328份，问卷有效率是81.6%。在收集前，与客服人员进行详细的沟通，确保严格按照调研对象的要求进行发放。调研对象一定是对自然环境有影响，且近两年实施了环境相关活动的企业，另外填写对象一定是企业的高管。本书要求填写被调研企业的名称和邮箱，以便在后期进行样本抽查，登录企业官网看是否与问卷信息相符，或使用邮件核实情况，以确保问卷的有效性。

5.1.2 描述统计分析

从表5-1可以看到，在被调查者职位中，CEO/总经理、企业法人代表、董事长共70人，占有效样本的21.3%；环境、健康和安全事务负责人共28人，占有效样本的8.5%；生产、市场和研发部门的经理共129人，占有效样本的39.3%；而填写有效问卷的其他职位也是企业的管理人员，如其他部门负责人、经理助理等，共101人，占有效样本的30.8%。

从企业特征来看，企业成立年限方面，成立9~13年的企业占到绝大多数，共133家，13年以上的企业有129家，共占有效样本的79.9%；而成立4~8年的有59家，占有效样本的18.0%；3年以下的企业只有7家，占2.1%。从企业产权性质来看，国有及国有控股企业58家，占有效样本的17.7%；民营企业221家，占有效样本的67.4%；中外合资企业33家，占有效样本的10.0%；外资企业16家，占有效样本的4.9%；可以看出，非国有企业所占比例为82.3%，其中民营企业最多，占67.4%，其他性质的企业数量相对较少。本书使用员工人数来衡量企业规模，从企业规模来看，在101~300人的企业有121家，所占比例最高，达到36.9%；另外，员工人数不足100人的企业只有 25 家，占 7.6%；而企业员工人数为 301 ~ 500 人占 17.7%，501 ~ 1000 人占 14.6%，1001 ~ 3000 人占 13.4%，3000 人以上占 9.8%。

从样本企业的行业来看，按比例由高到低依次为：机械、设备、仪表业类企业有 95 家，占有效样本的 29.0%；电子类企业有 46 家，占有效样本的 14.0%；石油、化工、塑胶、塑料业企业有 40 家，占有效样本的 12.2%；食品、饮料业企业有 27 家，占有效样本的 8.2%；纺织、服装、皮毛业企业有 24 家，占有效样本的 7.3%；金属、非金属业企业有 20 家，占有效样本的 6.1%；电力、煤气及水的生产和供应业类企业有 14 家，占有效样本的 4.3%。造纸、印刷业企业有 11 家，占有效样本的 3.4%；采掘业和医药、生物制品类企业都各有 7 家，各自占有效样本的 2.1%；其他行业有 37 家，占有效样本的 11.3%。

表 5 - 1　　样本描述性统计结果

项目	类　别	样本数	百分比（%）	累积百分比（%）
管理者职位	CEO/总经理	15	4.6	4.6
	企业法人代表	29	8.8	13.4
	董事长	26	7.9	21.3
	研发部经理	22	6.7	28
	市场部经理	52	15.9	43.9
	生产部经理	55	16.8	60.7
	环境、健康和安全事务负责人	28	8.5	69.2
	其他	101	30.8	100.0
企业成立年限	3 年以下	7	2.1	2.1
	4 ~ 8 年	59	18	20.1
	9 ~ 13 年	133	40.5	60.6
	13 年以上	129	39.4	100.0

续表

项目	类　别	样本数	百分比（%）	累积百分比（%）
员工人数	100 人以下	25	7.6	7.6
	101～300 人	121	36.9	44.5
	301～500 人	58	17.7	62.2
	501～1000 人	48	14.6	76.8
	1001～3000 人	44	13.4	90.2
	3001 人以上	32	9.8	100.0
产权性质	国有及国有控股企业	58	17.7	17.7
	民营企业	221	67.4	85.1
	中外合资企业	33	10.1	95.2
	外商独资企业	16	4.8	100.0
所属行业	采掘业	7	2.1	2.1
	食品、饮料	27	8.2	10.3
	纺织、服装、皮毛	24	7.3	17.6
	造纸、印刷	11	3.4	21
	石油、化工、塑胶、塑料	40	12.2	33.2
	电子	46	14	47.2
	金属、非金属	20	6.1	53.3
	机械、设备、仪表	95	29	82.3
	医药、生物制品	7	2.1	84.4
	电力、煤气及水的生产和供应业	14	4.3	88.7
	其他	37	11.3	100.0
是否已经上市	是	70	21.3	21.3
	否	258	78.7	100.0

5.2 信度和效度检验

5.2.1 共同方法偏差检验

由于本书采用自陈式问卷收集数据，测量的环境和项目的语境相同，容易产生共同方法偏差（Common Method Biases, CMB）。共同方法偏差是一种系统误差，指由于使用了相同的测量工具而引起两个变量间的变异重叠，会导致变量间虚假相关，而不是构念间的真实关系（Teo，2011①；熊红星等，2012②）。本书采用 Podsakoff 等（1986）③ 提出的 Harman 单因子法来检验是否存在共同方法偏差。Harman 单因素检验基本假设是方法变异大量存在时，进行探索性因素分析时会提取出一个因子或者一个共同因子能够解释大部分变量的变异。本书将使用量表测量的 5 个变量“绿色创新”“绿色智力资本”“绿色供应链整合”“关系学习能力”“绿色吸收能力”的全部测量条目放在一起做探索性因子分析。运用主成分分析法，KMO = 0.898，Bartlett 球形检验值显著，在未旋转的情况下提取特征值大于 1 的 12 个因子，累计解释了总体变异的 65.656%，其中第一个因子解释了 28.64% 的变异，未超过 50% 的建议值，且没有一个公共因子可以解释绝大部分变异，可见共同方法偏差问题并不严重。

---

① Teo T. Considering common method variance in educational technology research [J]. British Journal of Educational Technology, 2011, 42 (5): 94 - 96.

② 熊红星、张璟、叶宝娟、郑雪、孙配贞：“共同方法变异的影响及其统计控制途径的模型分析”，《心理科学进展》，2012 年第 5 期。

③ Podsakoff P M, Organ D. Self - Reports in organizational research: Problems and prospects [J]. Journal of Management, 1986, 12 (4): 531 - 543.

5.2.2 量表的信度和效度分析

(1) 绿色创新信度和效度分析。

运用SPSS20.0统计分析软件对绿色创新进行信度和效度进行分析，由表5-2可知，绿色创新的Cronbach's α系数为0.866，且删除任意一个题项后，Cronbach's α的系数均低于原有的Cronbach's α的系数值。因此，本书所选取的6个题项间具有较高的内部一致性。

表5-2　　绿色创新的信度检验（N=328）

题　项	删除该题项后的Cronbach's α值	Cronbach's α值
企业在产品开发和设计阶段选择对环境较少污染/较少毒害或无污染/无毒的材料	0.842	0.866
企业在产品开发和设计阶段选择消耗能源和资源最少的材料	0.808	
企业使用最少量的材料进行产品开发或设计	0.812	
企业在产品开发和设计阶段仔细思考产品成分是否可循环、可再使用和可降解	0.812	
企业在生产过程中使用清洁技术有效地减少了有害物质或废物的排放	0.817	
企业在生产过程中会再循环、再利用与再制造原材料和被允许利用的废气、废物	0.812	
企业在生产过程中使用清洁或可再生技术减少了水、电、煤、油等资源的消耗	0.811	
企业在生产过程中因生产工艺的改进减少了原材料的使用	0.810	

采用验证性因子分析对绿色创新建构效度的适切性与真实性进行分析，拟合结果如表 5-3 所示，绿色创新的一阶验证性因子分析模型的基本适配度指标均达到检验标准，表示结果的适配度指标良好。其中，CMIN/DF = 2.145，RMSEA = 0.073，GFI = 0.926，NFI = 0.915，TLI = 0.978，CFI = 0.899，且在 $p < 0.001$ 的水平上，各个路径系数均具有显著性。可见，研究模型拟合度较好，本书所采用的绿色创新量表具备良好的效度。

表 5-3　绿色创新的验证性因子分析结果（N = 328）

路　径	标准化载荷系数	标准化误差	临界比（C. R.）	P 值
CGI 1←F1	0.752			
CGI 2←F1	0.789	0.045	12.785	***
CGI 3←F1	0.889	0.015	15.452	***
CGI 4←F1	0.578	0.012	15.452	***
CGI 5←F1	0.456	0.044	12.785	***
CGI 6←F1	0.789	0.025	11.577	***
CGI 7←F1	0.456	0.012	13.452	***
CGI 8←F1	0.431	0.017	12.234	***

模型适配度指标

CMIN/DF	RMR	GFI	AGFI	NFI	TLI	CFI	RMSEA
2.145	0.019	0.926	0.904	0.915	0.978	0.899	0.073

注：F1 表示绿色创新；CGI 1 - CGI 8 分别表示绿色创新的 8 个题项，具体见附录。

（2）绿色智力资本信度和效度分析。

绿色智力资本进行信度和效度分析中，运用 SPSS20.0 统计分析软件。由表 5-4 可知，绿色人力资本维度的 Cronbach's α 系数为 0.849，且删除任意一个题项后，Cronbach's α 的系数均低于原有的 Cronbach's α 的系数值。因此，本书所选取的 5 个题项间具有较高的内部一致性；由表 5-5 可知，绿色结构资本维度的 Cronbach's α 系数为 0.842，且删除任意一个题项后，Cronbach's α 的系数均低于原有的 Cronbach's α 的系数值。因此，本书所选取的 9 个题项测量绿色结构资本具有较高的内部一致性；由表 5-6 可知，绿色关系资本维度的 Cronbach's α 系数为 0.851，且删除任意一个题项后，Cronbach's α 的系数均低于原有的 Cronbach's α 的系数值。因此，本书所选取的 5 个题项测量绿色关系资本具有较高的内部一致性。

表 5-4　绿色人力资本的信度检验（N=328）

题项	删除该题项后的 Cronbach's α 值	Cronbach's α 值
企业员工在环境保护方面的生产率和贡献优于主要竞争对手	0.800	0.849
企业员工的环境保护能力优于主要竞争对手	0.824	
企业员工所提供的绿色产品和服务质量优于主要竞争对手	0.811	
企业中关于环境保护的团队合作程度优于主要竞争对手	0.814	
企业管理者为了实现环境保护目标对员工提供全面的支持	0.841	

表 5-5　绿色结构资本的信度检验（N=328）

题项	删除该题项后的 Cronbach's α 值	Cronbach's α 值
企业的环境管理系统优于主要竞争对手	0.815	0.842
企业在环境保护方面获得的收益比主要竞争对手多	0.826	
企业在环保方面的研发投入与销售收入的比率比主要竞争对手的比率高	0.821	

续表

题　项	删除该题项后的 Cronbach's α 值	Cronbach's α 值
企业研发绿色产品的能力优于主要竞争对手	0.825	0.842
企业对环境保护设备的投资比主要竞争对手多	0.828	
企业关于环境管理的员工数量占总员工数量的比例比主要竞争对手多	0.835	
企业环境保护的整体运作流程运行很顺利	0.831	
企业关于环境保护的创新多于主要竞争对手	0.820	
企业的环境管理知识系统有助于积累和分享环境管理知识	0.832	

表 5-6　　绿色关系资本的信度检验（N=328）

题　项	删除该题项后的 Cronbach's α 值	Cronbach's α 值
企业依据消费者的环境保护期望设计其产品和服务	0.828	0.851
消费者对企业环境保护行为的满意度高于主要竞争对手	0.817	
企业与上游供应商建立了关于环境保护良好及稳固的合作关系	0.809	
企业与下游客户或渠道建立了关于环境保护良好及稳固的合作关系	0.827	
企业与战略合作伙伴建立了关于环境保护良好及稳固的合作关系	0.818	

采用验证性因子分析对绿色智力资本建构效度的适切性与真实性进行分析，拟合结果如表 5-7 所示，绿色智力资本的一阶验证性因子分析模型的基本适配度指标均达到检验标准，表示结果的适配度指标良好。其中，CMIN/DF = 2.298，RMSEA = 0.064，

GFI = 0.901，NFI = 0.902，TLI = 0.897，CFI = 0.931，且在 $p < 0.001$ 的水平上，各个路径系数均具有显著性。可见，研究模型拟合度较好，本书所采用的绿色智力资本量表具备良好的效度。

表 5 - 7　　绿色智力资本的验证性因子分析结果

(N = 328)

路　径	标准化载荷系数	标准化误差	临界比（C. R.）	P 值
GIC 1←F2	0.452			
GIC 2←F2	0.785	0.024	11.578	***
GIC 3←F2	0.534	0.044	9.245	***
GIC 4←F2	0.354	0.053	10.543	***
GIC 5←F2	0.715	0.078	15.785	***
GIC 6←F3	0.875			
GIC 7←F3	0.687	0.018	14.854	***
GIC 8←F3	0.457	0.014	13.453	***
GIC 9←F3	0.145	0.013	12.785	***
GIC 10←F3	0.778	0.024	10.245	***
GIC 11←F3	0.784	0.011	9.125	***
GIC 12←F3	0.564	0.009	8.547	***
GIC 13←F3	0.365	0.014	15.453	***
GIC 14←F3	0.785	0.024	11.755	***
GIC 15←F4	0.447			
GIC 16←F4	0.587	0.032	13.577	***
GIC 17←F4	0.982	0.074	14.231	***
GIC 18←F4	0.245	0.014	12.786	***
GIC 19←F4	0.787	0.058	13.57	***

模型适配度指标

CMIN/DF	RMR	GFI	AGFI	NFI	TLI	CFI	RMSEA
2.298	0.045	0.901	0.934	0.902	0.897	0.931	0.064

注：F2、F3、F4 分别表示绿色人力资本、绿色结构资本和绿色关系资本；GIC 1 - GIC 5 分别表示绿色人力资本的 5 个题项，GIC 6 - GIC 14 分别表示绿色结构资本的 5 个题项，GIC 15 - GIC 19 分别表示绿色关系资本的 5 个题项，具体见附录。

（3）绿色供应链整合信度分析。

运用 SPSS20.0 统计分析软件对企业绿色供应链整合进行信度分析，由表 5-8 和表 5-9 可知，绿色供应链外部整合维度的 Cronbach's α 系数为 0.834，且删除任意一个题项后，Cronbach's α 的系数均低于原有的 Cronbach's α 的系数值。因此，本书所选取的 8 个题项测量绿色供应链外部整合具有较高的内部一致性；绿色供应链内部整合维度的 Cronbach's α 系数为 0.842，且删除任意一个题项后，Cronbach's α 的系数均低于原有的 Cronbach's α 的系数值。因此，本书所选取的 6 个题项测量绿色供应链内部整合具有较高的内部一致性。

表 5-8　绿色供应链外部整合的信度检验（N=328）

题　项	删除该题项后的 Cronbach's α 值	Cronbach's α 值
企业与供应商合作一起设定环境目标	0.826	0.834
企业对供应商内部管理实施环境审计	0.815	
企业为供应商提供与设计规范和清洁生产技术有关的环境设计要求	0.810	
企业要求供应商实施环境管理或获得环境管理体系的第三方认证（如，ISO 14001）	0.817	
企业根据一些环境标准来选择供应商	0.815	
企业和客户通过共同计划实现环境目标	0.817	
企业通过与客户合作来减少产品对环境的影响	0.810	
企业与客户合作进行清洁生产、绿色包装或其他环保活动	0.812	

表 5-9 绿色供应链内部整合的信度检验（N=328）

题项	删除该题项后的 Cronbach's α 值	Cronbach's α 值
企业的高层和中层管理人员都致力于绿色供应链管理	0.813	0.842
企业为改善环境进行跨职能部门合作	0.823	
企业各部门之间对环境问题有良好沟通	0.820	
企业实施环保合规和审计项目	0.817	
企业的环保知识在各部门之间积累和共享	0.815	
企业有一套环境管理系统	0.809	

采用验证性因子分析对绿色供应链整合建构效度的适切性与真实性进行分析，拟合结果如表 5-10 所示，绿色供应链整合的一阶验证性因子分析模型的基本适配度指标均达到检验标准，表示结果的适配度指标良好。其中，CMIN/DF = 2.453，RMSEA = 0.059，GFI = 0.924，NFI = 0.903，TLI = 0.914，CFI = 0.906，且在 $p<0.001$ 的水平上，各个路径系数均具有显著性。可见，研究模型拟合度较好，本书所采用的绿色供应链整合量表具备良好的效度。

表 5-10 绿色供应链整合的验证性因子分析结果（N=328）

路径	标准化载荷系数	标准化误差	临界比（C.R.）	P 值
GSCI 1←F5	0.785			
GSCI 2←F5	0.854	0.015	11.578	***
GSCI 3←F5	0.874	0.025	9.245	***
GSCI 4←F5	0.865	0.014	10.543	***

续表

路　　径	标准化载荷系数	标准化误差	临界比（C. R.）	P值
GSCI 5←F5	0.845	0.018	15.785	***
GSCI 6←F5	0.844	0.021	14.241	***
GSCI 7←F5	0.821	0.008	14.854	***
GSCI 8←F5	0.479	0.019	13.453	***
GSCI 9←F6	0.587			
GSCI 10←F6	0.698	0.014	10.245	***
GSCI 11←F6	0.875	0.09	9.125	***
GSCI 12←F6	0.554	0.021	8.547	***
GSCI 13←F6	0.578	0.012	15.453	***
GSCI 14←F6	0.921	0.018	11.755	***

模型适配度指标

CMIN/DF	RMR	GFI	AGFI	NFI	TLI	CFI	RMSEA
2.453	0.056	0.924	0.915	0.903	0.914	0.906	0.059

注：F5、F6分别表示绿色供应链外部整合和绿色供应链内部整合；GSCI 1 - GSCI 8分别表示绿色供应链外部整合的8个题项，GSCI 9 - GSCI 14分别表示绿色供应链内部整合的6个题项，具体见附录。

（4）关系学习能力信度分析。

运用SPSS20.0统计分析软件对企业关系学习能力维度进行信度分析，由表5 - 11可知，关系学习能力维度的Cronbach's α系数为0.849，且删除任意一个题项后，Cronbach's α的系数均低于原有的Cronbach's α的系数值。因此，本书所选取的5个题项间具有较高的内部一致性。

表 5-11　关系学习能力的信度检验（N=328）

题　项	删除该题项后的 Cronbach's α 值	Cronbach's α 值
企业与相关合作伙伴交换与市场结构变化有关的信息，如兼并、收购或合作等	0.824	0.849
企业与相关合作伙伴交换有关产品技术变化的信息	0.819	
企业与相关合作伙伴会经常共同分析讨论重要的战略议题	0.813	
在关系中，企业与相关合作伙伴经常会调整与业务相关的技术发展趋势的共识	0.821	
企业与相关合作伙伴经常进行交流，以更新人际关系网络	0.815	

采用验证性因子分析对关系学习能力构效度的适切性与真实性进行分析，拟合结果如表 5-12 所示，关系学习能力的一阶验证性因子分析模型的基本适配度指标均达到检验标准，表示结果的适配度指标良好。其中，CMIN/DF = 2.282，RMSEA = 0.052，GFI = 0.932，NFI = 0.909，TLI = 0.902，CFI = 0.901，且在 $p < 0.001$ 的水平上，各个路径系数均具有显著性。可见，研究模型拟合度较好，本书所采用的关系学习能力量表具备良好的效度。

表 5-12　关系学习能力的验证性因子分析结果（N=328）

路　径	标准化载荷系数	标准化误差	临界比（C. R.）	P 值
RLC 1←F7	0.788			
RLC 2←F7	0.456	0.016	14.254	***
RLC 3←F7	0.521	0.112	13.245	***
RLC 4←F7	0.744	0.086	10.245	***
RLC 5←F7	0.689	0.101	15.456	***

续表

路　　径				标准化载荷系数	标准化误差	临界比（C. R.）	P 值
模型适配度指标							
CMIN/DF	RMR	GFI	AGFI	NFI	TLI	CFI	RMSEA
2.282	0.084	0.932	0.885	0.909	0.902	0.901	0.052

注：F7 表示关系学习能力；RLC 1 – RLC 5 分别表示关系学习能力的 5 个题项，具体见附录。

（5）绿色吸收能力信度分析。

运用 SPSS 20.0 统计分析软件对企业绿色吸收能力维度进行信度分析，由表 5 – 13 可知，关系学习能力维度的 Cronbach's α 系数为 0.855，且删除任意一个题项后，Cronbach's α 的系数均低于原有的 Cronbach's α 的系数值。因此，本书所选取的 5 个题项间具有较高的内部一致性。

表 5 – 13　　绿色吸收能力的信度检验（N = 328）

题　　项	删除该题项后的 Cronbach's α 值	Cronbach's α 值
企业能够在各部门之间交流绿色知识	0.815	0.855
企业能够对其经营有关键影响的外部绿色知识进行识别、获取以及赋予价值	0.827	
企业能够有效地以商业目的应用其新的外部绿色知识	0.832	
企业的组织结构促进了从外部绿色知识中分析、理解和推断信息的能力的发展	0.837	
企业能够将其现有的绿色知识与新获得和吸收的绿色知识整合起来	0.815	

采用验证性因子分析对绿色吸收能力建构效度的适切性与真

实性进行分析，拟合结果如表 5 – 14 所示，绿色吸收能力的一阶验证性因子分析模型的基本适配度指标均达到检验标准，表示结果的适配度指标良好。其中，CMIN/DF = 2. 245，RMSEA = 0. 080，GFI = 0. 911，NFI = 0. 908，TLI = 0. 910，CFI = 0. 922，且在 $p < 0.001$ 的水平上，各个路径系数均具有显著性。可见，研究模型拟合度较好，本书所采用的绿色吸收能力量表具备良好的效度。

表 5 – 14　　绿色吸收能力的验证性因子分析结果

（N = 328）

路　径				标准化载荷系数	标准化误差	临界比（C. R.）	P 值
GAC 1←F8				0. 695			
GAC 2←F8				0. 578	0. 017	13. 452	***
GAC 3←F8				0. 743	0. 101	12. 785	***
GAC 4←F8				0. 768	0. 099	9. 354	***
GAC 5←F8				0. 803	0. 104	13. 245	***
模型适配度指标							
CMIN/DF	RMR	GFI	AGFI	NFI	TLI	CFI	RMSEA
2. 245	0. 034	0. 911	0. 921	0. 908	0. 910	0. 922	0. 080

注：F8 表示绿色吸收能力；GAC 1 – GAC 5 分别表示绿色吸收能力的 5 个题项，具体见附录。

5. 3　变量间相关性分析

本书利用 SPSS20. 0 统计软件的 Pearson 相关系数对各个变量间进行了相关性分析。具体分析结果如表 5 – 15 所示，从中可以看出，绿色人力资本与绿色供应链外部整合、绿色供应链内部整

表 5 - 15　　变量间相关性分析结果（N = 328）

	均值	标准差	1	2	3	4	5	6	7	8	9	10	11	12
1 绿色创新	3.948	0.605	1											
2 绿色人力资本	3.921	0.625	0.430 **	1										
3 绿色结构资本	3.755	0.615	0.515 **	0.573 **	1									
4 绿色关系资本	3.852	0.637	0.465 **	0.394 **	0.491 **	1								
5 绿色供应链外部整合	3.688	0.585	0.444 **	0.351 **	0.400 **	0.533 **	1							
6 绿色供应链内部整合	3.739	0.657	0.548 **	0.378 **	0.464 **	0.528 **	0.522 **	1						
7 绿色吸收能力	2.205	0.662	0.531 **	0.455 **	0.428 **	0.517 **	0.533 **	0.496 **	1					
8 关系学习能力	2.149	0.717	0.414 **	0.405 **	0.467 **	0.387 **	0.269 **	0.398 **	0.372 **	1				
9 公司成立年限	3.170	0.795	0.170 **	0.173 **	0.110 *	0.072	-0.008	0.094	0.081	0.071	1			
10 员工人数	3.190	1.486	0.044	0.050	0.077	0.017	-0.076	0.039	0.014	-0.014	0.439 **	1		
11 公司产权性质	0.180	0.382	-0.018	0.105	0.140 *	0.035	0.027	0.018	0.013	0.074	0.253 **	0.0297 **	1	
12 是否已经上市	1.790	0.410	0.066	0.008	0.021	-0.013	0.040	0.101	0.041	0.070	-0.104	-0.371 **	-0.129 *	1

注：** 表示在 0.01 水平（双侧）上显著相关；* 表示在 0.05 水平（双侧）上显著相关。

合、绿色创新的相关系数分别为0.351、0.378、0.430，且均在1%水平下显著；绿色结构资本与绿色供应链外部整合、绿色供应链内部整合、绿色创新的相关系数分别为0.400、0.464、0.515，且均在1%水平下显著；绿色关系资本与绿色供应链外部整合、绿色供应链内部整合、绿色创新的相关系数分别为0.533、0.528、0.465，且均在1%水平下显著；从表中可以看出，变量间的相关系数最大为0.573，可初步判断变量间不会产生多重共线性问题；此外，变量间的相关性分析结果与提出的研究假设一致，一定程度上证明了本书的研究假设，但相关性分析并不能证明它们之间的因果关系，因此，需要进一步进行回归分析。

5.4 假设检验

为了验证第3章提出的研究假设，本章主要通过SPSS20.0统计软件的层次回归法对绿色人力资本、绿色结构资本、绿色关系资本与企业绿色供应链外部整合、企业绿色供应链内部整合以及企业绿色创新之间的关系进行验证，并采用结构方程模型对绿色供应链外部整合、绿色供应链内部整合的中介作用进行了验证，通过对交叉项进行层次回归检验了关系学习能力和绿色吸收能力的调节作用。最后用SPSS Process宏程序的bootstrapping分析程序检验了有调节的中介。

5.4.1 主效应检验

(1) 绿色智力资本对绿色创新的影响。

绿色人力资本、绿色结构资本和绿色关系资本的回归系数分别为0.412，0.523和0.421（见表5-16），均在1%水平显著，回归系数为正，表明绿色人力资本、绿色结构资本和绿色关系资本正向促进绿色创新，因此 H1 - 1，H1 - 2，H1 - 3 成立。

表 5 - 16　绿色智力资本对绿色创新的影响

变　量	绿色创新	绿色创新	绿色创新	绿色创新
绿色人力资本	0.412*** (8.054)			0.137*** (2.553)
绿色结构资本		0.523*** (10.73)		0.304*** (5.281)
绿色关系资本			0.421*** (8.615)	0.240*** (4.867)
公司成立年限	0.0641 (1.421)	0.0943** (2.136)	0.0915** (2.177)	0.093** (2.410)
员工数量	0.0117 (0.454)	0.00969 (0.381)	-0.00209 (-0.0862)	0.005 (0.227)
公司产权性质	-0.128 (-1.464)	-0.0919 (-1.069)	-0.178** (-2.156)	-0.176** (-2.340)
是否上市	0.0563 (0.681)	0.0774 (0.948)	0.0256 (0.328)	0.095 (1.337)
常数项	1.956*** (7.077)	1.816*** (6.542)	1.628*** (6.311)	0.892*** (3.384)
样本个数	328	328	328	328
R^2	0.188	0.207	0.281	0.365
ADJ - R^2	0.175	0.195	0.27	0.352
F	14.88	16.79	25.19	26.321

注：*，**，*** 分别表示在 10%，5% 和 1% 水平显著。

（2）绿色智力资本对绿色供应链整合的影响。

绿色供应链内部整合对绿色人力资本、绿色结构资本和绿色关系资本的回归系数分别为0.374，0.526和0.462（见表5－17），均在1%水平显著。表明绿色人力资本、绿色结构资本和绿色关系资本正向影响绿色供应链内部整合，H2－1、H2－3、H2－5成立。

表5－17　绿色智力资本对绿色供应链内部整合的影响

变　量	绿色供应链内部整合	绿色供应链内部整合	绿色供应链内部整合	绿色供应链内部整合
绿色人力资本	0.374*** (7.169)			0.106 (1.794)
绿色结构资本		0.526*** (11.219)		0.230*** (3.643)
绿色关系资本			0.462*** (9.304)	0.395*** (7.321)
公司成立年限	0.021 (0.368)	0.053 (0.965)	0.046 (0.865)	0.020 (0.466)
员工数量	0.065 (1.045)	0.036 (0.598)	0.065 (1.138)	0.026 (1.063)
公司产权性质	-0.031 (-0.566)	-0.058 (-0.109)	-0.014 (-0.281)	-0.076 (-0.924)
是否上市	0.121** (2.184)	0.103* (1.941)	0.135* (2.677)	0.191** (2.456)
常数项	1.716*** (5.799)	1.421*** (5.060)	1.057*** (3.847)	0.468 (1.621)
样本个数	328	328	328	328
R^2	0.158	0.230	0.298	0.356
$ADJ-R^2$	0.144	0.218	0.287	0.342
F	12.04	19.239	27.285	25.232

注：*，**，***分别表示在10%，5%和1%水平显著。

绿色供应链外部整合对绿色人力资本、绿色结构资本和绿色关系资本的回归系数分别为 0.336，0.389 和 0.491（见表 5-18），均在 1% 水平显著。表明绿色人力资本、绿色结构资本和绿色关系资本正向影响绿色供应链外部整合，H2-2、H2-4、H2-6 成立。

表 5-18 绿色智力资本对绿色供应链外部整合的影响

变量	绿色供应链外部整合	绿色供应链外部整合	绿色供应链外部整合	绿色供应链外部整合
绿色人力资本	0.336*** (6.807)			0.109** (2.042)
绿色结构资本		0.389*** (7.942)		0.125** (2.180)
绿色关系资本			0.491*** (11.38)	0.392*** (7.988)
公司成立年限	-0.0288 (-0.660)	-0.0133 (-0.340)	-0.00431 (-0.102)	-0.029 (-0.751)
员工数量	-0.0324 (-1.301)	-0.0322 (-1.434)	-0.0431* (-1.773)	-0.033 (-1.504)
公司产权性质	0.037 (0.439)	0.0608 (0.801)	0.00368 (0.0445)	0.027 (0.358)
是否上市	0.00892 (0.112)	0.0292 (0.405)	-0.013 (-0.166)	0.013 (0.190)
常数项	2.541*** (9.513)	1.877*** (7.658)	2.402*** (9.265)	1.450*** (5.530)
样本个数	328	328	328	328
R^2	0.134	0.293	0.171	0.329
ADJ-R^2	0.12	0.283	0.159	0.314
F	9.948	26.75	13.33	22.364

注：*，**，*** 分别表示在 10%，5% 和 1% 水平显著。

(3) 绿色供应链整合对绿色创新的影响。

如表 5－19 所示，绿色创新对绿色供应链外部整合和内部整合的回归系数为正，分别为 0.413 和 0.461，且在 1% 水平显著。因此绿色供应链外部整合、绿色供应链内部整合显著正向影响绿色创新，因此 H3－1，H3－2 成立。

表 5－19　绿色供应链整合对绿色创新的影响

变　量	绿色创新	绿色创新	绿色创新
绿色供应链外部整合	0.413*** (7.590)		0.241*** (4.389)
绿色供应链内部整合		0.461*** (9.942)	0.378*** (7.683)
公司成立年限	0.113** (2.517)	0.0875** (2.041)	0.113*** (2.922)
员工数量	0.0203 (0.780)	－0.00559 (－0.226)	0.004 (0.199)
公司产权性质	－0.109 (－1.241)	－0.0747 (－0.895)	－0.109 (－1.447)
是否上市	0.061 (0.731)	－0.0256 (－0.321)	0.038 (0.522)
常数项	1.852*** (6.295)	1.966*** (7.916)	1.229*** (4.817)
样本个数	328	328	328
R^2	0.172	0.253	0.357
ADJ－R^2	0.159	0.242	0.345
F	13.39	21.84	29.657

注：*，**，*** 分别表示在 10%，5% 和 1% 水平显著。

5.4.2 中介作用检验

本书对绿色供应链内外部整合的中介作用进行检验是根据温忠麟等（2004）[①] 的研究进行的，具体检验程序如图 5.1 所示：

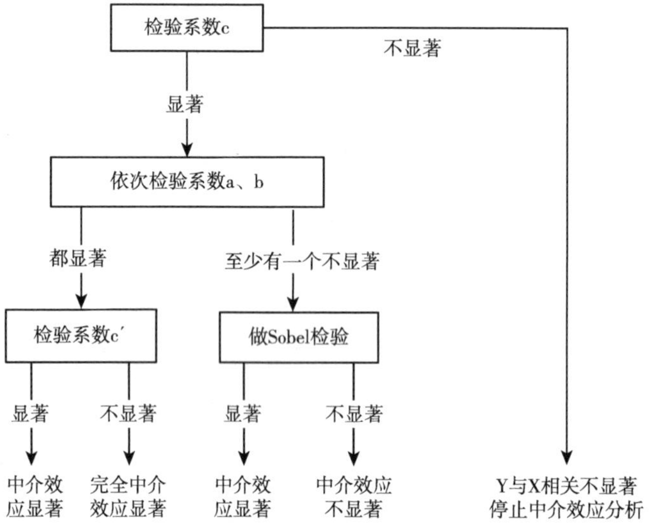

图 5.1　中介效应检验程序

（1）绿色供应链内部整合的中介作用（见表 5－20）。

为检验绿色供应链内部整合在绿色人力资本和绿色创新之间的中介作用，我们汇报了绿色供应链内部整合对绿色人力资本的回归系数 $a = 0.15$，$se = 0.05$，$p < 0.01$；绿色创新对绿色供应链内部整合回归系数 $b = 0.24$，$se = 0.09$，$p < 0.01$，以及绿色人力资本对绿色创新的直接效应 $c' = 0.11$，$p < 0.05$；结果显示绿色

① 温忠麟、张雷、侯杰泰、刘红云："中介效应检验程序及其应用"，《心理学报》，2004 年第 5 期。

供应链内部整合在绿色人力资本与绿色创新之间的间接效应值为0.0360，$p=0.05$，在5%水平上显著。因此H4-1成立。

为检验绿色供应链内部整合在绿色结构资本和绿色创新之间的中介作用，我们汇报了绿色供应链内部整合对绿色结构资本的回归系数 $a=0.27$，$se=0.07$，$p<0.01$；绿色创新对绿色供应链内部整合回归系数 $b=0.24$，$se=0.09$，$p<0.01$，以及绿色结构资本对绿色创新的直接效应 $c'=0.07$，$p<0.05$；结果显示绿色供应链内部整合在绿色结构资本与绿色创新之间的间接效应值为0.0648，$p=0.03$，在5%水平上显著。因此H4-2成立。

为检验绿色供应链内部整合在绿色关系资本和绿色创新之间的中介作用，我们汇报了绿色供应链内部整合对绿色关系资本的回归系数 $a=0.53$，$se=0.11$，$p<0.01$；绿色创新对绿色供应链内部整合回归系数 $b=0.24$，$se=0.09$，$p<0.01$，以及绿色关系资本对绿色创新的直接效应 $c'=0.15$，$p<0.01$；结果显示绿色供应链内部整合在绿色关系资本与绿色创新之间的间接效应值为0.1272，$p=0.02$，在5%水平上显著。因此H4-3成立。

表5-20　绿色供应链内部整合的中介作用

中介模型	间接效应	P
人力资本—内部—创新	0.0360	0.05
结构资本—内部—创新	0.0648	0.03
关系资本—内部—创新	0.1272	0.02

（2）绿色供应链外部整合的中介作用（见表5-21）。

为检验绿色供应链外部整合在绿色人力资本和绿色创新之间的中介作用，我们汇报了绿色供应链外部整合对绿色人力资本的回归系数 $a=0.14$，$se=0.06$，$p<0.05$；绿色创新对绿色供应链外部整合回归系数 $b=0.17$，$se=0.04$，$p<0.05$，以及绿色人力资本对绿色创新的直接效应 $c'=0.11$，$p<0.05$；结果显示绿色

供应链外部整合在绿色人力资本与绿色创新之间的间接效应值为0.0238，$p = 0.04$，在5%水平上显著。因此H5－1成立。

为检验绿色供应链外部整合在绿色结构资本和绿色创新之间的中介作用，我们汇报了绿色供应链外部整合对绿色结构资本的回归系数 $a = 0.17$，$se = 0.07$，$p < 0.01$；绿色创新对绿色供应链外部整合回归系数 $b = 0.17$，$se = 0.04$，$p < 0.05$，以及绿色结构资本对绿色创新的直接效应 $c' = 0.07$，$p < 0.05$；结果显示绿色供应链外部整合在绿色结构资本与绿色创新之间的间接效应值为0.0289，$p = 0.03$，在5%水平上显著。因此H5－2成立。

为检验绿色供应链外部整合在绿色关系资本和绿色创新之间的中介作用，我们汇报了绿色供应链外部整合对绿色关系资本的回归系数 $a = 0.43$，$se = 0.09$，$p < 0.01$；绿色创新对绿色供应链外部整合回归系数 $b = 0.17$，$se = 0.04$，$p < 0.05$，以及绿色关系资本对绿色创新的直接效应 $c' = 0.15$，$p < 0.01$；结果显示绿色供应链外部整合在绿色关系资本与绿色创新之间的间接效应值为0.0731，$p = 0.02$，在5%水平上显著。因此H5－3成立。

表5－21　绿色供应链外部整合的中介作用

中介模型	间接效应	P
人力资本—外部—创新	0.0238	0.04
结构资本—外部—创新	0.0289	0.03
关系资本—外部—创新	0.0731	0.02

5.4.3 调节作用检验

本书分别引入关系学习能力作为绿色供应链外部整合与企业绿色创新、绿色吸收能力作为绿色供应链内部整合与企业绿色创新的调节变量。具体而言，关系学习能力越强，绿色供应链外部整合和绿色创新之间的正向关系越得到加强（H6）；绿色吸收能力越强，绿色供应链内部整合和绿色创新之间的正向关系越得到加强（H7）。

（1）关系学习能力在绿色供应链外部整合和绿色创新之间的调节作用。

从表5-22的结果来看，绿色供应链外部整合（B=0.37，P<0.01）、关系学习能力（B=0.329，P<0.01）、和交叉项绿色供应链外部整合×关系学习能力（B=0.211，P<0.01）均显著，表明关系学习能力正向调节绿色供应链外部整合和绿色创新之间的关系，故H6成立。另外，本书构建了其调节作用图（图5.2），从图中可以看出，关系学习能力强化了绿色供应链外部整合与绿色创新的正向关系。

表5-22　　关系学习能力的调节作用

变　量	绿色创新	绿色创新	绿色创新	绿色创新
绿色供应链外部整合		0.37*** (5.483)	0.316*** (4.91)	-0.17 (-1.256)
关系学习能力			0.329*** (5.106)	0.936*** (5.38)
绿色供应链外部整合×关系学习能力				0.211*** (4.03)
公司成立年限	0.199* (2.421)	0.181** (2.366)	0.159** (2.214)	0.148** (2.142)
员工数量	-0.023 (-0.259)	0.007 (0.089)	0.026 (0.341)	0.026 (0.35)
公司产权性质	0.033 (0.425)	0.009 (0.128)	-0.03 (-0.445)	-0.025 (-0.393)
是否上市	0.103 (1.353)	0.07 (0.979)	0.059 (0.878)	0.059 (-0.925)

续表

变　量	绿色创新	绿色创新	绿色创新	绿色创新
常数项	3.120*** (9.138)	1.808*** (4.548)	1.07*** (2.675)	-1.21*** (-1.769)
样本个数	328	328	328	328
R^2	0.044	0.179	0.326	0.359
ADJ - R^2	0.023	0.157	0.313	0.345
F	3.262*	20.15***	25.834***	25.618***

注：*，**，***分别表示在10%，5%和1%水平显著。

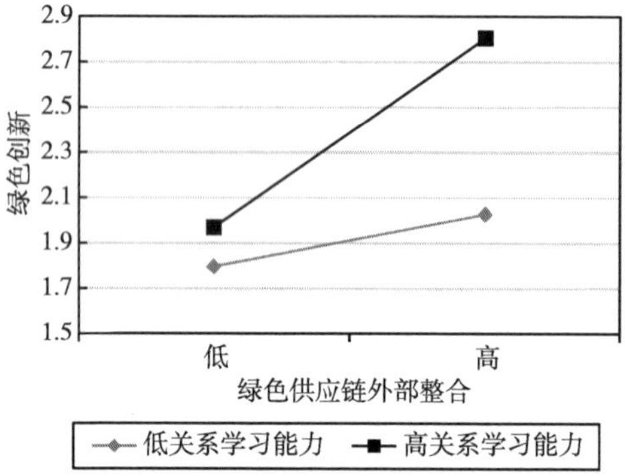

图5.2　关系学习能力在绿色供应链外部整合与企业绿色创新间的调节作用图

（2）绿色吸收能力在绿色供应链内部整合和绿色创新之间的调节作用。

从表5-23的结果来看，绿色供应链内部整合（B=0.521，P<0.01）、绿色吸收能力（B=0.251，P<0.01）和交叉项绿色供应链内部整合×绿色吸收能力（B=0.191，P<0.01）的回归系数均显著，表明绿色吸收能力正向调节绿色供应链内部整合和绿色创新之间的关系，故H7成立。另外，本书构建了其调节作

用图（图 5.3），从图 5.3 中可以看出，绿色吸收能力强化了绿色供应链内部整合与绿色创新的正向关系。

表 5-23　　　　绿色吸收能力的调节作用

变　量	绿色创新	绿色创新	绿色创新	绿色创新
绿色供应链内部整合		0.521*** (9.316)	0.406*** (7.007)	-0.088 (-0.724)
绿色吸收能力			0.251*** (4.833)	0.917*** (5.93)
绿色供应链内部整合×绿色吸收能力				0.191*** (4.547)
公司成立年限	0.142** (2.312)	0.091** (1.777)	0.084* (1.741)	0.093* (2.011)
员工数量	-0.009 (-0.236)	-0.023 (-0.76)	-0.015 (-0.514)	-0.003 (-0.113)
公司产权性质	-0.088 (-0.693)	-0.061 (-0.584)	-0.045 (-0.453)	-0.114 (-1.191)
是否上市	0.143 (1.207)	0.052 (0.529)	0.06 (0.642)	0.054 (0.606)
常数项	3.222*** (10.43)	1.661*** (5.427)	1.13*** (3.652)	-1.132*** (-1.958)
样本个数	328	328	328	328
R^2	0.037	0.342	0.416	0.475
ADJ-R^2	0.017	0.325	0.398	0.455
F	1.82	19.48***	20.07***	23.87***

注：*，**，***分别表示在 10%，5% 和 1% 水平显著。

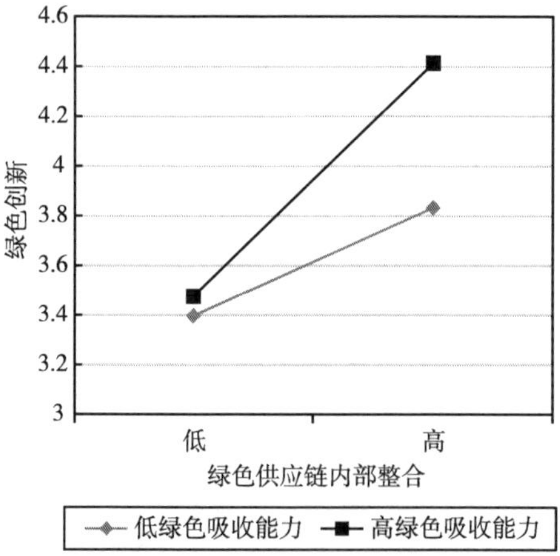

图 5.3　绿色吸收能力在绿色供应链内部整合与企业绿色创新间的调节作用图

5.4.4　有调节的中介模型检验

（1）企业内外部能力对绿色人力资本与绿色创新关系的中介过程的调节作用。

从表 5-24 结果来看，由部分条件间接效应的分析结果可知，当关系学习能力较低时，绿色人力资本通过绿色供应链外部整合影响绿色创新的间接效应为 0.0637，置信区间为［0.0241，0.1231］，当关系学习能力较高时，绿色人力资本通过绿色供应链外部整合影响绿色创新的间接效应为 0.1309，置信区间为［0.0628，0.2039］。由于以上置信区间不包含零点，即表明无论调节变量关系学习能力取低值或者高值，绿色人力资本通过绿色供应链外部整合影响绿色创新都是显著的。本书根据 SPSS Process 运算得到了有调节的中介作用的相关判定指标数值 INDEX

(孙锐和赵晨，2017)[①]。即：在关系学习能力的调节作用下，绿色供应链外部整合在绿色人力资本与绿色创新之间有调节的中介效应的判定指标为 0.0468，标准误差为 0.0183，置信区间为［0.0095，0.0816］，由于以上置信区间不包含零点，即表明绿色供应链外部整合在绿色人力资本与绿色创新之间有调节的中介效应是显著的。

表 5 – 24　企业内外部能力对绿色人力资本与绿色创新关系的中介过程的调节作用

中介效应	条件间接效应					有调节的中介效应			
	关系学习能力	效应	标准误	95% 置信区间		Index	标准误	95% 置信区间	
				下限	上限			下限	上限
绿色供应链外部整合	1.4324	0.0637	0.0240	0.0241	0.1231	0.0468	0.0183	0.0095	0.0816
	2.1494	0.0973	0.0273	0.0502	0.1602				
	2.8663	0.1309	0.0355	0.0628	0.2039				
中介效应	条件间接效应					有调节的中介效应			
	绿色吸收能力	效应	标准误	95% 置信区间		Index	标准误	95% 置信区间	
				下限	上限			下限	上限
绿色供应链外部整合	1.5426	0.0802	0.0243	0.0405	0.1370	0.0574	0.0188	0.0189	0.0940
	2.2049	0.1182	0.0281	0.0718	0.1851				
	2.8672	0.1563	0.0360	0.0907	0.2330				

由部分条件间接效应的分析结果可知，当绿色吸收能力较低时，绿色人力资本通过绿色供应链内部整合影响绿色创新的间接效应为 0.0802，置信区间为［0.0405，0.1370］，当绿色吸收能力较高时，绿色人力资本通过绿色供应链内部整合影响绿色创新

① 孙锐、赵晨：“高新技术企业组织情绪能力、组织学习与创新绩效”，《科研管理》，2017 年第 2 期。

的间接效应为 0.1563，置信区间为［0.0907，0.2330］。由于以上置信区间不包含零点，即表明无论调节变量绿色吸收能力取低值或者高值，绿色人力资本通过绿色供应链内部整合影响绿色创新都是显著的。本书根据 SPSS Process 运算得到了有调节的中介作用的相关判定指标数值 INDEX。即：在绿色吸收能力的调节作用下，绿色供应链内部整合在绿色人力资本与绿色创新之间有调节的中介效应的判定指标为 0.0574，标准误差为 0.0188，置信区间为［0.0189，0.0940］，由于以上置信区间不包含零点，即表明绿色供应链内部整合在绿色人力资本与绿色创新之间有调节的中介效应是显著的。

（2）企业内外部能力对绿色结构资本与绿色创新关系的中介过程的调节作用。

由部分条件间接效应的分析结果可知（见表 5－25），当关系学习能力较低时，绿色结构资本通过绿色供应链外部整合影响绿色创新的间接效应为 0.0628，置信区间为［0.0207，0.1198］，当关系学习能力较高时，绿色结构资本通过绿色供应链外部整合影响绿色创新的间接效应为 0.1356，置信区间为［0.0726，0.2039］。由于以上置信区间不包含零点，即表明无论调节变量关系学习能力取低值或者高值，绿色结构资本通过绿色供应链外部整合影响绿色创新都是显著的。本书根据 SPSS Process 运算得到了有调节的中介作用的相关判定指标数值 INDEX。即：在关系学习能力的调节作用下，绿色供应链外部整合在绿色结构资本与绿色创新之间有调节的中介效应的判定指标为 0.0508，标准误差为 0.0184，置信区间为［0.0111，0.0839］，由于以上置信区间不包含零点，即表明绿色供应链外部整合在绿色结构资本与绿色创新之间有调节的中介效应是显著的。

表 5－25　企业内外部能力对绿色结构资本与绿色创新关系的中介过程的调节作用

中介效应	条件间接效应					有调节的中介效应			
	关系学习能力	效应	标准误	95% 置信区间		Index	标准误	95% 置信区间	
				下限	上限			下限	上限
绿色供应链外部整合	1. 4324	0. 0628	0. 0250	0. 0207	0. 1198	0. 0508	0. 0184	0. 0111	0. 0839
	2. 1494	0. 0992	0. 0263	0. 0548	0. 1604				
	2. 8663	0. 1356	0. 0333	0. 0726	0. 2039				
中介效应	条件间接效应					有调节的中介效应			
	绿色吸收能力	效应	标准误	95% 置信区间		Index	标准误	95% 置信区间	
				下限	上限			下限	上限
绿色供应链外部整合	1. 5426	0. 0852	0. 0271	0. 0370	0. 1448	0. 0627	0. 0192	0. 0211	0. 0992
	2. 2049	0. 1267	0. 0275	0. 0801	0. 1897				
	2. 8672	0. 1683	0. 0333	0. 1063	0. 2381				

由部分条件间接效应的分析结果可知，当绿色吸收能力较低时，绿色结构资本通过绿色供应链内部整合影响绿色创新的间接效应为 0. 0852，置信区间为［0. 0370，0. 1448］，当绿色吸收能力较高时，绿色结构资本通过绿色供应链内部整合影响绿色创新的间接效应为 0. 1683，置信区间为［0. 1063，0. 2381］。由于以上置信区间不包含零点，即表明无论调节变量绿色吸收能力取低值或者高值，绿色结构资本通过绿色供应链内部整合影响绿色创新都是显著的。本书根据 SPSS Process 运算得到了有调节的中介作用的相关判定指标数值 INDEX。即：在绿色吸收能力的调节作用下，绿色供应链内部整合在绿色结构资本与绿色创新之间有调节的中介效应的判定指标为 0. 0627，标准误差为 0. 0192，置信区间为［0. 0211，0. 0992］，由于以上置信区间不包含零点，即表明绿色供应链内部整合在绿色结构资本与绿色创新之间有调节的中介效应是显著的。

（3）企业内外部能力对绿色关系资本与绿色创新关系的中介过程的调节作用。

由部分条件间接效应的分析结果可知（见表5－26），当关系学习能力较低时，绿色关系资本通过绿色供应链外部整合影响绿色创新的间接效应为0.0632，置信区间为［0.0058，0.1253］，当关系学习能力较高时，绿色关系资本通过绿色供应链外部整合影响绿色创新的间接效应为0.1760，置信区间为［0.1132，0.2458］。由于以上置信区间不包含零点，即表明无论调节变量关系学习能力取低值或者高值，绿色关系资本通过绿色供应链外部整合影响绿色创新都是显著的。本书根据SPSS Process运算得到了有调节的中介作用的相关判定指标数值INDEX。即：在关系学习能力的调节作用下，绿色供应链外部整合在绿色关系资本与绿色创新之间有调节的中介效应的判定指标为0.0787，标准误差为0.0209，置信区间为［0.0355，0.1178］，由于以上置信区间不包含零点，即表明绿色供应链外部整合在绿色关系资本与绿色创新之间有调节的中介效应是显著的。

表5－26　企业内外部能力对绿色关系资本与绿色创新关系的中介过程的调节作用

中介效应	条件间接效应					有调节的中介效应			
	关系学习能力	效应	标准误	95%置信区间		Index	标准误	95%置信区间	
				下限	上限			下限	上限
绿色供应链外部整合	1.4324	0.0632	0.0302	0.0058	0.1253	0.0787	0.0209	0.0355	0.1178
	2.1494	0.1196	0.0284	0.0692	0.1822				
	2.8663	0.1760	0.0340	0.1132	0.2458				
中介效应	条件间接效应					有调节的中介效应			
	绿色吸收能力	效应	标准误	95%置信区间		Index	标准误	95%置信区间	
				下限	上限			下限	上限
绿色供应链外部整合	1.5426	0.0955	0.0310	0.0360	0.1579	0.0871	0.0209	0.0436	0.1265
	2.2049	0.1532	0.0303	0.1002	0.2186				
	2.8672	0.2108	0.0355	0.1460	0.2857				

由部分条件间接效应的分析结果可知，当绿色吸收能力较低时，绿色关系资本通过绿色供应链内部整合影响绿色创新的间接效应为0.0955，置信区间为［0.0360，0.1579］，当绿色吸收能力较高时，绿色关系资本通过绿色供应链内部整合影响绿色创新的间接效应为0.2108，置信区间为［0.1460，0.2857］。由于以上置信区间不包含零点，即表明无论调节变量绿色吸收能力取低值或者高值，绿色关系资本通过绿色供应链内部整合影响绿色创新都是显著的。本书根据 SPSS Process 运算得到了有调节的中介作用的相关判定指标数值 INDEX。即：在绿色吸收能力的调节作用下，绿色供应链内部整合在绿色关系资本与绿色创新之间有调节的中介效应的判定指标为0.0871，标准误差为0.0209，置信区间为［0.0436，0.1265］，由于以上置信区间不包含零点，即表明绿色供应链内部整合在绿色关系资本与绿色创新之间有调节的中介效应是显著的。

5.5 结果与讨论

5.5.1 实证研究结果汇总

本章利用 SPSS20.0 和 AMOS17.0 统计分析软件对第三章提出的研究假设进行了检验，通过对收集的328份问卷进行信度和效度分析、相关分析及层次回归分析，探讨了绿色智力资本（绿色人力资本、绿色结构资本和绿色关系资本）、绿色供应链整合（外部整合和内部整合）及企业绿色创新之间的关系，并进一步阐述了绿色供应链内外部整合的中介作用和关系学习能力、绿色吸收能力的调节作用。表5－27为假设检验结果汇总：

表 5-27　研究假设检验结果汇总

编号	假设内容	检验结果
绿色智力资本对绿色创新的影响		
H1-1	绿色人力资本对企业绿色创新存在显著正向影响	支持
H1-2	绿色结构资本对企业绿色创新存在显著正向影响	支持
H1-3	绿色关系资本对企业绿色创新存在显著正向影响	支持
绿色智力资本对绿色供应链整合的影响		
H2-1	绿色人力资本对企业绿色供应链内部整合存在显著正向影响	支持
H2-2	绿色人力资本对企业绿色供应链外部整合存在显著正向影响	支持
H2-3	绿色结构资本对企业绿色供应链内部整合存在显著正向影响	支持
H2-4	绿色结构资本对企业绿色供应链外部整合存在显著正向影响	支持
H2-5	绿色关系资本对企业绿色供应链内部整合存在显著正向影响	支持
H2-6	绿色关系资本对企业绿色供应链外部整合存在显著正向影响	支持
绿色供应链整合对绿色创新的影响		
H3-1	绿色供应链外部整合对企业绿色创新存在显著正向影响	支持
H3-2	绿色供应链内部整合对企业绿色创新存在显著正向影响	支持
绿色供应链内部整合在绿色智力资本与绿色创新之间的中介作用		
H4-1	绿色供应链内部整合在绿色人力资本与绿色创新之间起中介作用	支持
H4-2	绿色供应链内部整合在绿色结构资本与绿色创新之间起中介作用	支持
H4-3	绿色供应链内部整合在绿色关系资本与绿色创新之间起中介作用	支持
绿色供应链外部整合在绿色智力资本与绿色创新之间的中介作用		
H5-1	绿色供应链外部整合在绿色人力资本与绿色创新之间起中介作用	支持
H5-2	绿色供应链外部整合在绿色结构资本与绿色创新之间起中介作用	支持

续表

编号	假设内容	检验结果
H5－3	绿色供应链外部整合在绿色关系资本与绿色创新之间起中介作用	支持
关系学习能力在绿色供应链外部整合和绿色创新之间的调节作用		
H6	关系学习能力越强，绿色供应链外部整合和绿色创新之间的正向关系越得到加强	支持
绿色吸收能力在绿色供应链内部整合和绿色创新之间的调节作用		
H7	绿色吸收能力越强，绿色供应链内部整合和绿色创新之间的正向关系越得到加强	支持

5.5.2 实证研究结果讨论

本书围绕在供应链背景下，绿色智力资本如何影响企业绿色创新的核心问题，主要研究了绿色智力资本三个维度分别与绿色创新的关系，绿色供应链内外部整合在绿色智力资本和绿色创新之间的中介效应，以及企业外部能力——关系学习能力和内部能力——绿色吸收能力，分别在绿色供应链内外部整合和企业绿色创新之间的调节效应。利用 SPSS20.0 和 AMOS17.0 统计分析软件对收集到的 328 家企业的样本数据进行了描述性统计、信度分析、探索性因子分析、相关性分析和验证性因子分析。采用层次回归分析方法检验了主效应，并采用结构方程模型对绿色供应链内外部整合的中介作用进行了验证，通过对交叉项进行层次回归检验了关系学习能力和绿色吸收能力的调节作用。最后用 SPSS Process 宏程序的 bootstrapping 分析程序检验有调节的中介。实证研究结果如下：

绿色人力资本、绿色结构资本、绿色关系资本的回归系数分别为 0.412、0.523、0.421，在 1% 水平显著，回归系数为正，实证分析结果表明绿色智力资本三个维度与企业绿色创新存在显著的正向关系，H1－1、H1－2、H1－3 得到验证。绿色供应链内部整合对绿色人力资本的回归系数为 0.374，绿色供应链外部整合对绿色人力资本的回归系数为 0.336，均在 1% 水平显著，回归系数为正。实证分析结果表明绿色人力资本分别对企业绿色供应链内部整合和外部整合都存在显著正向影响，H2－1、H2－2 得到验证。而绿色供应链内部整合对绿色结构资本的回归系数为 0.526，绿色供应链外部整合对绿色结构资本的回归系数为 0.389，均在 1% 水平显著，回归系数为正。实证分析结果表明绿色结构资本分别对企业绿色供应链内部整合和外部整合都存在显著正向影响，H2－3、H2－4 得到验证。而绿色供应链内部整合对绿色关系资本的回归系数为 0.462，绿色供应链外部整合对绿色结构资本的回归系数为 0.491，均在 1% 水平显著，回归系数为正。实证分析结果表明绿色关系资本分别对企业绿色供应链内部整合和外部整合都存在显著正向影响，H2－5、H2－6 得到验证。而绿色创新对绿色供应链外部整合和内部整合的回归系数为正，分别为 0.413 和 0.461，且在 1% 水平显著。因此实证分析结果表明绿色供应链外部整合、绿色供应链内部整合显著正向影响绿色创新，H3－1、H3－2 得到验证。

另外，本书把绿色供应链内外部整合作为中介作用，结果表明，绿色供应链内部整合分别在绿色人力资本、结构资本和关系资本与绿色创新之间起中介作用，H4－1、H4－2、H4－3 得到验证；绿色供应链外部整合在绿色人力资本、绿色结构资本和绿色关系资本与绿色创新之间的中介作用成立，H5－1、H5－2、H5－3 成立。

本书特别引入关系学习能力作为影响绿色供应链外部整合与企业绿色创新关系的调节变量，绿色供应链外部整合（$B=0.37$，$P<0.01$）、关系学习能力（$B=0.329$，$P<0.01$）和交叉项绿色供应链外部整合×关系学习能力（$B=0.211$，$P<0.01$）

均显著，实证研究结果表明关系学习能力正向调节绿色供应链外部整合和绿色创新之间的关系，H6 得到验证。另外，本书也引入绿色吸收能力作为影响绿色供应链内部整合与企业绿色创新关系的调节变量，绿色供应链内部整合（B = 0.521，P < 0.01）、绿色吸收能力（B = 0.251，P < 0.01）和交叉项绿色供应链内部整合 × 绿色吸收能力（B = 0.191，P < 0.01）的回归系数均显著，实证研究结果表明绿色吸收能力正向调节绿色供应链内部整合和绿色创新之间的关系，H7 得到验证。

6　研究结论与展望

6.1　研究结论

改革开放以来，一方面中国经济飞速发展，另一方面生态环境污染却越来越严重，极大威胁着人们的生存环境。“经济新常态”下企业原有的粗放式发展模式受到来自各方的压力，政府对企业的环境规制不断加强、媒体监督进一步强化、公众也不再沉默，要求企业承担社会责任。还有环保公益组织，更是通过调研、与企业对话、公布研究报告、参与环境诉讼等专业方式迫使大批企业实现环保转型。企业面对众多利益相关者的呼吁和压力，转变经济增长方式，实现“绿色发展”成为中国企业的出路。党的十九大报告再次重申“创新、协调、绿色、开放、共享”的五大发展理念。绿色发展，根本要靠创新驱动。企业发展绿色经济和实施创新驱动战略的关键在于如何促使企业有效地进行绿色创新。而在知识经济时代，智力资本成为创新的源泉，另外，单靠一家企业也很难单独实现创新，环境污染常常是与整个供应链上下游相关的。企业要实现绿色创新，必须要以整个供应链为着眼点，充分挖掘企业内外部能力，将企业的绿色智力资本转化为绿色创新。为此，本书确定以“绿色智力资本、绿色供应链整合与企业绿色创新之间关系”为研究主题，在自然资源基础观、知识管理理论、供应链整合理论以及创新理论的基础上，构建了“绿色智力资本—绿色供应链整合—绿色创新”的中介模型，并且以关系学习能力和绿色吸收能力为调节变量。

本书以对自然环境有影响，且近两年实施了环境相关活动的328家企业为研究对象，对其相关负责高管进行了调查，并对提出的理论模型进行了验证。首先，对相关变量进行概念界定、提炼各个变量的测量题项，并结合专家访谈和小规模访谈的结果来设计和修改调查问卷。其次，进行了问卷的预测试，运用SPSS20.0软件对各个变量的量表进行数据分析、信度检验和效度检验（探索性因子分析），从而提高量表的可靠性和准确性。再次，以328名企业高管为样本进行了正式调研，运用SPSS20.0软件和AMOS17.0软件对各变量进行了信度检验和效度检验（验证性因子分析），从而保证量表具有较好的信度和效度。为降低同源偏误，本书采用Harman单因子法，运用SPSS20.0软件对共同方法偏差进行检验。最后，采用层次回归分析方法检验了主效应，并采用结构方程模型对绿色供应链内外部整合的中介作用进行了验证，通过对交叉项进行层次回归检验了学习吸收能力和绿色吸收能力的调节作用，用SPSS Process宏程序的bootstrapping分析程序检验了有调节的中介。本书把定性分析与定量分析有机结合，探讨了在绿色供应链背景下，绿色智力资本对企业绿色创新的内在作用机制，并最终发现了如下研究结论：

（1）本书通过文献梳理和实证分析发现，绿色智力资本三个维度分别对企业绿色创新都存在显著的正向关系。

本书根据Stewart（1994）、Chu等（2006）与Beattie和Thomson（2007）的H－S－R模型对IC的维度划分标准，又在Dzinkowski（2000）和Chen（2008a）的基础上，将绿色智力资本划分为三大类：绿色人力资本、绿色结构资本和绿色关系资本。绿色人力资本是企业绝大部分绿色专业知识与相关技能的载体，其代表了企业绿色知识存量，它的存在与发展大力驱动了企业不断开发新思维、新产品、新服务以及新流程，对企业绿色创新有着重要影响。企业的组织结构可以支持企业的沟通和促进学习，并且有助于创新的发展（Aiman – Smith 等，2005）。绿色结构资本的核心理念是结合环保原则，对企业目前的组织结构以及业务流程进行重新定位和思考，采用现代化的管理思想与方法，将企业组织结构更新为更有利于环保的新结构，并引入先进的制造、信息技术，从而不仅使企业在影响可持续竞争优势的成本、质量、服务、速度等要素上得以改善和提升，更使得企业绿色创新容易实现。最后，环境战略的成功实施不仅有赖于企业内部各职能部门间的协同配合，同时还有赖于企业与外部企业之间的联结与合作。企业绿色创新能力的提升以及绿色创新产品和技术的开发，很大程度上依靠于企业与其客户、供应商、科研机构，甚至是竞争对手等利益相关者之间长期所积累的绿色关系资本。

（2）本书根据 Wu（2013）以及 Lii 和 Kuo（2016）将 GSCI 分为绿色供应链内部整合和绿色供应链外部整合。

首先，实证分析结果表明绿色人力资本分别对企业绿色供应链内部整合和外部整合都存在显著正向影响，因为企业员工的环境能力和对相关环境活动的承诺可以帮助企业管理并保证其产品周期各阶段符合环保法规，可以在内部跨职能部门合作中起主导作用。而且管理人员也能够支持企业采取行动消除部门之间的障碍，提高各部门之间的知识共享功能，因此，拥有较高绿色人力资本的企业，可以帮助企业进行绿色供应链内部整合。另外，当企业拥有绿色知识和技能的管理者和员工常常保持与上下游供应商和客户之间的积极关系，与他们进行沟通、展开合作，在确保制造、分销和营销符合环保法规方面起主导作用，可以帮助企业进行绿色供应链外部整合。

其次，绿色结构资本分别对企业绿色供应链内部整合和外部整合都存在显著正向影响。当企业环境保护和绿色创新的组织能力、组织承诺提升时，可以促进企业内部的信息沟通和交流，使得企业更有能力进行跨部门的合作；当企业建立与环境管理有关的知识管理系统、管理哲学、数据库、激励机制、信息技术系统时，更为企业内部跨职能合作策略系统的建立提供支持，因此，当一个企业拥有较高绿色结构资本时，更有利于企业进行绿色供应链内部整合。此外，当一个企业拥有较高绿色结构资本时，也更有利于企业进行绿色供应链外部整合。特别是企业通常使用一个包括环境合作和环境监督的混合治理结构，以核实供应商和客户实施环境管理活动的情况。企业绿色文化以及绿色形象的建立，有利于企业与供应商和客户之间交流关于环境问题的想法、分享环境管理的计划，另外，企业绿色商标以及绿色产品、技术专利的申请，更是吸引供应商和客户与企业在环境管理方面进行联合。

最后，绿色关系资本分别对企业绿色供应链内部整合和外部整合都存在显著正向影响。当企业在环境保护和绿色管理方面与客户、供应商、网络成员以及其他合作伙伴们有好的互动关系时，有利于营造轻松协调的氛围，有助于企业内部关于环境问题跨部门进行交流，积累和分享关于环境保护的信息以及共同建立环境管理系统，企业会更愿意进行信息分享以及共同努力进行企业内部以及整个供应链业务流程的协调。当一个企业拥有较高的绿色关系资本，可以让供应商和客户愿意并且积极参与到环境问题中来，如企业和供应商一起设定环境目标，商讨环保产品设计规格以及一起进行清洁生产技术的研发等；企业与客户联合规划以实现环境目标，共同选择生态策略来减少环境影响以及在清洁生产和绿色包装方面的合作等，这有助于提升供应商整合和客户整合的能力。

（3）实证分析结果表明绿色供应链外部整合、绿色供应链内部整合对企业绿色创新存在显著正向影响。

绿色供应链外部整合可以促进供应链合作伙伴之间的相互理解、共同协作和建立跨企业解决环境问题的程序。通过与供应商和客户的整合可以进行知识共享，包括交换有关绿色技术和如何管理绿色材料以及与供应链合作伙伴如何合作的专业技术及知识，以进一步实现符合环境标准的生态设计，帮助企业解决环境冲突，提高供应链合作伙伴的创新能力，达到提升企业创新绩效的目的。通过对供应商和客户的整合，环境管理计划会更容易得以实施，企业会更大程度地开发和使用可回收或者对环境危害更小的材料用以作为产品的原材料，而会产生大量浪费的工艺及流程也将被重新设计和采用。当企业与其供应商和客户紧密整合在一起时，企业的绿色创新能力会得到提升。企业内部整合有助于跨部门的环境保护合作，另外，包括管理者的支持和鼓励、企业内部跨部门合作、环境管理系统以及环境能力的建立，都会促进绿色创新。

（4）本书还考察了绿色供应链整合作为中介变量如何影响绿色智力资本与企业绿色创新之间的关系，丰富了有关绿色智力资本与绿色创新关系的研究，弥补了关于绿色智力资本通过怎样的途径对企业绿色创新产生影响方面的研究不足。

实证分析结果表明，绿色供应链内部整合分别在绿色人力资本、结构资本和关系资本与绿色创新之间的中介作用成立。绿色供应链外部整合分别在绿色人力资本、绿色结构资本和关系资本与绿色创新之间的中介作用也成立。企业绿色智力资本是企业最为关键的资源，也是供应链上的特殊资源，而实施供应链整合的实践活动便是将这些资源体现在绿色创新成果上的最直接的途径。在企业上游供应商和下游客户的推动下，供应链上的价值被不断开发和创造，企业通过不断积累的绿色智力资本不仅在企业内部进行整合，也要与供应商和客户一同开展外部供应链整合活动，如共同设定环境目标、一起制订环保实施计划、共享绿色信息和知识、设计绿色产品和流程以及绿色技术资源优势互补等，使得企业的供应商和客户获得最大程度的满意和信任，最终实现企业绿色创新。

（5）本书引入关系学习能力作为影响绿色供应链外部整合

与企业绿色创新关系的调节变量。

实证研究结果表明关系学习能力越强，绿色供应链外部整合和绿色创新之间的正向关系越得到加强。环境生态问题的复杂程度迫使致力于绿色创新的企业与其供应商和客户建立广泛、牢固的联系网络，彼此联合学习。企业与供应商和客户通过绿色信息和知识的分享交流、发展共同的学习领域和更新他们的环境行为来提高他们的联合学习活动。这样的联合学习活动会让外部整合更加有效，对创新进程也至关重要。

（6）本书引入绿色吸收能力作为影响绿色供应链内部整合与企业绿色创新关系的调节变量。

实证研究结果表明绿色吸收能力越强，绿色供应链内部整合和绿色创新之间的正向关系越得到加强。当一个企业吸收能力越强时，识别和获取对其经营影响很重要的外部绿色知识与信息的速度越快，并且从这些环境信息中进行评估、推断和处理的能力也就越强，也就更能够将这些知识和信息运用到企业内部各个职能部门之间，使各个部门之间的合作更加紧密，能够促进企业绿色创新。

6.2 理论贡献与政策建议

6.2.1 理论贡献

第一，深化了绿色创新的实证研究，结合中国企业的情况，厘清了绿色智力资本与绿色创新的深层次关系。目前学术界对绿色创新的研究已经较多，但对绿色创新的实证研究仍然缺乏一致且精确的量化和比较研究，特别是对中国情境下企业绿色创新的实证研究更少。另外，研究中往往忽视了与环境管理有关的绿色资源与能力的探索，忽略了企业绿色创新的重要来源——绿色智力资本。目前关于“绿色智力资本”尚处于研究初期，研究方式大多为理论研究，以现象观察为主，而实证检验较少，研究的深度与广度都有很大的提升空间。并且以往关于“绿色智力资本”的研究都是将其作为一个整体变量来测量，很少有研究将其分维度分别进行探索，也就很难为企业提供具体可操作的建议。本书结合绿色经济的时代特征，基于智力资本理论与创新理论，深入探索绿色智力资本的内涵，并且深化其与绿色创新之间的关系研究。

第二，本书明确了绿色供应链内外部整合在绿色智力资本与企业绿色创新之间的中介作用，为管理者提供了实现绿色创新的新思路。现有文献往往研究单个企业如何实现绿色创新，很少从整个供应链的视角来进行研究，但是企业单独实现绿色创新，往往需要花费巨大的资源与精力，最终也不一定能够成功。再加上环境污染不仅仅是单个企业的事情，常常是与整个供应链的上下游相关。随着全球经济的快速发展、信息技术的不断革新、消费者需求多样化、市场竞争以及市场环境不确定性的加剧，企业在实施绿色创新方面面临着种种压力和挑战。而供应链整合是企业可以尝试的途径之一，企业为了在激烈的全球市场中生存，必须寻求一种新的有效的竞争方式。通过供应链整合拉动绿色创新可能比单个企业进行绿色创新更为有效，整个供应链系统中的企业开展合作、协调、协作和整合，以期在供应链关系上的投资努力为整个供应链参与者提供高价值的回报。因此，本书基于供应链整合理论，通过对绿色供应链内外部整合的作用进行对比，探索企业绿色智力资本如何借助内外部供应链实现绿色创新，打开了绿色智力资本与企业绿色创新之间的“黑箱”，寻找到了企业实现绿色创新的最优路径。

第三，在以往的研究中，虽然企业能力是创新得以实现的重要因素，但较少考察企业能力对创新的调节作用。企业内外部能力会共同影响企业创新，但是以往研究仅关注于其中一类因素对创新的作用，往往忽略了两者对创新的共同影响。并且之前的研究往往将这两种能力作为前因变量，而本书将这两种内外部能力作为调节变量，在深入探讨绿色供应链整合及企业绿色创新关系的基础上，强调了企业内外部能力通过不同的路径对绿色创新的重要影响，拓展了以往的单一影响路径，丰富了绿色创新的情景条件，为企业环境管理实践提供了新的思路。

6.2.2 管理建议

党的十九大报告指出，“创新、协调、绿色、开放、共享”是新时代坚持和发展中国特色社会主义的基本方略，“生态文明建设”被多次强调，重新定义了企业社会责任发展方向，宣告了一个新的企业社会责任时代的来临。“经济新常态”要求突出创新驱动和全面发展创新，绿色创新是企业面对越来越严峻的环境问题的必然选择，也是企业实现可持续发展的机会。绿色创新不是满足最低环境标准的行为，而是从源头上保护环境，预防环境污染和破坏。本书通过实证研究对围绕在供应链整合背景下，结合企业内外部能力，绿色智力资本如何影响企业绿色创新的问题进行了探讨，得出的研究结论为企业管理者进行战略决策提供了一定的管理启示：

第一，本书促使企业反思自身与生态环境之间的关系。在“新经济常态”下，企业不能单一地只追求经济利润最大化，而要积极承担社会环境责任。国家提出将“生态文明建设与经济建设、政治建设、文化建设和社会建设提升至同等战略地位”，企业也要积极跟上步伐。目前环境污染越来越严重，特别是复合型污染的特征更加明显，环境质量状况非常复杂，企业光靠反应型环境战略已经不足以改善环境、实现绿色发展。企业必须要采取前瞻性环境战略，积极、主动、自愿的应对环境问题，从源头上采取措施而不是仅仅进行末端治理。企业要采取不仅能够减少对环境的负面影响，同时也能实现市场价值、获得可持续竞争优势的绿色创新战略。

企业要有正确的心态。首先，面对政府严格的监管、公众普遍提升的环保意识、媒体以及环保公益机构的监督，企业不应惊慌或反应过度，更不应将这些环境趋势视为其未来发展的障碍而推卸责任或与之作抗争，而是要顺应这些环境趋势并将其转化为推动企业进行绿色智力资本管理，促进绿色创新，从而创造竞争优势的动力。其次，企业需要培养绿色创新思维，将“绿色理念”融入企业文化中，要充分挖掘潜力积极进行绿色产品创新和流程创新，将绿色理念转化为商业机会。企业要在潜意识里清楚，制定与实施环境战略不是一种无效的投资，企业进行绿色创新不仅履行了社会责任，也通过绿色创新能够实现差异化优势，是企业建立可持续竞争优势的有效途径。最后，由于创新具有一定的风险，绿色创新也会给企业带来很多挑战。企业要提高处理环境问题的能力，以市场为导向，充分做好绿色产品需求的市场调研。企业要建立一种多向的绿色创新思维，不断更新绿色循环体系，进行资源的循环利用。通过整个产品生命周期的管理，从产品开发、设计、制造到使用再到最后处理进行全盘考虑，尽量选择绿色环保材料，对产品进行回收、重复使用。对生产流程也要进行创新，如重新设计生产流程来降低污染，通过清洁技术来减少有害物的排放、减少资源的消耗，因新工艺的改进减少原料的使用等。

第二，企业应当重视绿色智力资本的积累，对绿色人力资本、绿色结构资本和绿色关系资本三个方面进行有效管理以提升绿色智力资本的利用效率。企业要在招聘、培训、考核上进行绿色人才的选拔和培养。首先，在招聘时企业应将环保意识和环保行为有关内容纳入招聘考试中，注重选拔以及优先录用拥有环境保护理念和环境管理知识的员工；提高员工的环保意识和技能，从节约用电、用水、用纸等行动做起；定期开展关于环境保护的培训，进行绿色知识的交流与分享，环保技能的训练等，加强员工环境保护理念和绿色创新思维以及绿色知识技术的培养，挖掘员工关于环境保护的潜能。企业的中高层管理人员要鼓励员工通过参加环境培训以及相关专题研讨会、工作坊等形式积极地参与到环境管理中来。其次，对那些提出环保创意、在环境管理方面有突出贡献的员工要给予特殊奖励。最后，在管理及开发绿色人力资本时，要注重开发员工的绿色创新能力，尽可能创造一个让员工感到轻松、被鼓励和被信任的氛围，可以进行“头脑风暴”，让员工积极参与到环境战略的实施和绿色创新中来。企业要重视管理者与知识型员工间存在的信息不对称问题，通过合理的激励机制和绩效考核办法鼓励员工与企业不断沟通和交流有关环境保护问题。建立员工创新的需求表达机制，使员工个体与企业形成双向互动机制，打破绿色人力资本在企业内自由流动的壁垒。

员工是企业的“内部”顾客，由于人力资本嵌于员工自身，被员工个体所拥有而不属于企业，会因员工的离职而消失（Miller 和 Wurzburg，1995），因此，企业应努力留住拥有绿色创新技术和创新能力的员工，并为员工提供绿色的工作环境。在开展员工环保培训时建立沟通平台和知识分享机制，激励员工将个人知识资本转为企业的智力资本，进而转化为企业产出，形成企业成员间共享的规范。

要在企业内部建立关于环境管理与绿色创新的长期计划。在内部运作流程上导入可持续发展理念，建立企业绿色文化以及绿色组织认同。在企业内部应进行绿色组织设计，创建绿色工作环境，建立起环境管理制度。在企业内部建立起专门的环保部门，将环境管理行为责任制，设立对企业环境问题负责的经理岗位。企业应在设立严格的环境规章制度基础上，将绿色观念融入进企业的薪酬系统、信息技术系统、知识管理系统、财务系统等各个系统中，并且将绿色理念也融入产品生命周期的各个阶段之中，引入环境管理系统，实施绿色供应链管理，将创新成果申请环保商标、环保专利等，以此提升企业绿色形象。

企业要以消费者为导向，将环境管理延伸到整个产品和服务的生命周期之中。与供应商、顾客、竞争者、社区、高校、研究机构等进行交流合作，交换与环境问题有关的重要信息，一起探讨绿色创新的新想法，合作研发绿色技术。企业要积极参与到有关环境保护的社会公益活动中。企业要与战略伙伴保持友好的合作互惠关系，有助于提升绿色创新能力，加快绿色创新速率。企业应按照一定的环境标准选择供应商来为企业提供原材料与中间产品，与他们建立绿色合作伙伴关系，和供应商一起设定环境目标，商讨环保产品设计规格以及一起进行清洁生产技术的研发等。企业与客户联合规划以实现环境目标，共同选择生态策略来减少环境影响以及在清洁生产和绿色包装方面的合作等。绿色创新的成功不是依靠某个或单个资源的成功管理和使用，而是如何将这些资源有机整合起来，形成有效的合作机制。绿色人力资本、绿色结构资本和绿色关系资本之间不是相互独立的，企业管理者应注重绿色智力资本各维度在企业价值平台中的相互作用和协同效应，充分利用绿色智力资本为企业创造更大的价值来支持企业可持续竞争优势的获得。

第三，企业要清楚的认识到仅靠企业自身力量是无法实现绿色创新的，企业一定要借助整个供应链的力量，积极进行供应链内外部整合。国务院颁布的“十三五”生态环境保护规划也要求打造绿色供应链，党的十九大报告也提出将供应链创新与绿色发展相结合，企业要积极响应国家政策。

企业要主动进行绿色供应链外部整合，促进供应链合作伙伴之间相互理解、共同协作和建立跨企业解决环境问题的程序。首先，企业要根据一定的环境标准选择供应商。企业与供应商一方面进行环境合作，一方面又要对其进行环境监督。企业必须告知供应商对环保的要求，比如设计规格和清洁生产技术等，与供应商一起设定环境目标，积极参与供应商的行动，以共同开发环境解决方案。可以主动和供应商分享绿色信息，包括生产计划、需求预测以及存货水平，以此提高产品和生产的环境要求。企业可以与供应商进行知识共享，包括交换有关绿色技术和如何管理绿色材料以及与供应链合作伙伴如何合作的专业技术及知识，以进一步实现符合环境标准的生态设计。另外，企业要对供应商进行环境审计，要求供应商实施环境管理或获取环境管理的第三方认证。企业可以利用一些专业的环境监管数据库，如 IPE 研发的蔚蓝地图数据库，对供应商的环境表现进行识别，并邀请第三方专业机构参与监督审核，验收其整改成效。企业还要持续关注供应商的环境表现，让那些经过第三方环境审核的供应商持续通过 IPE 网站披露排放数据，接受公众就其整改成效的监督。

其次，企业需要积极创造和保持与下游客户的关系并与下游客户进行合作，以确保制造、分销和营销符合环保法规。企业要与下游客户分享环境管理和规划，一起制定环境目标，共同选择生态策略来减少环境影响，彼此交换技术信息，并要求相互了解彼此的经营，以改进环境实践。企业可以利用这些获得的信息和客户的要求来生产产品，不仅能够更好的满足客户的偏好，也能够满足环境的要求。企业要积极与客户在清洁生产和绿色包装方面进行合作。

再次，企业管理者不应忽视内部整合的重要性，还必须在内部进行绿色整合，以增强企业内部环境实践。企业要加强改善环境的跨部门合作，包括涉及产品设计、采购、生产、分销以及营销的合作，以用最低成本满足顾客的需要。鼓励环境问题在各个职能部门之间进行交流，建立环境管理系统，另外还要在企业内部加强社会整合机制和组织学习系统的建立。前者可以建立共识和促进知识共享，强调管理支持和内部沟通交流协议，这能够鼓励员工以提高他们参与环保行动的行为。后者着重于持续改进和学习，这可以帮助企业提升环境能力。

最后，企业要重视内外部能力的培养和整合，不要顾此失彼。一方面，企业要进一步提升关系管理水平。着眼于与上下游企业建立长期战略合作关系，与其上下游企业建立联合互动小组，协同合作，共享市场、技术等信息。企业与供应商和客户通过促进信息交流、发展共同的学习领域和更新他们的行为来提高其联合学习活动。同时，企业要培养和维持与其供应商和客户所建立的牢固、广泛的联系网络，发展信任机制，形成协作文化。还要不断评估、更新和调整双方对最终用户的需求、相关技术发展趋势、关系网络等信息。另一方面，企业也要重视内部吸收能力的价值。企业要重视识别和获取对其经营影响很重要的外部绿色知识与信息的获取速度，不断增强从这些环境信息中进行评估、推断以及处理的能力，并且能够准确地将这些知识和信息运用到企业内部各个职能部门之中。

6.3 研究局限与展望

本书构建了绿色智力资本与企业绿色创新的研究框架，分析了绿色供应链内外部整合的中介作用，以及关系学习能力和绿色吸收能力的调节作用，得到了一些有意义的结论和管理启示，但由于主客观因素的限制，本书仍然存在一些不足和局限，这也为未来研究提供了机会。主要体现在以下三个方面：

（1）关于研究设计。

本书采用了静态横截面数据进行研究，仅收集了某一时点的数据进行实证分析。然而，由于社会经济和企业发展是不断变化的，绿色智力资本、绿色供应链整合与绿色创新的关系也是一个动态变化的过程，企业进行供应链整合以及绿色创新的效果都具有滞后性。由于时间、资源的限制，本书仅仅从横向进行研究，因此，本书建议未来的研究使用纵向数据来关注整个动态过程，这将有助于克服横截面数据的使用所带来的局限性。

（2）关于研究样本。

正式问卷的数据都是通过问卷星样本服务进行收集的，虽然本书已经在发放问卷之前和客服人员作了清楚的说明和沟通，也在问卷中设置好了被调查者的条件，但是问卷收集过程仍然是不可控的。尽管在预调研有进行深入访谈，但是访谈对象都是集中在四川地区的企业。另外，本书样本量相对较少。由于调研对象的特殊性以及笔者预算、精力以及时间的限制，导致样本量较小。建议未来研究可以通过多种渠道进行问卷收集，同时扩大研究的样本量，以便更加准确地对企业绿色创新进行探讨和研究。

（3）关于研究对象。

在研究对象的选取上，本书采用“一对一”形式，即每个企业选取一位管理者（企业高层管理者或生产、营销、环境等事务负责人），但是本书所涉及的内容关乎企业研发、市场、运营、人力、环境等各个方面。某一位高层或部门负责人对整体的了解可能不够全面，未来可考虑从高管团队层面来展开研究。

综上，“绿色智力资本”是近年来绿色经济时代下，学术界所产生的一个关于企业无形资产的新兴概念。虽然现有文献对智力资本的研究较为丰富，但对绿色背景下的智力资本书还有许多探索空间。以往的研究主要集中在绿色智力资本的产生与内涵以及怎样实施绿色智力资本的措施等方面，而未来可以更多对绿色智力资本的前因变量（如研究具体何种企业文化、领导风格和个人特征以及组织学习过程等如何对绿色智力资本造成影响）、理论基础（以往的研究理论基础为自然资源基础观，较为单一，未来可以探索从社会认知理论和利益相关者理论出发进行研究）以及作用结果和机制进行研究（可从个体和团队层面的结果变量进行研究）。

附　录

调查问卷

尊敬的企业领导：

您好！我们诚挚地邀请您参加“企业绿色创新研究”的专题问卷调查，本问卷旨在考查企业绿色智力资本对企业绿色创新的影响机制。我们保证您所有信息都将被严格保密，调查结果绝不用于任何商业用途，完全服务于科学研究之用，问卷答案也没有对错之分，希望您能针对相关题项的重要程度与贵企业近两年情况的符合程度真实作答。问卷采用匿名的方式进行。

若您对问卷有任何异议或疑问，可与本人联系：××邮箱××。如果您对本研究结果感兴趣，请您留下您的邮箱，我们的调查完成后可以把结果反馈给您。谢谢您的合作！祝贵企业事业蒸蒸日上！

贵企业的名称：________________

公司所在省市：________________

研究结论传递邮箱：________________

问卷编号：

在您开始填写问卷之前，请对以下两个问题进行作答：

Q1. 贵企业近两年是否主动实施环境战略或进行有关环境保护活动？

□A. 是　　　　　　　　　　□B. 否

Q2. 您是否能够就贵企业的市场、运营和环境管理问题进行作答？

□A. 是　　□B. 否

如果您对以上两个问题的答案是肯定的，请继续作答；如果不是，请结束答题，或将此问卷转交给其他了解贵企业市场和环境问题的管理人员作答，谢谢！

第一部分　企业与个人情况

1. 您的职位是：

□A. CEO/总经理

□B. 企业法人代表

□C. 董事长

□D. 研发部经理

□E. 市场部经理

□F. 生产部经理

□G. 环境、健康和安全事务负责人

□H. 其他

2. 贵企业成立了________年：

□A. 3 年以下　　□B. 4～8 年

□C. 9～13 年　　□D. 13 年以上

3. 贵企业近三年员工人数平均约为________人

□A. 100 人以下　　□B. 101～300 人

□C. 301～500 人　　□D. 501～1000 人

□E. 1001～3000 人　　□F. 3001 人以上

4. 贵企业产权性质：

□A. 国有及国有控股企业

□B. 民营企业

□C. 中外合资企业

□D. 外商独资企业

5. 贵企业目前主营业务所属行业：

□A. 采掘业

□B. 食品、饮料

□C. 纺织、服装、皮毛

□D. 造纸、印刷

□E. 石油、化学、塑胶、塑料

□F. 电子

□G. 金属、非金属

□H. 机械、设备、仪表

□I. 医药、生物制品

□J. 电力、煤气及水的生产和供应业

□K. 其他（请填写）

6. 贵企业是否已经上市

□A. 是　　　　□B. 否

第二部分　绿色智力资本

请根据企业“绿色人力资本”情况，在对应的空格处打勾“√”	非常不符合	比较不符合	一般	比较符合	非常符合
GIC 1 企业员工在环境保护方面的生产率和贡献优于主要竞争对手					
GIC 2 企业员工的环境保护能力优于主要竞争对手					
GIC 3 企业员工所提供的绿色产品和服务质量优于主要竞争对手					
GIC 4 企业中关于环境保护的团队合作程度优于主要竞争对手					
GIC 5 企业管理者为了实现环境保护目标对员工提供全面的支持					

续表

请根据企业“绿色结构资本”情况，在对应的空格处打勾“√”	非常不符合	比较不符合	一般	比较符合	非常符合
GIC 6 企业的环境管理系统优于主要竞争对手					
GIC 7 企业在环境保护方面获得的收益比主要竞争对手多					
GIC 8 企业在环保方面的研发投入与销售收入的比率比主要竞争对手的比率高					
GIC 9 企业研发绿色产品的能力优于主要竞争对手					
GIC 10 企业对环境保护设备的投资比主要竞争对手多					
GIC 11 企业关于环境管理的员工数量占总员工数量的比例比主要竞争对手多					
GIC 12 企业环境保护的整体运作流程运行很顺利					
GIC 13 企业关于环境保护的创新多于主要竞争对手					
GIC 14 企业的环境管理知识系统有助于积累和分享环境管理知识					
请根据企业“绿色关系资本”的情况，在对应的空格处打勾“√”	非常不符合	比较不符合	一般	比较符合	非常符合
GIC 15 企业依据消费者的环境保护期望设计其产品和服务					
GIC 16 消费者对企业环境保护行为的满意度高于主要竞争对手					

续表

请根据企业“绿色关系资本”的情况，在对应的空格处打勾“√”	非常不符合	比较不符合	一般	比较符合	非常符合
GIC 17 企业与上游供应商建立了关于环境保护良好及稳固的合作关系					
GIC 18 企业与下游客户或渠道建立了关于环境保护良好及稳固的合作关系					
GIC 19 企业与战略合作伙伴建立了关于环境保护良好及稳固的合作关系					

第三部分　绿色供应链整合

请根据企业“绿色供应链整合”情况，在对应的空格处打勾“√”	非常不符合	比较不符合	一般	比较符合	非常符合
GSCI 1 企业与供应商合作一起设定环境目标					
GSCI 2 企业对供应商内部管理实施环境审计					
GSCI 3 企业为供应商提供与设计规范和清洁生产技术有关的环境设计要求					
GSCI 4 企业要求供应商实施环境管理或获得环境管理体系的第三方认证（如，ISO 14001）					
GSCI 5 企业根据一些环境标准来选择供应商					
GSCI 6 企业和客户通过共同计划实现环境目标					
GSCI 7 企业通过与客户合作来减少产品对环境的影响					

续表

请根据企业“绿色供应链整合”情况，在对应的空格处打勾“√”	非常不符合	比较不符合	一般	比较符合	非常符合
GSCI 8 企业与客户合作进行清洁生产、绿色包装或其他环保活动					
GSCI 9 企业的高层和中层管理人员都致力于绿色供应链管理					
GSCI 10 企业为改善环境进行跨职能部门合作					
GSCI 11 企业各部门之间对环境问题有良好沟通					
GSCI 12 企业实施环保合规和审计项目					
GSCI 13 企业的环保知识在各部门之间积累和共享					
GSCI 14 企业有一套环境管理系统					

第四部分　绿色创新

请根据企业“绿色创新”情况，在对应的空格处打勾“√”	非常不符合	比较不符合	一般	比较符合	非常符合
CGI 1 企业在产品开发和设计阶段选择对环境较少污染/较少毒害或无污染/无毒的材料					
CGI 2 企业在产品开发和设计阶段选择消耗能源和资源最少的材料					
CGI 3 企业使用最少量的材料进行产品开发或设计					
CGI 4 企业在产品开发和设计阶段仔细思考产品成分是否可循环、可再使用和可降解					

续表

请根据企业“绿色创新”情况，在对应的空格处打勾“√”	非常不符合	比较不符合	一般	比较符合	非常符合
CGI 5 企业在生产过程中使用清洁技术有效地减少了有害物质或废物的排放					
CGI 6 企业在生产过程中会再循环、再利用与再制造原材料和被允许利用的废气、废物					
CGI 7 企业在生产过程中使用清洁或可再生技术减少了水、电、煤、油等资源的消耗					
CGI 8 企业在生产过程中因生产工艺的改进减少了原材料的使用					

第五部分　企业内外部能力

请根据企业“关系学习能力”情况，在对应的空格处打勾“√”	非常不符合	比较不符合	一般	比较符合	非常符合
RLC 1 企业与相关合作伙伴交换与市场结构变化有关的信息，如兼并、收购或合作等					
RLC 2 企业与相关合作伙伴交换有关产品技术变化的信息					
RLC 3 企业与相关合作伙伴会经常共同分析讨论重要的战略议题					
RLC 4 在关系中，企业与相关合作伙伴经常会调整与业务相关的技术发展趋势的共识					
RLC 5 企业与相关合作伙伴经常进行交流，以更新人际关系网络					

续表

请根据企业“绿色吸收能力”情况，在对应的空格处打勾“√”	非常低	比较低	一般	比较高	非常高
GAC 1 企业能够在各部门之间交流绿色知识					
GAC 2 企业能够对其经营有关键影响的外部绿色知识进行识别、获取以及赋予价值					
GAC 3 企业能够有效地以商业目的应用其新的外部绿色知识					
GAC 4 企业的组织结构促进了从外部绿色知识中分析、理解和推断信息的能力的发展					
GAC 5 企业能够将其现有的绿色知识与新获得和吸收的绿色知识整合起来					

问卷到此结束，请您检查有无遗漏。再次感谢您的合作！

参考文献

一、英文部分

[1] A Reid, M Miedzinski. Eco – Innovation. Final report for sectoral innovation Watch [J]. *International Journal of Technology Management*, 2008, 43 (43): 1 – 3212.

[2] Ahuja G, Katila R. Technological acquisitions and the innovation performance of acquiring firms: a longitudinal study [J]. *Strategic Management Journal*, 2001, 22 (3): 197 – 220.

[3] Albort – Morant G, Leal – Millán A, Cepeda – Carrión G. The antecedents of green innovation performance: A model of learning and capabilities [J]. *Journal of Business Research*, 2016, 69 (11): 4912 – 4917.

[4] Amit R, Schoemaker P J H. Strategic assets and organizational rent [J]. *Strategic Management Journal*, 1993, 14 (1): 33 – 46.

[5] Amore M D, Bennedsen M. Corporate governance and green innovation [J]. *Journal of Environmental Economics & Management*, 2016, 75 (4): 54 – 72.

[6] Amores – Salvadó J, Castro M D, Navas – López J E. Green corporate image: Moderating the connection between environmental product innovation and firm performance [J]. *Journal of Cleaner Production*, 2014, 83 (2): 356 – 365.

[7] André P D C, Barbieri J C. Innovation and sustainability

in the supply chain of a cosmetics company: A case study [J]. *Journal of Technology Management & Innovation*, 2012, 7 (2): 144 - 156.

[8] Anthony Wall. The measurement and management of intellectual capital in the public sector [J]. *Public Management Review*, 2005, 7 (2): 289 -303.

[9] Apsan H N. Running in nonconcentric circles: Why environmental management isn't being integrated into business management [J]. *Environmental Quality Management*, 2015, 9 (4): 69 -75.

[10] Atuahene - Gima K, Slater S F, Olson E M. The contingent value of responsive and proactive market orientations for new product program performance [J]. *Journal of Product Innovation Management*, 2005, 22 (6): 464 -482.

[11] Bai C, Sarkis J. Integrating sustainability into supplier selection with grey system and rough set methodologies [J]. *International Journal of Production Economics*, 2010, 124 (1): 252 -264.

[12] Baker W E, Sinkula J M. Environmental marketing strategy and firm performance: Effects on new product performance and market share [J]. *Journal of the Academy of Marketing Science*, 2005, 33 (4): 461 -475.

[13] Barney, J. B. Firm resources and sustained competitive advantage [J]. *Journal of Management*, 1991, 17 (1): 99 -120.

[14] Bartholomew D. *Building on Knowledge: Developing Expertise, Creativity and Intellectual Capital in the Construction Professions* [M]. 2009.

[15] Baumann H, Boons F, Bragd A. Mapping the green product development field: Engineering, policy and business perspectives [J]. *Journal of Cleaner Production*, 2002, 10 (5): 409 -425.

[16] Beattie, V., Thomson, S. J. Lifting the lid on the use

of content analysis to investigateintellectual capital disclosures [J]. *Accounting Forum*, 2004, 31: 129-163.

[17] Berrone P, Fosfuri A, Gelabert L, Gomez-Mejia LR. Necessity as the mother of 'green' inventions: Institutional pressures and environmental innovations [J]. *Strategic Management Journal*, 2013, 34 (8): 891-909.

[18] Beskese A, Bozbura F T. Prioritization of relational capital measurement indicators using fuzzy AHP [J]. *Expert Systems with Applications*, 2007, 32 (4): 1100-1112.

[19] Boersema J, Bertels J. Sustainable development in the developed countries: Will theory and practice meet? [J]. *Global Sustainable Development in the 21st Century*, 2000: 31-96.

[20] Bontis N, Keow W C C, Richardson S. Intellectual capital and business performance in Malaysian industries [J]. *Journal of Intellectual Capital*, 2000, 1 (1): 85-100.

[21] Boonitt S. Achieving product quality performance: Information technology [J]. *International Journal of Innovation Management and Technology*, 2015, 5 (2): 373-382.

[22] Braunscheidel M J, Suresh N C. The organizational antecedents of a firm's supply chain agility for risk mitigation and response [J]. *Journal of Operations Management*, 2009, 27 (2): 119-140.

[23] Brooking A. Intellectual capital: Core asset for the third millennium enterprise [J]. *Cengage Learning Emea*, 1996.

[24] BuysseK, Verbeke A. Proactive environmental strategies: A stakeholder management perspective [J]. *Strategic Management Journal*, 2003, 24 (5): 453-470.

[25] Cabrita. Intellectual capital and business performance in the Portuguese banking industry [J]. *International Journal of Technology Management*, 2008, 43 (43): 1-3212.

[26] Cai W G, Zhou X L. On the drivers of eco - innovation: empirical evidence from China [J]. *Journal of Cleaner Production*, 2014, 79 (5): 239 - 248.

[27] Cannon JP, Perreault WD Jr. Customer - supplier relationships in business markets [J]. *Journal of Marketing Research*, 1999, 36 (2): 439 - 460.

[28] Carmen CabelloMedina, Álvaro LópezCabrales, Ramón ValleCabrera. Leveraging the innovative performance of human capital through HRM and social capital in Spanish firms [J]. *International Journal of Human Resource Management*, 2011, 22 (4): 807 - 828.

[29] Carrillo - Hermosilla J, del Río P, Könnölä T. Diversity of eco - innovations: Reflections from selected case studies [J]. *Journal of Cleaner Production*, 2010, 18 (10): 1073 - 1083.

[30] Chan H K, Yee R W Y, Dai J, et al. The moderating effect of environmental dynamism on green product innovation and performance [J]. *International Journal of Production Economics*, 2015, 181 (2): 384 - 391.

[31] Chan R Y K, He H, Chan H K, Wang WYC. Environmental orientation and corporate performance: The mediation mechanism of green supply chain management and moderating effect of competitive intensity [J]. *Industrial Marketing Management*, 2012, 41 (4): 621 - 630.

[32] Chang C H. The influence of corporate environmental ethics on competitive advantage: The mediation role of green innovation [J]. *Journal of Business Ethics*, 2011, 104 (3): 361 - 370.

[33] Chang C, Chen Y. The determinants of green intellectual capital [J]. *Management Decision*, 2012, 50 (1): 74 - 94.

[34] Chen Y S, Chang C H, Wu F S. Origins of green innovations: The differences between proactive and reactive green innova-

tions [J]. *Management Decision*, 2012, 50 (3): 368 –398.

[35] Chen Y S. Green Organizational Identity: Sources and Consequence [J]. *Management Decision*, 2011, 49 (3): 384 –404.

[36] Chen Y S. The driver of green innovation and green image – green core competence [J]. *Journal of business ethics*, 2008b, 81 (3): 531 –543.

[37] Chen I. J., Paulraj A., Understanding supply chain management: Critical research and a theoretical framework [J]. *International Journal of Production Research*, 2004; 42 (2): 131 –163.

[38] Chen Y S, Chang C H, Lin Y H. The determinants of green radical and incremental innovation performance; Green shared vision, green absorptive capacity, and green organizational ambidexterity [J]. *Sustainability*, 2014, 6 (11): 7787 –7806.

[39] Chen Y S, Chang C H. The determinants of green product development performance: Green dynamic capabilities, green transformational leadership, and green creativity [J]. *Journal of Business Ethics*, 2013, 116 (1): 107 –119.

[40] Chen Y S, Lai S B, Wen C T. The influence of green innovation performance on corporate advantage in Taiwan [J]. *Journal of business ethics*, 2006, 67 (4): 331 –339.

[41] Chen Y S, Lin M J J, Chang C H. The positive effects of relationship learning and absorptive capacity on innovation performance and competitive advantage in industrial markets [J]. *Industrial Marketing Management*, 2009, 38 (2): 152 –158.

[42] Chen Y S, Lin Y H, Lin C Y, Chang CW. Enhancing green absorptive capacity, green dynamic capacities and green service innovation to improve firm performance: An analysis of structural equation modeling [J]. *Sustainability*, 2015, 7 (11): 15674 – 15692.

[43] Chen Y S. The positive effect of green intellectual capital on competitive advantages of firms [J]. *Journal of business ethics*, 2008a, 77 (3): 271 -286.

[44] Cheng C C J, Yang C L, Sheu C. The link between eco - innovation and business performance: A Taiwanese industry context [J]. *Journal of Cleaner Production*, 2014, 64 (2): 81 -90.

[45] Cheng J H. Inter - organizational relationships and knowledge sharing in green supply chains—moderating by relational benefits and guanxi [J]. *Transportation Research Part E Logistics & Transportation Review*, 2011, 47 (6): 837 -849.

[46] Cheng T C E, Yip F K, Yeung A C L. Supply risk management via guanxi, in the Chinese business context: The buyer's perspective [J]. *International Journal of Production Economics*, 2012, 139 (1): 3 -13.

[47] Cheung M S, Myers M B, Mentzer J T. The value of relational learning in global buyer - supplier exchanges: a dyadic perspective and test of the pie - sharing premise [J]. *Strategic Management Journal*, 2011, 32 (10): 1061 -1082.

[48] Chiarvesio M, Marchi V D, Maria E D. Environmental innovations and internationalization: Theory and practices [J]. *Business Strategy & the Environment*, 2015, 24 (8): 509 -510.

[49] Chen - Chang Yang, Carol Yeh - Yun Lin. Does intellectual capital mediate the relationship between HRM and organizational performance? Perspective of a healthcare industry in Taiwan [J]. *International Journal of Human Resource Management*, 2009, 20 (9): 1965 -1984.

[50] Chiou T Y, Chan H K, Lettice F, Chung SH. The influence of greening the suppliers and green innovation on environmental performance and competitive advantage in Taiwan [J]. *Transportation*

Research, 2011, 47 (6): 822 – 836.

[51] Christmann P. Effects of "best practices" of environmental management on cost advantage: The role of complementary assets [J]. *Academy of Management Journal*, 2000, 43 (4): 663 – 680.

[52] Chu P Y, Lin Y L, Hsiung H H. Intellectual capital: An empirical study of ITRI [J]. *Technological Forecasting & Social Change*, 2006, 73 (7): 886 – 902.

[53] Chua R Y J, Morris M W, Ingram P. Guanxi versus networking: Distinctive configurations of affect – and cognition – based trust in the networks of Chinese and American managers [J]. *Journal of International Business Studies*, 2009, 40 (3): 490 – 508.

[54] Chuang S P, Huang S J. Effects of business greening and green IT capital on business competitiveness [J]. *Journal of Business Ethics*, 2015, 128 (1): 221 – 231.

[55] Churchill, G. A paradigm for developing better measures of marketing constructs [J]. *Journal of Marketing Research*, 1979, 16 (1): 64 – 73.

[56] Clark T H, Lee H G. *Performance, interdependence and coordination in business – to – business electronic commerce and supply chain management* [M]. Kluwer Academic Publishers, 2000.

[57] Cohen S, Kaimenakis N. Intellectual capital and corporate performance in knowledge – intensive SMEs [J]. *Social Science Electronic Publishing*, 2006, 14 (3): 241 – 262.

[58] Cohen, W. M., Levinthal, D. A. Innovation and learning: The two faces of R&D [J]. *Economic Journal*, 1989, 99: 569 – 596.

[59] Cohen, W. M., Levinthal, D. A. Absorptive capacity – a new perspective on learning and innovation [J]. *Administrative Science Quarterly*, 1990, 35 (1): 128 – 152.

[60] Cronin J J, Smith J S, Gleim M R, et al. Green marketing strategies: An examination of stakeholders and the opportunities they present [J]. *Journal of the Academy of Marketing Science*, 2011, 39 (1): 158 - 174.

[61] Daghfous A. Absorptive capacity and the implementation of knowledge - intensive best practices [J]. *SAM Advanced Management Journal*, 2004, 69 (2): 21 - 27.

[62] Dane E. Reconsidering the trade - off between expertise and flexibility: A cognitive entrenchment perspective [J]. *Academy of Management Review*, 2010, 35 (4): 579 - 603.

[63] Dangelico R M, Pontrandolfo P. From green product definitions and classifications to the green option matrix [J]. *Journal of Cleaner Production*, 2010, 18 (16 - 17): 1608 - 1628.

[64] Dangelico R M, Pujari D. Mainstreaming green product innovation: Why and how companies integrate environmental sustainability [J]. *Journal of Business Ethics*, 2010, 95 (3): 471 - 486.

[65] Das A, Narasimhan R, Talluri S. Supplier integration - finding an optimal configuration [J]. *Journal of Operations Management*, 2006, 24 (5): 563 - 582.

[66] Decarolis D M, Deeds D L. The impact of stocks and flows of organizational knowledge on firm performance: An empirical investigation of the biotechnology industry [J]. *Strategic Management Journal*, 2015, 20 (10): 953 - 968.

[67] Delgado - Verde M, Amores - Salvadó J, Castro M D. Green intellectual capital and environmental product innovation: The mediating role of green social capital [J]. *Knowledge Management Research & Practice*, 2014, 12 (3): 261 - 275.

[68] Demirel P, Kesidou E. Stimulating different types of eco - innovation in the UK: Government policies and firm motivations [J].

Ecological Economics, 2011, 70 (8): 1546 - 1557.

[69] Dixon J, Fallon L. The concept of sustainability: Origins, extensions, and usefulness for policy [J]. *Society & Natural Resources*, 1989, 2 (1): 73 - 84.

[70] Dong Y, Wang X, Jin J. Effects of eco - innovation typology on its performance: Empirical evidence from Chinese enterprises [J]. *Journal of Engineering & Technology Management*, 2014, 34 (2): 78 - 98.

[71] Dong Y, Wang X, Jin J, Qiao Y, Shi L. Research on effects of eco - innovation types and regulations on firms' ecological performance: Empirical evidence from China [J]. *Journal of Engineering & Technology Management*, 2013, 20 (3): 11 - 20.

[72] Dossa Z, Kaeufer K. Understanding sustainability innovations through positive ethical networks [J]. *Journal of Business Ethics*, 2014, 119 (4): 543 - 559.

[73] Driessen P H, Hillebrand B. *Adoption and diffusion of green innovations* [M]. Marketing for Sustainability: Towards Transactional Policy - Making. 2002.

[74] Droge C, Jayaram J, Vickery S K. The effects of internal versus external integration practices on time - based performance and overall firm performance [J]. *Journal of Operations Management*, 2004, 22 (6): 557 - 573.

[75] Dyer J H, Singh H. The relational view: Cooperative strategy and sources of interorganizational competitive advantage [J]. *Academy of Management Review*, 1998, 23 (4): 660 - 679.

[76] Dzinkowski R. The value of green intellectual capital [J]. *Journal of Business Strategy*, 2000, 21 (4): 3 - 4.

[77] Ebrahimi P, Mirbargkar S M. Green entrepreneurship and green innovation for SME development in market turbulence [J].

Eurasian Business Review, 2017, 7 (4): 1 -26.

[78] Edvinsson L, Sullivan P. Developing a model for managing intellectual capital [J]. *European Management Journal*, 1996, 14 (4): 356 -364.

[79] Edvinsson L. Developing intellectual capital at Skandia [J]. *Long Range Planning*, 1997, 30 (3): 366 -373.

[80] Edvinsson, L., Malone, M. S. Intellectual capital: The proven way to establish your company's real value by measuring its hidden values [J]. *Piatkus*, London. 1997.

[81] Ehnert I. Sustainable human resource management: A conceptual and exploratory analysis from a paradox perspective [J]. 2009, 11 (3): 11 -20.

[82] Fang S R, Fang S C, Chou C H, Yang SM, Tsai FS. Relationship learning and innovation: The role of relationship - specific memory [J]. *Industrial Marketing Management*, 2011, 40 (5): 743 -753.

[83] Farh J L, Tsui A S, Xin K, Cheng BS. The influence of relational demography and Guanxi: The Chinese case [J]. *Organization Science*, 1998, 9 (4): 471 -488.

[84] Flatten, T. C., Greve, G. I. Brettel, M. Absorptive capacity and firm performance in SMEs: the mediating influence of strategic alliances [J]. *European Management Review*, 2011, 8 (3): 137 -152.

[85] Flynn B B, Huo B, Zhao X. The impact of supply chain integration on performance: A contingency and configuration approach [J]. *Journal of Operations Management*, 2010, 28 (1): 58 -71.

[86] Flynn B B, Koufteros X, Lu G. On theory in supply chain uncertainty and its implications for supply chain integration [J]. *Journal of Supply Chain Management*, 2016, 52 (3): 3 -27.

[87] Forsman D H. Environmental innovations as a source of competitive advantage or vice versa? [J]. *Business Strategy & the Environment*, 2013, 22 (5): 306 – 320.

[88] Fosfuri A, Tribo J. Exploring the antecedents of potential absorptive capacity and its impact on innovation performance omega [J]. *Omega*, 2008, 36 (2): 173 – 187.

[89] Frohlich M T, Westbrook R. Arcs of integration: an international study of supply chain strategies [J]. *Journal of Operations Management*, 2001, 19 (2): 185 – 200.

[90] Gao S, Yeoh W, Wong S F, Scheepers R. A literature analysis of the use of absorptive capacity construct in IS research [J]. *International Journal of Information Management the Journal for Information Professionals*, 2017, 37 (2): 36 – 42.

[91] Garcésayerbe C, Scarpellini S, Valerogil J, et al. Proactive environmental strategy development: From laggard to eco – innovative firms [J]. *Journal of Organizational Change Management*, 2016, 29 (7): 1118 – 1134.

[92] Geffen C A, Rothenberg S. Suppliers and environmental innovation [J]. *International Journal of Operations & Production Management*, 2000, 20 (2): 166 – 186.

[93] Gehin A, Zwolinski P, Brissaud D. A tool to implement sustainable end – of – life strategies in the product development phase [J]. *Journal of Cleaner Production*, 2008, 16 (5): 566 – 576.

[94] Geng R, Mansouri S A, Aktas E. The relationship between green supply chain management and performance: A meta – analysis of empirical evidences in Asian emerging economies [J]. *International Journal of Production Economics*, 2016, 183 (1): 245 – 258.

[95] Gimenez C, Sierra V, Rodon J. Sustainable operations:

Their impact on the triple bottom line [J]. *International Journal of Production Economics*, 2012, 140 (1): 149 - 159.

[96] Gogan L M, Rennung F, Fistis G, Draghici A. A proposed tool for managing intellectual capital in small and medium size enterprises [J]. *Procedia Technology*, 2014, 16: 728 - 736.

[97] Gupta A K, Govindarajan V. Knowledge flows and the structure of control within multinational corporations [J]. *Academy of Management Review*, 1991, 16 (4): 768 - 792.

[98] Halme M, Korpela M. Responsible innovation toward sustainable development in small and medium - sized enterprises: A resource perspective [J]. *Business Strategy & the Environment*, 2014, 23 (8): 547 - 566.

[99] Handfield RB, Nichols E L. Supply chain redesign: Transforming supply chains into integrated value systems [J]. *National association of purchasing management*, 2002, 39 (3): 70 - 71.

[100] Hart S L, Dowell G. A natural - resource - based view of the firm: Fifteen years after [J]. *Journal of Management*, 2011, 37 (5): 1464 - 1479.

[101] Hart S L. A natural - resource - based view of the firm [J]. *Academy of Management Review*, 1995, 20 (4): 986 - 1014.

[102] Heide J. B., Weiss A. M. Vendor consideration and switching behavior for buyers in high - technology markets [J]. *Journal of Marketing*, 1995, 59 (3): 30 - 43.

[103] Hormiga E, Batista - Canino R M, Sánchez - Medina A. The role of intellectual capital in the success of new ventures [J]. *International Entrepreneurship & Management Journal*, 2011, 7 (1): 71 - 92.

[104] Hsu Y H, Fang W. Intellectual capital and new product development performance: The mediating role of organizational learn-

ing capability [J]. *Technological Forecasting & Social Change*, 2009, 76 (5): 664 - 677.

[105] Huang C, Kung F. Environmental consciousness and intellectual capital management: Evidence from Taiwan's manufacturing industry [J]. *Management Decision*, 2011, 49 (9): 1405 - 1425.

[106] Huang J W, Li Y H. Green innovation and performance: The view of organizational capability and social reciprocity [J]. *Journal of Business Ethics*, 2017: 1 - 16.

[107] Huang X, Kristal M M, Schroeder R G. Linking learning and effective process implementation to mass customization capability [J]. *Journal of Operations Management*, 2008, 26 (6): 714 - 729.

[108] Huang Y, Lamond D, Wu Y J. The effects of organizational factors on green new product success [J]. *Management Decision*, 2010, 48 (10): 1539 - 1567.

[109] Hurley J, Buckley N J, Cuff K, et al. Determinants of eco - innovations by type of environmental impact: The role of regulatory push/pull, technology push and market pull [J]. *Zew Discussion Papers*, 2011, 78 (32): 112 - 122.

[110] Jansen J J P, Bosch F A J V D, Volberda H W. Managing potential and realized absorptive capacity: How do organizational antecedents matter? [J]. *Academy of Management Journal*, 2005, 48 (6): 999 - 1015.

[111] Jantunen A. Knowledge - processing capabilities and innovative performance: An empirical study [J]. European Jean R, Sinkovics R R. Relationship learning and performance enhancement via advanced information technology: The case of Taiwanese dragon electronics firms [J]. *International Marketing Review*, 2010, 27 (2): 200 - 222.

[112] Jean R J, Sinkovics R R, Kim D. Drivers and performance outcomes of relationship learning for suppliers in cross – border customer – supplier relationships: The role of communication culture [J]. *Journal of International Marketing*, 2010, 18 (1): 63 –85.

[113] Jennings P D, Zandbergen P A. Ecologically sustainable organizations: An institutional approach [J]. *Academy of Management Review*, 1995, 20 (4): 1015 –1052.

[114] Johan Wiklund, Dean Shepherd. Knowledge – Based resources, entrepreneurial orientation, and the performance of small and medium – sized businesses [J]. *Strategic Management Journal*, 2010, 24 (13): 1307 –1314.

[115] Johnson W H A. An integrative taxonomy of intellectual capital: Measuring the stock and flow of intellectual capital components in the firm [J]. *International journal of technology management*, 1999, 18 (5 –8): 562 –575.

[116] Johnson J L, Sohi R S, Grewal R. The Role of relational knowledge stores in interfirm partnering [J]. *Journal of Marketing*, 2004, 68 (3): 21 –36.

[117] Joia, L. A. Strategies for information technology and intellectual capital: Challenges and opportunities [J]. *Information science reference*, 2007, 7 (3): 26 –39.

[118] Kesidou E, Demirel P. On the drivers of eco – innovations: Empirical evidence from the UK [J]. *Research Policy*, 2012, 41 (5): 862 –870.

[119] Kianto A, Andreeva T, Pavlov Y. The impact of intellectual capital management on company competitiveness and financial performance [J]. *Knowledge Management Research & Practice*, 2013, 11 (2): 112 –122.

[120] Kim D Y. Relationship between supply chain integration

and performance [J]. *Operations Management Research*, 2013, 6 (1 - 2): 74 - 90.

[121] Kohtamäki M, Partanen J. Co - creating value from knowledge - intensive business services in manufacturing firms: The moderating role of relationship learning in supplier - customer interactions [J]. *Journal of Business Research*, 2016, 69 (7): 2498 - 2506.

[122] Kostopoulos K, Papalexandris A, Papachroni M. Absorptive capacity, innovation, and financial performance [J]. *Journal of Business Research*, 2011, 64 (12): 1335 - 1343.

[123] Koufteros X, Vonderembse M, Jayaram J. Internal and external integration for product development: The contingency effects of uncertainty, equivocality, and platform strategy [J]. *Decision Sciences*, 2005, 36 (1): 97 - 133.

[124] Kunapatarawong R, Martínez - Ros E. Towards green growth: How does green innovation affect employment? [J]. *Research Policy*, 2016, 45 (6): 1218 - 1232.

[125] Lai C S, Pai D C, Yang C F. The effects of market orientation on relationship learning and relationship performance in industrial marketing: The dyadic perspectives [J]. *Industrial Marketing Management*, 2009, 38 (2): 166 - 172.

[126] Lamond D, Huang Y, Wu Y J. The effects of organizational factors on green new product success [J]. *Management Decision*, 2010, 48 (10): 1539 - 1567.

[127] Lane P J, Koka B R, Pathak S. The reification of absorptive capacity: A critical review and rejuvenation of the construct [J]. *Academy of Management Review*, 2006, 31 (4): 833 - 863.

[128] Lane P J, Salk J E, Lyles M A. Absorptive capacity, learning, and performance in international joint ventures [J]. *Strategic Management Journal*, 2001, 22 (12): 1139 - 1161.

［129］ Lau A. K. W., Yam R. C. M., Tang E. P. Y. Supply chain integration and product modularity an empirical study of product performance for selected Hong Kong manufacturing industries [J]. *International Journal of Operations & Production Management*, 2010, 30 (2): 20 – 56.

［130］ Lee K H, Kim J W. Integrating suppliers into green product innovation development: An empirical case study in the semiconductor industry [J]. *Business Strategy & the Environment*, 2011, 20 (8): 527 – 538.

［131］ Lee P K C, Humphreys P K. The role of Guanxi, in supply management practices [J]. *International Journal of Production Economics*, 2007, 106 (2): 450 – 467.

［132］ Leslie M, Holloway C A. The sales learning curve [J]. *Harvard Business Review*, 2006, 84 (7 – 8): 114.

［133］ Li L Y. Relationship learning at trade shows: Its antecedents and consequences [J]. *Industrial Marketing Management*, 2006, 35 (2): 166 – 177.

［134］ Li Y. Environmental innovation practices and performance: moderating effect of resource commitment [J]. *Journal of Cleaner Production*, 2014, 66: 450 – 458.

［135］ Lichtenthaler U. Absorptive capacity, environmental turbulence and the complementarity of organizational learning processes [J]. *Academy of Management Journal*, 2009, 52 (4): 822 – 846.

［136］ Liedtka J M. The generative cycle: Linking knowledge and relationships [J]. *Sloan Management Review*, 1997, 39 (1): 47 – 58.

［137］ Lii P, Kuo F I. Innovation – oriented supply chain integration for combined competitiveness and firm performance [J]. *International Journal of Production Economics*, 2016, 174: 142 – 155.

[138] Lin C Y, Ho Y H. Determinants of green practice adoption for logistics companies in China [J]. *Journal of Business Ethics*, 2011, 98 (1): 67 – 83.

[139] Lin R J, Tan K H, Geng Y. Market demand, green product innovation, and firm performance: Evidence from Vietnam motorcycle industry [J]. *Journal of Cleaner Production*, 2013, 40 (3): 101 – 107.

[140] Liu Y, Luo Y, Liu T. Governing buyer – supplier relationships through transactional and relational mechanisms: Evidence from China [J]. *Journal of Operations Management*, 2009, 27 (4): 294 – 309.

[141] Longo M, Mariani M M, Mura M. The effect of intellectual capital attributes on organizational performance. The case of the Bologna opera house [J]. *Knowledge Management Research & Practice*, 2009, 7 (4): 365 – 376.

[142] López – Gamero M D, Zaragoza – Sáez P, Claver – Cortés E. Sustainable development and intangibles: Building sustainable intellectual capital [J]. *Business Strategy & the Environment*, 2011, 20 (1): 18 – 37.

[143] Lu W M, Wang W K, Tung W T, Lin F. Capability and efficiency of intellectual capital: The case of fabless companies in Taiwan [J]. *Expert Systems with Applications*, 2010, 37 (1): 546 – 555.

[144] Luo J, Chong Y L, Ngai E W T, MJ Liu. Reprint of "Green Supply Chain Collaboration implementation in China: The mediating role of guanxi" [J]. *Transportation Research Part E Logistics & Transportation Review*, 2015, 74 (2): 37 – 49.

[145] Luo J. Buyer – vendor inventory coordination with credit period incentives [J]. *International Journal of Production Economics*,

2007, 108 (1): 143 - 152.

[146] Lytras M D, Patricia O D P. Knowledge ecology in global business: Managing intellectual capital [J]. *Express shipping*, 2009, 11 (2): 33 - 40.

[147] Manzari M, Kazemi M, Nazemi S, Pooya A. Intellectual capital: Concepts, components and indicators: A literature review [J]. *Management Science Letters*, 2012, 2 (7).

[148] Marquez A C, Bianchi C, Gupta J N D. Operational and financial effectiveness of e - collaboration tools in supply chain integration [J]. *European Journal of Operational Research*, 2004, 159 (2): 348 - 363.

[149] Marr B, Schiuma G, Neely A. The dynamics of value creation: Mapping your intellectual performance drivers [J]. *Journal of Intellectual Capital*, 2004, 5 (2): 312 - 325.

[150] Matsypura D. Supply chain networks with corporate social responsibility through integrated environmental decision - making [J]. *European Journal of Operational Research*, 2009, 47 (3): 621 - 648.

[151] Messelbeck J, Whaley M. Greening the health care supply chain: Triggers of change, models for success [J]. *Corporate Environmental Strategy*, 2000, 6 (1): 38.

[152] Metters R, Zhao X, Bendoly E. "The way that can be told of is not an unvarying way": Cultural impacts on operations management in Asia [J]. *Journal of Operations Management*, 2010, 28 (3): 177 - 185.

[153] Miller R, Wurzburg G. Investing in human capital [J]. *The OECD observer. Organisation for Economic Co - operation and Development*, 1995, 193 (193): 16.

[154] Mula J, Capó - Vicedo J, Capó J. A social network - based organizational model for improving knowledge management in

supply chains [J]. *Supply Chain Management An International Journal*, 2011, 16 (4): 284 -293.

[155] Nahapiet J, Ghoshal S. Social Capital, Intellectual Capital, and the Organizational Advantage [J]. *Knowledge & Social Capital*, 2000, 23 (2): 119 -157.

[156] Narasimhan R., Kim S. W. Effect of supply chain integration on the relationship between diversification and performance: evidence from Japanese and Korean firms [J]. *Journal of Operations Management*, 2002; 20 (5): 303 -323.

[157] Ngniatedema T, Li S, Illia A. Understanding the impact of green operations on organizational financial performance: An industry perspective [J]. *Environmental Quality Management*, 2014, 24 (1): 45 -59.

[158] NI Chaudhry, A Bilal, MU Sarwar, A Bashir. The role of environmental consciousness, green intellectual capital management and competitive advantage on financial performance of the firms: An evidence from manufacturing sector of Pakistan [J]. *Journal of Quality and Technology Management*, 2016, 7 (2): 51 -70.

[159] Nielsen J F. *Models of change, organizational redesign, and the adoption of web technologies* [M]. Organization Design. Springer US, 2006: 243 -266.

[160] Nika M, Lgor P. Absorptive capacity, its determinants, and influence on innovation output: Cross - cultural validation of the structural model [J]. *Technovation*, 2009, 29 (12): 859 -872.

[161] Noor Asiah, R., Susila, M. A study on environmental efficiency of the manufacturing sector in Malaysia using data envelopment analysis [J]. *ICOQSIA*, 2010, 2 (4): 223 -241.

[162] OECD, Sustainable manufacturing and eco - innovation [R], Paris: OECD, 2009.

[163] Oltra V, Jean M S. Sectoral systems of environmental innovation: An application to the French automotive industry [J]. *Technological Forecasting & Social Change*, 2009, 76 (4): 567 -583.

[164] Peng M W, Luo Y. Managerial ties and firm performance in a transition economy: The nature of a micro - macro link [J]. *Academy of Management Journal*, 2000, 43 (3): 486 -501.

[165] Peng T A, Pike S, Roos G. Intellectual capital and performance indicators: Taiwanese healthcare sector [J]. *Journal of IntellectualCapital*, 2007, 8 (3): 538 -556.

[166] Peng Y S, Lin S S. Local responsiveness pressure, subsidiary resources, green management adoption and subsidiary's performance: Evidence from Taiwanese manufactures [J]. *Journal of Business Ethics*, 2008, 79 (2): 199 -212.

[167] Pernilla Gluch, Mathias Gustafsson, Liane Thuvander. An absorptive capacity model for green innovation and performance in the construction industry [J]. *Construction Management & Economics*, 2009, 27 (5): 451 -464.

[168] Pihlajamaa M, Kaipia R, Säilä J, Tanskanen K. Can supplier innovations substitute for internal R&D? A multiple case study from an absorptive capacity perspective [J]. *Journal of Purchasing & Supply Management*, 2017, 23 (4): 242 -255.

[169] Podsakoff P M, Organ D. Self - Reports in organizational research: Problems and prospects [J]. *Journal of Management*, 1986, 12 (4): 531 -543.

[170] Pujari D, Wright G, Peattie K. Green and competitive: Influences on environmental new product development performance [J]. *Journal of Business Research*, 2003, 56 (8): 657 -671.

[171] Qingyu Zhang, Vonderembse M A, Jeen - SuLim. Value chain flexibility: A dichotomy of competence and capability [J].

International Journal of Production Research, 2002, 40 (3): 561 - 583.

[172] Quist J, Tukker A. Knowledge collaboration and learning for sustainable innovation and consumption: Introduction to the ERSCP portion of this special volume [J]. *Journal of Cleaner Production*, 2013, 48 (48): 167 - 175.

[173] Ramezan M. Intellectual capital and organizational organic structure in knowledge society: How are these concepts related? [J]. *International Journal of Information Management*, 2011, 31 (1): 88 - 95.

[174] Ramus C A, Steger U. The roles of supervisory support behaviors and environmental policy in employee "Ecoinitiatives" at leading - edge European companies [J]. *Academy of Management Journal*, 2000, 43 (4): 605 - 626.

[175] Rao P. Greening the supply chain: A new initiative in South East Asia [J]. *International Journal of Operations & Production Management*, 2002, 22 (6): 632 - 655.

[176] Rennings K, Rammer C. Increasing energy and resource efficiency through innovation - an explorative analysis using innovation survey data [J]. *Zew Discussion Papers*, 2009, 59 (5): 442 - 459.

[177] Rennings K. Redefining innovation eco - innovation research and the contribution from ecological economics [J]. *Ecological economics*, 2000, 32 (2): 319 - 332.

[178] Rexhauser S, Rammer C. Green innovations and firm profitability: Unmasking the Porter hypothesis [J]. *Environ Resource Econ*, 2014, 57 (1): 145 - 167.

[179] Rohani Abdullah, Marini Nurbanum Mohamad, Ramayah Thurasamy. Supply Chain Integration: Level of Existence in

Green Supply Chain Management Practices among Malaysian ISO 14001 Manufacturing Firms [J]. *International Journal of Supply Chain Management*, 2017, 6 (2): 243.

[180] Rudez, H. N, Mihalič, T. Intellectual capital in the hotel industry: a case study from Slovenia [J]. *International Journal of Hospitality Management*, 2007, 26 (1): 188 - 199.

[181] Sarkis J, Zhu Q, Lai K H. An organizational theoretic review of green supply chain management literature [J]. International Journal of Production Economics, 2011, 130 (1): 1 - 15.

[182] Schiederig T, Tietze F, Herstatt C. Green innovation in technology and innovation management - an exploratory literature review [J]. *R&D Management*, 2012, 42 (2): 180 - 192.

[183] Selnes F., Sallis J. Promoting relationship learning [J]. *Journal of Marketing*, 2003, 67 (3): 80 - 95.

[184] Seman N A A, Zakuan N, Jusoh A, Arif MSM, Saman MZM. The Relationship of Green Supply Chain Management and Green Innovation Concept [J]. *Procedia - Social and Behavioral Sciences*, 2012, 57: 453 - 457.

[185] Sharfman, M., Shaft, T., Anex, R., The road to cooperative supply - chain environmental management: trust and uncertainty among proactive firms [J]. *Business Strategy and the Environment*, 2009, 18 (1): 1 - 13.

[186] Sharma S. Managerial Interpretations and Organizational Context as Predictors of Corporate Choice of Environmental Strategy [J]. *Academy of Management Journal*, 2000, 43 (4): 681 - 697.

[187] Shi V G, Koh S C L, Baldwin J, F Cucchiella. Natural resource based green supply chain management [J]. *Supply Chain Management*, 2012, 17 (1): 54 - 67.

[188] Shu C, Zhou K Z, Xiao Y, MT Gangnes. How green

management influences product innovation in China: The role of institutional benefits [J]. *Journal of Business Ethics*, 2016, 133 (3): 471 -485.

[189] Slåtten T, Lien G, Fredheim A, et al. Enabling relationship learning in intra -firm professional service teams [J]. *Total Quality Management & Business Excellence*, 2017, 28 (9): 946 -958.

[190] Song M, Dyer B, Thieme R J. Conflict management and innovation performance: An integrated contingency perspective [J]. *Journal of the Academy of Marketing Science*, 2006, 34 (3): 341.

[191] Song Y, Cai J, Feng T, Song Y, Cai J. The influence of green supply chain integration on firm performance: A contingency and configuration perspective [J]. *Sustainability*, 2017, 9 (5): 763.

[192] Soo C, Tian A W, Teo S T T, et al. Intellectual capital -enhancing HR, absorptive capacity, and innovation [J]. *Human Resource Management*, 2017, 56 (3): 431 -454.

[193] Soylu K, Dumville J C. Design for environment: The greening of product and supply chain [J]. *Maritime Economics & Logistics*, 2011, 13 (1): 29 -43.

[194] Sözüer A, Semerciöz F. Relationship learning in buyer -supplier exchanges: A conceptual model for complex environments [J]. *Procedia - Social and Behavioral Sciences*, 2016, 235 (2): 566 -575.

[195] Stewart T A, Kirsch S L. Intellectual capital is becoming corporate America's most valuable asset and can be its sharpest competitive weapon. The challenge is to find what you have and use it [J]. *Fortune*, 1991.

[196] Stewart TA. Intellectual capital: The new wealth of organizations [J]. *Performance Improvement*, 1998, 37 (7): 56 -59.

[197] Stewart T A. Your Company's Most Valuable Asset: Intellectual Capital [J]. *Fortune*, 1994, 130 (3): 11 -24.

[198] StockGN, Greis NP. Absorptive capacity and new product development [J]. *Journal of High Technology Management Research*, 2001, 12 (1): 77 -91.

[199] Subramaniam M, Youndt M A. *The influence of intellectual capital on the types of innovative capabilities* [J]. Academy of Management Journal, 2005, 48 (3): 450 -463.

[200] Sveiby K. A knowledge - based theory of the firm to guide in strategy formulation [J]. *Journal of Intellectual Capital*, 2001, 2 (4): 15.

[201] Swink M., Narasimhan R, Wang C. Managing beyond the factory walls: Effects of four types of strategic integration on manufacturing plant performance [J]. *Journal of Operations Management*, 2007, 25 (1): 148 -164.

[202] Tai W S, Chen C T. A new evaluation model for intellectual capital based on computing with linguistic variable [J]. *Expert Systems with Applications*, 2009, 36 (2): 3483 -3488.

[203] Tariq A, Badir Y F, Tariq W. Drivers and consequences of green product and process innovation: A systematic review, conceptual framework and future outlook [J]. *Technology in Society*, 2017, 51 (3): 8 -23.

[204] Teo T. Considering common method variance in educational technology research [J]. *British Journal of Educational Technology*, 2011, 42 (5): 94 -96.

[205] Tilton J E. *Semiconductors and the worldwide spread of technology; Highlights of International diffusion of technology, the case of semiconductors* [M]. Brookings Institution (Washington), 1971.

[206] Todorova G, Durisin B. Absorptive capacity: valuing a

reconceptualization [J]. *Academy of management review*, 2007, 32 (3): 774 –786.

[207] Towill D R. The seamless supply chain – the predator's strategic advantage [J]. *International Journal of Technology Management*, 1997, 13 (1): 37 –56.

[208] Triguero A, Moreno – Mondéjar L, Davia M A. Leaders and laggards in environmental innovation: An empirical analysis of SMEs in Europe [J]. *Business Strategy & the Environment*, 2016, 25 (1): 28 –39.

[209] Tsai WP. Knowledge transfer in intra – organizational networks: Effects of network position and absorptive capacity on business unit innovation and performance [J]. *Academy of Management Journal*, 2001, 44 (5): 996 –1004.

[210] Tseng M L, Wang R, Chiu A S F, Geng Y, Lin YH. Improving performance of green innovation practices under uncertainty [J]. *Journal of Cleaner Production*, 2013, 40 (3): 71 –82.

[211] Tukamuhabwa B R. A conceptual model for explaining supply chain performance in Uganda's SMEs [J]. *Information Management & Business Review*, 2011, 3 (6): 336 –344.

[212] Unruh G, Ettenson R. Winning in the green frenzy [J]. *Harvard Business Review*, 2010, 88 (11).

[213] Utterback J M, Abernathy W J. A dynamic model of process and product innovation [J]. *Omega*, 1975, 3 (6): 639 – 656.

[214] Vachon S, Klassen R D. Environmental management and manufacturing performance: The role of collaboration in the supply chain [J]. *International Journal of Production Economics*, 2008, 111 (2): 299 –315.

[215] Vachon S, Klassen R D. Green project partnership in

the supply chain: the case of the package printing industry [J]. *Journal of Cleaner Production*, 2006, 14 (6 - 7): 661 - 671.

[216] Van Den Bosch F A J, Volberda H W, De Boer M. Coevolution of firm absorptive capacity and knowledge environment: Organizational forms and combinative capabilities [J]. *Organization Science*, 1999, 10 (5): 551 - 568.

[217] Vargo S L, Lusch R F. Evolving to a New Dominant Logic for Marketing [J]. *Journal of Marketing*, 2004, 68 (1): 1 - 17.

[218] Verworn B, Herstatt C, Nagahira A. The fuzzy front end of Japanese new product development projects: Impact on success and differences between incremental and radical projects [J]. *R&D Management*, 2008, 38 (1): 1 - 19.

[219] Vijayasarathy L. R. Supply integration: An investigation of its multi - dimensionality and relational antecedents [J]. *International Journal of Production Economics*, 2010, 124 (2): 489 - 505.

[220] Volberda H W, Foss N J, Lyles M A. PERSPECTIVE - absorbing the concept of absorptive capacity: How to realize its potential in the organization field [J]. *Organization Science*, 2010, 21 (4): 931 - 951.

[221] Wagner M. Corporate social performance and innovation with high social benefits: A quantitative analysis [J]. *Journal of Business Ethics*, 2010, 94 (4): 581 - 594.

[222] Wagner M. Innovation and competitive advantages from the integration of strategic aspects with social and environmental management in European firms [J]. *Business Strategy & the Environment*, 2009, 18 (5): 291 - 306.

[223] Walker H, Jones N. Sustainable supply chain management across the UK private sector [J]. *Supply Chain Management*,

2008, 17 (1): 15 –28.

[224] Wang C H, Hsu L C. Building exploration and exploitation in the high – tech industry: The role of relationship learning [J]. *Technological Forecasting & Social Change*, 2014, 81 (1): 331 –340.

[225] Wirtenberg J, Harmon J, Russell W G, Fairfield KD. HR's Role in Building a Sustainable Enterprise: Insights From Some of the World's Best [J]. *Human Resource Planning*, 2007, 30 (1): 10 –20.

[226] Wong C W Y, Wong C Y, Boon – Itt S. The combined effects of internal and external supply chain integration on product innovation [J]. *International Journal of Production Economics*, 2013, 146 (2): 566 –574.

[227] Wong S K S. Environmental requirements, knowledge sharing and green innovation: Empirical evidence from the electronics industry in China [J]. *Business Strategy & the Environment*, 2013, 22 (5): 321 –338.

[228] Wong S K. The influence of green product competitiveness on the success of green product innovation: Empirical evidence from the Chinese electrical and electronics industry [J]. *European Journal of Innovation Management*, 2012, 15 (4): 468 –490.

[229] Woo C, Chung Y, Chun D. Impact of green innovation on labor productivity and its determinants: an analysis of the Korean manufacturing industry [J]. *Business Strategy & the Environment*, 2014, 23 (8): 567 –576.

[230] Wu G C, Ding J H, Chen P S. The effects of GSCM drivers and institutional pressures on GSCM practices in Taiwan's textile and apparel industry [J]. *International Journal of Production Economics*, 2012, 135 (2): 618 –636.

[231] Wu G. The influence of green supply chain integration and environmental uncertainty on green innovation in Taiwan's IT industry [J]. *Supply Chain Management*, 2013, 18 (5): 539 - 552, (14).

[232] Xenophon A. Koufteros, T. C. Edwin Cheng, Kee - Hung Lai. "Black - box" and "gray - box" supplier integration in product development: Antecedents, consequences and the moderating role of firm size [J]. *Journal of Operations Management*, 2007, 25 (4): 847 - 870.

[233] Yabar H, Uwasu M, Hara K. Tracking environmental innovations and policy regulations in Japan: Case studies on dioxin emissions and electric home appliances recycling [J]. *Journal of Cleaner Production*, 2013, 44 (44): 152 - 158.

[234] Yang C F, Lai C S. Relationship learning from organizational knowledge stores [J]. Journal of Business Research, 2012, 65 (3): 421 - 428.

[235] Young A, Kielkiewicz - Young A. Sustainable supply network management [J]. *Corporate Environmental Strategy*, 2001, 8 (3): 260 - 268.

[236] Yu W, Chavez R, Feng M, Wiengarten F. Integrated green supply chain management and operational performance [J]. *Supply Chain Management*, 2014, 19 (5/6): 683 - 696.

[237] Yu W, Jacobs M A, Salisbury W D, Enns H. The effects of supply chain integration on customer satisfaction and financial performance: An organizational learning perspective [J]. *International Journal of Production Economics*, 2013, 146 (1): 346 - 358.

[238] Yu - Shan Chen, Ming - Ji James Lin, Ching - Hsun Chang. The influence of intellectual capital on new product development performance - the manufacturing companies of Taiwan as an ex-

ample [J]. *Total Quality Management & Business Excellence*, 2006, 17 (10): 1323 - 1339.

[239] Zahra S A, George G. Absorptive capacity: A review, reconceptualization, and extension [J]. *Academy of management review*, 2002, 27 (2): 185 - 203.

[240] Zailani S, Govindan K, Iranmanesh M. Green innovation adoption in automotive supply chain: The Malaysian case [J]. *Journal of Cleaner Production*, 2015, 108 (3): 1115 - 1122.

[241] Zhao X, Flynn B B, Roth A V. Decision sciences research in china: A critical review and research agenda - foundations and overview [J]. *Decision Sciences*, 2006, 37 (4): 451 - 496.

[242] Zhao X, Huo B, Flynn B B. The impact of power and relationship commitment on the integration between manufacturers and customers in a supply chain [J]. *Journal of Operations Management*, 2008, 26 (3): 368 - 388.

[243] Zhao X., Huo B., Selen W., Yeung J. H. Y. The impact of internal integration and relationship commitment on external integration [J]. *Journal of Operations Management*, 2011; 29 (1): 17 - 32.

[244] Zhu Q, Sarkis J, Cordeiro J J, Lai KH. Firm - level correlates of emergent green supply chain management practices in the Chinese context [J]. *Omega*, 2008, 36 (4): 577 - 591.

[245] Zhu, Chen R, Wu Y. A mini - review on greenness of ionic liquids [J]. *Chemical & Biochemical Engineering Quarterly*, 2009, 23 (2): 207 - 211.

[246] Zsidisin G A, Siferd S P. Environmental purchasing: A framework for theory development [J]. *European Journal of Purchasing & Supply Management*, 2001, 7 (1): 61 - 73.

二、中文部分

[1] 艾志红．吸收能力的理论演化与研究述评 [J]．技术经济与管理研究，2017 (1)：38 - 42.

[2] 曹翠珍，赵国浩．链合创新下绿色供应链组织间知识共享的系统分析 [J]．财贸研究，2014 (2)：122 - 128.

[3] 陈勇，蔡宁．关系学习与企业技术创新的实证研究 [J]．管理工程学报，2011，25 (4)：222 - 226.

[4] 陈勇．关系学习和动态能力对企业技术创新的影响研究 [D]．浙江大学博士学位论文，2012.

[5] 戴勇，朱桂龙．以吸收能力为调节变量的社会资本与创新绩效研究——基于广东企业的实证分析 [J]．软科学，2011，25 (1)：80 - 85.

[6] 邓龙安，徐玖平．模块化网络运营对竞争性市场效率的影响——兼析网络规则与市场规则下市场效率的变化 [J]．中国工业经济，2007 (8)：19 - 25.

[7] 窦红宾，王正斌．网络结构、吸收能力与企业创新绩效——基于西安通讯装备制造产业集群的实证研究 [J]．中国科技论坛，2010 (5)：25 - 30.

[8] 谷岩，王家斌．基于顾客价值创新的供应链整合策略研究 [J]．价值工程，2006，25 (9)：34 - 37.

[9] 简兆权，陈键宏，郑雪云．网络能力、关系学习对服务创新绩效的影响研究 [J]．管理工程学报，2014，28 (3)：91 - 99.

[10] 简兆权，吴隆增，黄静．吸收能力，知识整合对组织创新和组织绩效的影响研究 [J]．科研管理，2008，29 (1)：80 - 86.

[11] 蒋青云．营销渠道理论的“学习范式”研究 [D]．复旦大学博士学位论文，2007.

[12] 蒋天颖，王俊江．智力资本、组织学习与企业创新绩

效的关系分析［J］. 科研管理，2009，30（4）：44－50.

［13］焦豪. 双元型组织竞争优势的构建路径：基于动态能力理论的实证研究［J］. 管理世界，2011（11）：76－91.

［14］焦俊，李垣. 基于联盟的企业绿色战略导向与绿色创新［J］. 研究与发展管理，2011，23（1）：84－89.

［15］解学梅，左蕾蕾. 企业协同创新网络特征与创新绩效：基于知识吸收能力的中介效应研究［J］. 南开管理评论，2013，16（3）：47－56.

［16］李冬琴. 智力资本与企业绩效的关系研究［D］. 浙江大学博士论文，2004.

［17］李海萍等. 中国制造业绿色创新的环境效益向企业经济绩效转换的制度条件初探［J］. 科研管理，2005，26（2）.

［18］李怀祖. 管理研究方法论［M］. 西安交通大学出版社，2004.

［19］李贞，杨洪涛. 吸收能力、关系学习及知识整合对企业创新绩效的影响研究——来自科技型中小企业的实证研究［J］. 科研管理，2012，33（1）：79－89.

［20］刘佳鑫，刘兵，李嫄. 绿色智力资本价值创造机理探究［J］. 中国人力资源开发，2016b（17）：91－100.

［21］刘佳鑫，刘兵，齐敏. 绿色智力资本、社会责任与企业绩效的关系［J］. 商业研究，2016a，62（8）：145－151.

［22］刘学元，丁雯婧，赵先德. 企业创新网络中关系强度、吸收能力与创新绩效的关系研究［J］. 南开管理评论，2016，19（1）：30－42.

［23］刘玉平. 智力资本驱动企业价值创造的有效性研究——基于智力资本综合评价视角［J］. 中央财经大学学报，2013，1（1）：41－46.

［24］罗胜强，姜嬿. 管理学问卷调查研究方法［M］. 重庆大学出版社，2014：152.

［25］马鸿佳，马楠，郭海．关系质量、关系学习与双元创新［J］．科学学研究，2017，35（6）：917－930.

［26］马庆国．管理统计：数据获取、统计原理、SPSS 工具与应用研究［M］．北京：科学出版社，2002.

［27］潘楚林，田虹．经济新常态下绿色智力资本怎样成为企业的竞争优势［J］．上海财经大学学报，2016a，18（2）：77－90.

［28］潘楚林，田虹．前瞻型环境战略对企业绿色创新绩效的影响研究——绿色智力资本与吸收能力的链式中介作用［J］．财经论丛（浙江财经大学学报），2016b（7）：85－93.

［29］潘文安．基于供应链整合的伙伴关系与企业竞争优势研究［D］．浙江大学博士论文，2007.

［30］齐岳，孙丹心．企业社会责任评价方法对比研究及启示——以医药行业上市公司为例［J］．管理学刊，2017，30（1）：42－51.

［31］钱锡红，杨永福，徐万里．企业网络位置，吸收能力与创新绩效——一个交互效应模型．管理世界，2010（5）：118－129.

［32］孙锐，赵晨．高新技术企业组织情绪能力、组织学习与创新绩效［J］．科研管理，2017，38（2）：93－100.

［33］唐贵瑶，孙玮，贾进，陈扬．绿色人力资源管理研究述评与展望［J］．外国经济与管理，2015（10）：82－96.

［34］唐贵瑶，陈扬，于冰洁，魏立群．战略人力资源管理与新产品开发绩效的关系研究［J］．科研管理，2016，37（11）：98－106.

［35］陶锋．吸收能力、价值链类型与创新绩效：基于国际代工联盟知识溢出的视角［J］．中国工业经济，2011（1）：140－150.

［36］田虹，潘楚林．企业环境伦理对绿色创新绩效的影响研究［J］．西安交通大学学报（社会科学版），2015（3）：32－39.

［37］王国顺，杨昆．社会资本、吸收能力对创新绩效影响

的实证研究［J］. 管理科学，2011，24（5）：23－36.

［38］王海源，谢洪明，蓝海林. 创新主体研究：整合的观点及中国的实践［J］. 科学管理研究，2004，22（6）：15－18.

［39］王洪波，汤苏晨，胡征月，何宏. 知识来源、吸收能力与企业的绿色创新研究［J］. 未来与发展，2017（10）：15－19.

［40］王建明，陈红喜，袁瑜. 企业绿色创新活动的中介效应实证［J］. 中国人口·资源与环境，2010，20（6）：111－117.

［41］王鸣华. 供应链整合对企业绿色创新影响实证研究——环境不确定性的调节作用［J］. 商业时代，2017（16）：112－115.

［42］王永健，谢卫红，王田绘，成明慧. 强弱关系与突破式创新关系研究——吸收能力的中介作用和环境动态性的调节效应［J］. 管理评论，2016，28（10）：111－122.

［43］韦影. 企业社会资本与技术创新：基于吸收能力的实证研究［J］. 中国工业经济，2007（9）：119－127.

［44］温忠麟，张雷，侯杰泰，刘红云. 中介效应检验程序及其应用［J］. 心理学报，2004，36（5）：614－620.

［45］吴明隆. 问卷统计分析实务——SPSS 操作与应用［M］. 重庆大学出版社，2012：195.

［46］伍紫莹. 互动导向、关系学习与知识转移绩效的关联性研究［D］. 华南理工大学，2016.

［47］熊红星，张璟，叶宝娟，郑雪，孙配贞. 共同方法变异的影响及其统计控制途径的模型分析［J］. 心理科学进展，2012，20（5）：757－769.

［48］徐笑君. 智力资本管理［M］. 华夏出版社，2004.

［49］杨晓艳，顿妍妍. 关系资本、供应链整合与创新绩效关系［J］. 企业经济，2017（7）：87－92.

［50］叶冠林. 关系质量、关系学习对服务创新绩效的影响研究［D］. 华南理工大学，2012.

[51] 伊晟，薛求知. 绿色供应链管理与绿色创新——基于中国制造业企业的实证研究 [J]. 科研管理，2016，37 (6)：103 - 110.

[52] 俞海，任子平，张永亮，高国伟. 新常态下中国绿色增长：概念、行动与路径 [J]. 环境与可持续发展，2015，40 (1)：7 - 10.

[53] 张莉. 绿色供应链组织间知识共享决策模型及实证研究——基于关系风险的视角 [J]. 南京社会科学，2016 (3)：23 - 30.

[54] 张平，蓝海林，黄嫚丽. 基于知识集成的企业技术整合创新研究 [J]. 管理评论，2004，16 (7)：29 - 33.

[55] 张炜，张世龙. 创新型企业的组织创新性结构关系模型检验 [J]. 科学学与科学技术管理，2008，29 (8)：73 - 76.

[56] 张小军. 企业绿色创新战略的驱动因素及绩效影响研究 [D]. 浙江大学博士论文，2012.

[57] 赵红岩，蒋双喜，杨畅. 吸收能力阶段演化与企业创新绩效：基于上海市高新技术产业的经验分析 [J]. 外国经济与管理，2015，37 (2)：3 - 17.

[58] 朱庆华，耿勇. 中国制造企业绿色供应链管理因素研究 [J]. 中国管理科学，2004，12 (3)：81 - 85.

[59] 朱庆华. 影响企业实施绿色供应链管理制约因素的实证分析 [J]. 中国人口·资源与环境，2009，19 (2)：83 - 87.

[60] 朱素玥. 关系信任与关系学习对关系绩效影响之研究——结合交易成本理论与社会交换理论观点 [D]. 台北大学，2006.

[61] 朱长丰. 绿色智力资本和企业竞争优势关系实例研究 [J]. 商业时代，2010 (12)：64 - 65.

后　记

本书是基于作者博士论文研究而著。本书能够顺利完成有太多的人想要感谢。

特别感谢我的博士导师黄旭教授。我在硕士研究生期间就听过她的名字，后来一次在学院楼梯间的偶然相遇，开启了我们之间的深厚友谊之路。在这几年的时间里，她对学生们的爱让我感动不已，我们都亲切地叫她“黄妈”。我们常常说黄妈不仅要“管”我们学业上的事情，连我们家里的事情也要“管”。当听说一位学生的爸爸动脑瘤手术时，她就不停地打电话关心和安慰；另一位学生的先生得了重病，她到处帮助介绍医生，经常打电话，或去家里安慰；同门青青结婚，她和她先生程老师开车三个多小时专程去参加婚礼；在我的婚礼上，她抱着我哭得比我妈妈还厉害！我从小成长在教师家庭，对老师有一种天生的害怕，情不自禁想用表现去讨老师喜欢。但是她却对我说，丹萍，你本身就很好了，不管你是什么样子我都爱你、接纳你！让我真实感受到无条件接纳的爱！从第一次见面到如今已经快十年了，我们之间已经超越了师生的感情！从她身上让我学习到，作为老师，不仅要“传道授业解惑”，更要有一种为人师表榜样的力量。从黄老师身上感受到生命教育的真谛，爱是不止息！

也特别谢谢本书写作过程中帮助我的各位老师和同学，谢谢陈扬教授、揭筱纹教授和顾新教授给本书提出的宝贵意见！谢谢博士好友陈青、徐珊、苏超、王延玲不厌其烦的帮助！谢谢西华大学管理学院以及国际经济与管理研究院各位领导、老师的支持！

还要特别感谢我的家人！没有你们无条件的支持我是不可能读完博士以及顺利完成本书写作的。我的家庭是教育世家，因受家庭熏陶，成为一名老师一直是我的梦想，所以我一直努力，从本科、硕士一直进修到博士学位。博士期间利用课余时间攻读关于“生命教育及生涯规划”的硕士学位，也参加了由华东师范大学青少年心理健康教育研究与培训中心主办的为期三年的“生命教育及生涯规划政策研究、培训及实践先导计划”师资培训。这些都是源于我心中对年轻人怀有的极大热情！而这与家人从小播撒在我心里的种子是分不开的，从爷爷奶奶、外公外婆身上我知道作为一名老师的责任！最后，也要特别感谢我的先生范存毅。“学习空间”真的很重要，谢谢你用爱和包容给我撑起一个空间，使我能够完成本书的写作！

在我生命中有太多人需要感谢，无论顺境或者逆境，当存着一颗感恩的心去生活，你会发现每天都充满了期盼，而这期盼会成为我的动力，将那份爱和祝福不断地传递下去！

刘丹萍

2020 年 8 月于成都